TURKISH GRAMMAR
in practice

A self-study reference
and practice book
for learners of Turkish

Yusuf Buz

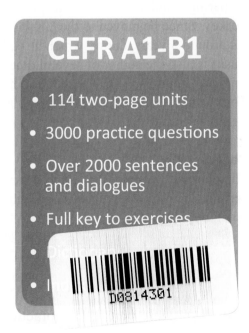

CEFR A1-B1

- 114 two-page units
- 3000 practice questions
- Over 2000 sentences and dialogues
- Full key to exercises

D0814301

Turkish Grammar in Practice
Yusuf Buz

First published 2016
by Foxton Books, London, UK

© Yusuf Buz 2016

Second impression published 2019
Third impression published 2020

ISBN: 978-1-911481-00-3

Illustrations: Hilmi Simsek and Senol Gunes

Cover Design: Erdal Akcay

About the author
Yusuf Buz has taught English as a second language for about 10 years, developing extensive experience assessing and preparing candidates for various proficiency English exams in Turkey. Since he moved to the UK in 2004, he taught Turkish for around 5 years, during which he started writing this book. Yusuf is also the author of several other titles which include: English Grammar, YDS Exam Pack, YDS Test Pro, Test Your Comprehension and Vocabulary and Advanced English Learners' Tests.

Photo credits
The publishers would like to thank the following sources for permission to reproduce their copyright protected photographs: pp13- question images 2, 3, 4, 5, 6, 7, 8, 9, 10, 11, 12, 13, 15, 16, 17, 18, 19, 20, 21, 22, 23, 24, 26, 27, 28, 29 (Dollar Photo Club) pp87- dialogue-1 and 4 (Dollar Photo Club) pp91 question images 1 and 5 (Dollar Photo Club)

Visit www.turkishgrammarinpractice.com for online grammar exercises.

Contents

Contents

Contents

Contents

Contents

Overview of *Turkish Grammar in Practice*

Organisation of the book

There are 114 units. Almost all of the units cover two pages. The explanations are on the left-hand page, and the exercises are on the right-hand page.

Unit titles tell you the main grammar point whose English equivalent or meaning is given next to it in brackets.

Unit sections (A, B, C, etc.) give you information about the form and meaning of the grammar, as well as its different uses.

Illustrations show you how to use grammar in everyday conversational Turkish.

Tips in the form of ✓ and ✗, highlight common errors and characteristics of Turkish grammar.

There are also 15 units in the *Grammar Essentials* section. The only difference between these units is that they do not have exercises. They are designed in the same format as the other 114 units and learners must study these units as they focus on grammar points which are equally important.

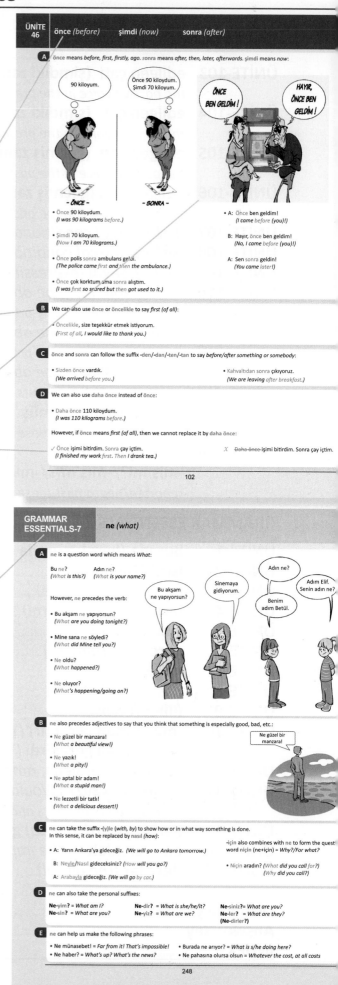

Add -den/-dan/-ten/-tan önce or sonra to the words below.

1 filmden sonra
2 ders..........................
3 iş ....
4 maç..........................
5 gezi..........................
6 tatil..........................
7 kaza..........................
8 parti..........................
9 yemek..........................
10 sinema..........................

11 yarın.......................... ....
12 piknik..........................
13 reklamlar..........................
14 kahvaltı..........................
15 bayram..........................
16 seçim..........................
17 toplantı..........................
18 sınav..........................
19 düğün..........................
20 banyo..........................

Match 1-8 to a-h.

1 Önce ders çalıştım. ☑   a) Sonra yemek yedi.
2 Önce yemek yedik. ☐   b) Sonra sinemaya gittiler.
3 Önce ellerini yıkadı. ☐   c) Sonra biraz eğlendik.
4 Önce kavga ettiler. ☐   d) Sonra oyun oynayabilirsin.
5 Önce alışveriş yaptılar. ☐   e) Sonra barıştılar.
6 Önce yağmur yağdı. ☐   f) Sonra yemek servisi yaptılar.
7 Önce ödevini bitir. ☐   g) Sonra biraz film seyrettim.
8 Önce içecek getirdiler. ☐   h) Sonra güneş açtı.

Translate the sentences into English.

1 Selin üç yıl önce evlendi.   *Selin got married three years ago*
2 Selin üç yıl sonra boşandı. ....
3 Selin şimdi Mehmet'le evli. ....
4 Arif iki saat önce buradaydı. ....
5 Ali şimdi tatilde. İki gün sonra dönecek. ....

Alıştırmalar (Exercises) page provides you with a number of exercises to practise the new language.

You should study the grammar explanations on the left-hand page and then do the exercises on the right-hand page.

There is a full answer key for you to check your answers for the exercises in the book.

The Dictionary presents the English meaning of all the words used in the book. You can look words up as and when needed.

An important feature of this book is that it provides over 2000 sample sentences and around 3000 practices questions by using the most common 1900 Turkish words which are easy to access at the end of the book.

---

asıl *(how)*

nasıl is a question word which means *How*. It precedes verbs to ask or talk about the method of doing something:

● Bu makine nasıl çalışıyor?
(How does this machine work?)

● Nasıl düştün?
(How did you fall?)

nasıl can be followed by any form of the very "to be":

with "to be" in present simple tense	with "to be" in seen past tense -dı
Nasıl-ım? = How am I?	Nasıl-dı-m? = How was I?
Nasıl-sın? = How are you?	Nasıl-dı-n? = How were you?
Nasıl? = How is she/he/it?	Nasıl-dı? = How was she/he/it?
Nasıl-ız? = How are we?	Nasıl-dı-k? = How were we?
Nasıl-sınız? = How are you?	Nasıl-dı-nız? = How were you?
Nasıl-lar? = How are they?	Nasıl-dı-lar? = How were they? Nasıl-lar-dı?

Nasılsın?
İyiyim. Teşekkürler

● A: Nasılsın?
(How are you?)

B: İyiyim. Teşekkürler.
(Fine. Thanks.)

● A: Gezi nasıldı?
(How was the trip?)

B: Harikaydı.
(It was wonderful.)

- nasıl can also be used with -mış to ask how somebody/something is/was. The meaning depends on the context of the conversation topic:

● A: Film nasılmış? (You are asking a third person as to how somebody else found the film.)
(How was the film?)

B: Harikaymış! (I am told that it was superb.)
(It was superb!) or (It was said to be superb)

Nasıl bir ... is used with nouns to say *What sort of/What kind of ...?*:

● Nasıl bir kek istiyorsun?
(What kind of cake do you want?)

● Nasıl bir iş yapıyorsunuz?
(What kind of job do you do?)

Nasıl bir ... ? can also be replaced by Ne tür bir ... ?

● Ne tür bir / Nasıl bir ceket istiyorsun?
(What kind of jacket do you want?)

---

sınav	exam	sonuncu	last, final
sınıf	classroom	sonunda	finally, at last
sır	secret	sormak	to ask
sıra	1) desk 2) queue	soru	question
sırada	in the queue	sosis	sausage
sırayla	in turn	sote	saute
sırdaş	confidant	soyguncu	robber
sıvı	liquid	soymak	to rob
silmek	to erase, to wipe	söndürmek	to extinguish
silah	weapon, gun	söndürücü	extinguisher
silgi	eraser	sönmek	to
şimdi	now	söylemek	(fire, light) to die down, to go off
simit	bagel	söylenti	rumour
simitçi	bagel seller	spor	sport
sinema	cinema	stadyum	stadium
sinirlendirici	annoying	su	water
sinirlendirmek	to annoy	suçlu	guilty
sipariş	order	sultan	sultan
sirk	circus	sunmak	to present
sis	fog	süpermarket	supermarket
sisli	foggy	süpürge	broom
sistem	system	süpürmek	to sweep
siyah	black	süpürtmek	to have someone sweep
siyasi	political	süratle	rapidly, swiftly
siz	you	süratli	rapid, swift
sizin	your	sürekli	constant, continuous
sizinki	yours	sürmek	1) to last 2) to drive a car (araba sürmek), to ride a bicycle (to ride a bicycle)
sizinle	with you		
sizle	with you (informal)		
sizsiz	without you	sürpriz	surprise
soba	stove	sürücü	driver
sofra	table with meal on it, dinner table	susamak	to become thirsty
soğuk	cold	süslü	decorated
soğumak	to be cold	susmak	to be quiet
soğutmak	to make something cold, to refrigerate	susturmak	to make somebody stop talking, to silence
soğutucu	fridge	süt	milk
sokak	street	sütlü	milky
sol	left	sütsüz	without milk
sola	to the left	şampiyon	champion
son	last, end	şans	chance
sonra	then, after	şanslı	lucky
sonuç	result	şanssız	unlucky

Introduction

Key features

Turkish Grammar in Practice is a completely new reference and practice book for learners of Turkish. It comes with the following key features:

- Clear and easy-to-follow explanations
- Over 2000 sample sentences and dialogues
- Around 3000 practice questions
- Around 450 colour illustrations
- A dictionary of 1900 headwords used throughout the book
- Tips highlighting common errors and characteristics of Turkish grammar
- Full key for the exercises
- An index of the grammatical structures

Who is this book for?

Turkish Grammar in Practice introduces grammar to learners at beginner to intermediate level. It is not a course book, but a reference and practice book which can be used by learners attending classes or working alone.

What does the book consist of?

This book consists of 114 units, each on a grammatical topic. The units cover the main areas of Turkish grammar. The explanations are on the left-hand page, and the exercises are on the right-hand page. Plenty of sample sentences and conversations help you use grammar in real-life situations. The explanations are followed by exercises that practise the new language in authentic situations.

There are also 15 units in Grammar Essentials section. These units do not have exercises. They are designed to focus on grammar points which are important for reading and writing Turkish.

An important feature of this book is that it provides over 2000 sample sentences and around 3000 practice questions by using the most common 1900 Turkish words. The dictionary at the end of the book presents the English meaning of all the words used in the book. You can look words up as and when needed.

There is a full answer key for you to check your answers to the exercises in the book. In addition, an index is available at the end of the book to help you find the pages related to the grammatical structures.

Moreover, you can visit turkishgrammarinpractice.com for online listening, reading, grammar and vocabulary exercises that will give you a useful language practice opportunity.

How should the book be used?

This book aims to serve as a reference and practice book for those working alone or attending classes. The units are not organised progressively, but instead attention has been given to present the most basic grammar topics in the early units. You can start at the beginning of the book and work through to the end, although the grammar topics are not ordered according to their level of difficulty. If you are already familiar with the language, you can choose relevant units. There is a detailed contents section to help you do so easily.

To ensure the newly-presented grammar topic is ingrained in your mind, you are encouraged to do the exercises on the right-hand page. As there are plenty of example sentences and dialogues in both pages of the unit, you can also come up with your own dialogues and practice conversations.

Turkish Grammar in Practice will also be a useful supplementary book for teachers. If you are already using a course book, present the grammar explanation on the left-hand page and then ask students to read the example sentences. If there is a conversation, ask two students to read it aloud.

So, as we say in Turkish "Başlayalım! (Let's start!)" and have fun learning this beautiful language!

A The Turkish alphabet has 29 letters:

Capital letters	A B C Ç D E F G Ğ H I İ J K L M N O Ö P R S Ş T U Ü V Y Z
Lower case letters	a b c ç d e f g ğ h ı i j k l m n o ö p r s ş t u ü v y z

B There are 8 vowels in the Turkish alphabet:

Vowels				
	Unrounded		Rounded	
Back	a	ı	o	u
Front	e	i	ö	ü

at

ev

C There are 21 consonants in the Turkish alphabet:

Letters		Pronunciation
A	a	*u* as in r*u*n
B	b	*b* as in *b*oy
C	c	*j* as in *j*am
Ç	ç	*ch* as in *ch*at
D	d	*d* as in *d*og
E	e	*e* as in b*e*t
F	f	*f* as in *f*og
G	g	*g* as in *g*un
Ğ	ğ	lengthens preceding vowel
H	h	*h* as in *h*at
I	ı	*e* as in op*e*n
İ	i	*i* as in f*i*t
J	j	*s* as in mea*s*ure
K	k	*k* as in *k*iss
L	l	*l* as in *l*ap

Letters		Pronunciation
M	m	*m* as in *m*ay
N	n	*n* as in *n*o
O	o	*o* as in f*o*r
Ö	ö	*ir* as in b*ir*d or *ur* as in f*ur*
P	p	*p* as in *p*ay
R	r	*r* as in *r*ing
S	s	*s* as in *s*it
Ş	ş	*sh* as in *sh*op
T	t	*t* as in *t*in
U	u	*u* as in p*u*t
Ü	ü	*ew* as in f*ew* or *ü* as in *Ü*ber
V	v	*v* as in *v*ery
Y	y	*y* as in *y*es
Z	z	*z* as in *z*ip

D The lower case i is always dotted when capitalised:

bir   BİR = *one*   iz   İZ = *trace*

E The lower case ı is always dotless when capitalised:

sır   SIR = *secret*   sıfır   SIFIR = *zero*

F Q, W and X do not occur in Turkish but Turkish speakers can easily recognise them:

faks = *fax*   taksi = *taxi*   Vav! = *Wow!*

ALIŞTIRMALAR

1 Write the missing letters of the Turkish Alphabet.

A B C ⁽¹⁾ Ç D E F G ⁽²⁾ ___ H I ⁽³⁾ ___ J K ⁽⁴⁾ ___ M N O ⁽⁵⁾ ___ P R

S ⁽⁶⁾ ___ T U ⁽⁷⁾ ___ V ⁽⁸⁾ ___ Z

2 Write the words for the pictures. You can use a dictionary.

1. A R A B A

2. B _ _ _ _

3. C _ _ _ _ _

4. Ç _ _ _ _

5. D _ _

6. E _ _ _

7. F _ _ _

8. G _ _ _

9. _ Ğ _ _

10. H _ _ _

11. I _ _ _ _

12. İ _ _ _

13. J _ _ _ _ _

14. K _ _ _

15. L _ _ _

16. M _ _ _

17. N _ _

18. O _ _ _

19. Ö _ _ _ _

20. P _ _ _

21. R _ _ _ _ _

22. S _ _ _ _ _ _ _

23. Ş _ _ _ _

24. T _ _ _ _ _

25. U _ _ _

26. Ü _ _

27. V _ _ _

28. Y _ _ _ _ _

29. Z _ _ _ _ _

A   There are 8 vowels in the Turkish alphabet. They help us to form words whose vowels harmonise with each other:

	Vowels			
	Unrounded		Rounded	
Back	a	ı	o	u
Front	e	i	ö	ü

güçlü

B   The Turkish language is highly dependent on its phonological processes. Of these, vowel harmony plays an important role in forming the grammatical structures:

hız	*speed*	**sis**	*fog*	**güç**	*power*	**koku**	*scent*
hızlı	*speedy*	**sisli**	*foggy*	**güçlü**	*powerful*	**kokulu**	*scented*

For example, in the word pairs above we have shown how the vowel in the suffix **-li** changes according to the vowel in the preceding syllable (e.g. **hız** = *speed* → **hızlı** = *speedy*). Both the root word **hız** and the suffix **-lı** have an unrounded back vowel (ı). Similarly, the word **koku**, which ends in a rounded back vowel (u) is followed by the suffix **-lu**, to create vowel harmony.

C

Back vowels: a, ı, o, u

A back vowel can only be followed by a back vowel:

Example: **şarkıcılar** = *singers*

In the example above, the root of the word is 'şarkı = *song*'. We have added the suffix **-cı** to make the word **şarkıcı** = *singer* and the plural-making suffix **-lar** to make the word 'şarkıcılar = *singers*'. All of the vowels in the word **şarkıcılar** are back vowels: **a-ı-ı-a**

kahvaltı

Examples:

karlı = *snowy*	**arkadaşlık** = *friendship*	**yalnız** = *lonely*	**komşu** = *neighbour*
satış = *sale*	**tartışma** = *discussion*	**kahvaltı** = *breakfast*	**konu** = *subject, topic*

D

Front vowels: e, i, ö, ü

A front vowel can only be followed by a front vowel:

Example: **silgiler** = *erasers*

In the example above, the root of the word is 'sil- = *to erase*'. We have added the suffix **-gi** to make the word 'silgi = *eraser*' and the plural-making suffix **-ler** to make the word 'silgiler = *erasers*'.
All of the vowels in the word **silgiler** are front vowels: **i-i-e**

Examples:

esneklik = *flexibility*	**birinci** = *first*	**zekice** = *cleverly*	**üzücü** = *upsetting*
sihirli = *magical*	**öfkeli** = *furious*	**çeşitlilik** = *diversity*	**köprü** = *bridge*

ALIŞTIRMALAR

1 The incorrect form of -li/-lı/-lu/-lü has been added to the words below. Add the correct form.

1 şekerli   *şekerli*

2 kokulü   ....

3 yağmurli   ....

4 sütlu   ....

5 peynirlı   ....

6 güçli   ....

7 bulutlü   ....

8 sislı   ....

9 elektriklu   ....

10 mantarli   ....

2 Find the vowel which doesn't obey the vowel harmony rules in the final syllable of the words below.

1 karanlik   ....

2 başari   ....

3 yağmurli   *yağmurlu*

4 şekersiz   ....

5 atki   ....

6 balik   ....

7 internat   ....

8 neşelı   ....

9 satiş   ....

10 düzenlı   ....

11 çocük   ....

12 yukari   ....

13 ikincı   ....

14 temizlık   ....

15 endişelu   ....

16 belgesal   ....

17 çaydanlik   ....

18 kedicık   ....

19 yazer   ....

20 kahvalti   ....

A   Rounded vowels (**o, u, ö, ü**) follow syllables which have a rounded vowel, to create rounding harmony:

mutlu	korkusuz	güçlü	tuzsuz	yorucu
oruçlu	büyücü	olumlu	bulutlu	süslü

For example, the word **güçlü** means *powerful*. The root of the word is '**güç** = *power*'. We add the suffix -**lü** to make the word '**güçlü** = *powerful*' because ü is a rounded and front vowel.

However, we add the suffix -**lu** to the word **bulut** = *cloud* to make the word '**bulutlu** = *cloudy*' because u is a rounded and back vowel.

bulutlu

B   We obey the rounding harmony rules even when we want to add tense suffixes to the verb:

Düştüm. *I fell.*
(**düş-** means *to fall*, -**tü** is the *past tense suffix* and -**m** is the first person ending for *I*)

Koştum. *I ran.*
(**koş-** means *to run*, -**tu** is the *past tense suffix* and -**m** is the first person ending for *I*)

Buldum. *I found.*
(**bul-** means *to find*, -**du** is the *past tense suffix* and -**m** is the first person ending for *I*)

Gördüm. *I saw.*
(**gör-** means *to see*, -**dü** is the *past tense suffix* and -**m** is the first person ending for *I*)

C   If we add suffixes which don't contain rounded vowels, then the normal rules of vowel harmony apply:

okulda = *at school*   (-**da** is the *locative case suffix*, i.e. *in, on, at* and it doesn't have a rounded vowel in it.)

sütte = *in the milk* (-**te** is the *locative case suffix*, i.e. *in, on, at* and it doesn't have a rounded vowel in it.)

konuşma = *speaking* (-**ma** is like the English *-ing* and it doesn't have a rounded vowel in it.)

Dövüşecek. = *S/he will fight.* (-**ecek** is the *future tense ending* and it doesn't have a rounded vowel in it.)

ALIŞTIRMALAR

1 Add -lu/-lü to the following words.

1 sorun = *problem*	**sorun**.*lu*... (*problematical*)	6 süt = *milk*	**süt**....... (*with milk/milky*)
2 borç = *debt*	**borç**....... (*indebted, owing*)	7 gürültü = *noise*	**gürültü** .... (*noisy*)
3 motor = *engine*	**motor**....... (*engine-driven*)	8 üzüntü = *sorrow*	**üzüntü**....... (*upset; sorrowful*)
4 buz = *ice*	**buz**....... (*icy*)	9 büyü = *magic*	**büyü**....... (*magical*)
5 kum = *sand*	**kum**....... (*sandy*)	10 tuz = *salt*	**tuz**....... (*salty*)

2 Add -ucu/-ücü to the following words to make nouns out of verbs.

1 soğut- = *to refrigerate*	**soğut**.*ucu* (*refrigerator*)	6 sür- = *to drive*	**sür**....... (*driver*)
2 yor- = *to exhaust*	**yor**....... (*exhausting*)	7 kur- = *to found*	**kur**....... (*founder*)
3 böl- = *to divide*	**böl**....... (*separatist*)	8 üz- = *to upset*	**üz**....... (*upsetting*)
4 koş- = *to run*	**koş**....... (*runner*)	9 çöz- = *to solve*	**çöz**....... (*solvent*)
5 yüz- = *to swim*	**yüz**....... (*swimmer*)	10 söndür- = *to extinguish*	**söndür**....... (*extinguisher*)

3 Add -suz/-süz to the following words to make adjectives out of nouns.

1 koşul = *condition*	**koşul**.*suz*. (*unconditional*)	6 borç = *debt*	**borç**....... (*debtless*)
2 sorun = *problem*	**sorun**....... (*hassle-free*)	7 huy = *habit; temper*	**huy**....... (*bad-tempered*)
3 güç = *power*	**güç**....... (*powerless*)	8 ütü = *iron*	**ütü**....... (*unironed*)
4 süt = *milk*	**süt**....... (*without milk*)	9 çözüm = *solution*	**çözüm**....... (*unsolvable*)
5 tuz = *salt*	**tuz**....... (*unsalty*)	10 yüz = *face*	**yüz**....... (*shameless, unabashed*)

4 Add -luk/-lük to the following words to make nouns out of nouns/adjectives.

1 tuz = *salt*	**tuz**.*luk*. (*salt-cellar*)	7 soğuk = *cold*	**soğuk**....... (*coldness*)
2 gün = *day*	**gün**....... (*diary*)	8 huysuz = *bad-tempered*	**huysuz**....... (*bad temper*)
3 bol = *abundant*	**bol**....... (*abundance*)	9 korku = *fear*	**korku**....... (*scarecrow*)
4 yoğun = *busy*	**yoğun**....... (*density; congestion*)	10 şoför = *chauffeur*	**şoför**....... (*chauffeuring*)
5 uzun = *long*	**uzun**....... (*length*)	11 göz = *eye*	**göz**....... (*eye-glass*)
6 yorgun = *tired*	**yorgun**....... (*tiredness*)	12 durgun = *calm*	**durgun**....... (*calmness*)

A Most words borrowed from other langauges do not obey vowel harmoy rules:

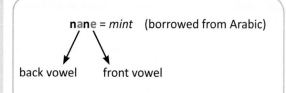

nane = *mint*   (borrowed from Arabic)

back vowel   front vowel

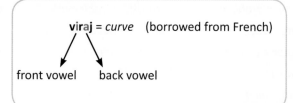

viraj = *curve*   (borrowed from French)

front vowel   back vowel

There are thousands of foreign words which are commonly used in Turkish:

gazete = *newspaper*	**fidan** = *sapling*	**limon** = *lemon*	**model** = *model*
ahenk = *harmony*	**silah** = *weapon*	**kitap** = *book*	**ziyaret** = *visit*
selam = *hello*	**balina** = *whale*	**kanepe** = *sofa*	**bekar** = *bachelor*

balina

B Some native words may also violate vowel harmoy rules:

elma = *apple*	**kardeş** = *brother*	**anne** = *mother*
hangi = *which*	**şişman** = *fat, obese*	

Suffixes added to these words harmonise according to the final vowel:

annelik = *motherhood*   **şişman**lık = *fatness, obesity*

elma

C Compounds do not have to follow vowel harmoy rules:

bugün = *today*   **açıkgöz** = *shrewd*   **çekyat** = *sofa bed*

D Vowel harmony does not apply to loan suffixes and prefixes such as **-izm, -anti,** and **bi-:**

kapitalizm = *capitalism*   **anti**demokratik = *antidemocratic*   **bi**çare = *helpless*

E When the present continuous tense suffix **-yor** is added a verb, **e** mutates into **i** or **ü** and **a** into **ı** or **u:**

e → i or ü	**söyle-**	= *to say*	**söyle-yor**	→ **söylüyor**
	dile-	= *to wish*	**dile-yor**	→ **diliyor**
a → ı or u	**kutla-**	= *to celebrate*	**kutla-yor**	→ **kutluyor**
	başla-	= *to start*	**başla-yor**	→ **başlıyor**

F We drop the final vowel of some words (words about body parts, relationship, etc.) when adding a suffix beginning with a vowel. For example, see below how the possessive ending **-im/-ım/-um/-üm** (*my*) affects the final vowel of the words:

burun	= *nose*	**burun-um**	→ **burnum**	= *my nose*
akıl	= *mind*	**akıl-ım**	→ **aklım**	= *my mind*

burnum

However, this rule does not apply to proper nouns:

Bahçeşehir → Bahçeşehir'e   = *to Bahçeşehir*

ALIŞTIRMALAR

1   Use your dictionary to write the words for the pictures. None of these words obey vowel harmony.

1. K<u>ANEPE</u>

2. G_ _ _ _ _

3. K_ _ _ _

4. K_ _ _ _

5. L_ _ _ _

6. N_ _ _

7. C_ _ _ _ _

8. A_ _ _ _

9. B_ _ _ _

10. H_ _ _ _

11. K_ _ _ _ _ _

12. R_ _ _ _

13. O_ _ _ _ _ _

14. D_ _ _ _

15. T_ _ _ _ _ _ _ _ _

16. T_ _ _ _ _ _

2   Add the possessive ending, -im/-ım/-um/-üm, which means "my" to the following words. Remember to drop the final vowel.

1	akıl-ım	*aklım*	5	gönül-üm	....	9	ömür-üm	....
2	boyun-um	....	6	beyin-im	....	10	alın-ım	....
3	burun-um	....	7	şehir-im	....	11	oğul-um	....
4	ağız-ım	....	8	karın-ım	....	12	fikir-im	....

A Consonant mutation in Turkish occurs when certain last consonants are followed by a suffix starting with a vowel.

> **kitap** ⟶ *kitabım* = *my book*

In the example above, the voiceless consonant **p** in **kitap** changes to its voiced counterpart **b** when the **-im/-ım/-um/-üm** suffix (which means **my**) is added.

kitap

B

Voiceless consonants and their voiced counterparts	
p	b
ç	c
t	d
k	ğ
(n)k	(n)g

çorap ⟶ çora**b**ım = *my socks*
ağaç ⟶ ağa**c**ım = *my tree*
simit ⟶ simi**d**im = *my bagel*
tarak ⟶ tara**ğ**ım = *my hairbrush*
renk ⟶ ren**g**im = *my colour*

C Some words ending in **(n)k** do not alternate with **(n)g**:

✓ **tan**k ⟶ **tan**kım = *my tank*   ✗ ~~tangım~~

D Some loan words are not subject to consonant changes:

ceke**t** ⟶ ceke**t**im	= *my jacket*		bisikle**t** ⟶ bisikle**t**im	= *my bicycle*
mille**t** ⟶ mille**t**im	= *my nation*		devle**t** ⟶ devle**t**im	= *my state*
köş**k** ⟶ köş**k**üm	= *mansion*		sepe**t** ⟶ sepe**t**im	= *my basket*

E Most single-syllable words are not affected by consonant changes:

saç ⟶ saçım = *my hair*   top ⟶ topum = *my ball*
at ⟶ atım = *my horse*   süt ⟶ sütüm = *my milk*

Exceptions: *yurt, uç, dip, kurt, gök*

saçım

F Proper nouns (e.g. Tokat, Malik, Ahmet, Yozgat) are not affected by consonant changes:

✓ **Ahmet'e** = *to Ahmet*   ✓ **İzmit'e** = *to İzmit*   ✓ **Yozgat'a** = *to Yozgat*
✗ ~~Ahmed'e~~   ✗ ~~İzmid'e~~   ✗ ~~Yozgad'a~~

G Most verbs are not affected by consonant changes:

✓ **bakıyor** = *(S/He is looking)*   ✓ **satıyor** = *(S/he is selling)*   ✓ **uçuyor** = *(S/he is flying)*
✗ ~~bagıyor~~   ✗ ~~sadıyor~~   ✗ ~~ucuyor~~

The verbs **et-, git-, tat-** undergo consonant change when followed by a suffix beginning with a vowel. For example, let's add the present continuous tense suffix **-iyor** to the following verbs:

et- ⟶ e**d**iyor
git- ⟶ gi**d**iyor
tat- ⟶ ta**d**ıyor

See **Ünite-15I** for further details on the verbs **et-, git-** and **tat-**.

ALIŞTIRMALAR

1 Use your dictionary to write the words for the pictures.

1 ....   2 ....   3 ....   4 ....   5 ....

2 Mutate the consonants by adding the possessive ending **-im/-ım/-um/-üm**, which means **my**.

1	ağaç-ım	*ağacım*	9	kağıt-ım	....	17	borç-um	....
2	çiçek-im	....	10	ekmek-im	....	18	inanç-ım	....
3	dolap-ım	....	11	yurt-um	....	19	yanak-ım	....
4	çocuk-um	....	12	bilek-im	....	20	bacak-ım	....
5	renk-im	....	13	toprak-ım	....	21	cevap-ım	....
6	umut-um	....	14	kazak-ım	....	22	gözlük-üm	....
7	hesap-ım	....	15	amaç-ım	....	23	uçak-ım	....
8	ayak-ım	....	16	kalp-im	....	24	ilaç-ım	....

3 The following words are single-syllable words and already have the possessive ending **-im/-ım/-um/-üm**. The consonant of these words should not have mutated. Correct them.

1	sacım *(my hair)*	*saçım*	4	dosdum *(my friend)*	....
2	sedim *(my set)*	....	5	tobum *(my ball)*	....
3	südüm *(my milk)*	....	6	çöbüm *(my rubbish)*	....

4 The consonant change in the following words has not been done correctly. Correct them.

1	Nihad'a	*Nihat'a*	5	Fikred'e	....
2	Mehmed'e	....	6	Aytac'a	....
3	Tokad'a	....	7	Tevfiğ'e	....
4	Konağ'a	....	8	Zeyneb'e	....

5 The following verbs need to undergo consonant change, as they are followed by **-iyor (-ing)**. Add **-iyor** to the verb stem by changing the consonant.

yardım et- *to help*	okula git- *to go to school*	nefret et- *to hate*	park et- *to park*
rahatsız et- *to disturb*	çorbayı tat- *to taste the soup*	kavga et- *to fight*	kabul et- *to accept*

1	yardım et-	*yardım ediyor*	5	nefret et-	....
2	rahatsız et-	....	6	kavga et-	....
3	okula git-	....	7	park et-	....
4	çorbayı tat-	....	8	kabul et-	....

A Words ending in a voiceless consonant take a suffix beginning with a voiceless consonant. Similarly, words ending in a voiced consonant take a suffix beginning with a voiced consonant. This mainly occurs as **d** alternating with **t**:

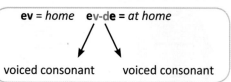

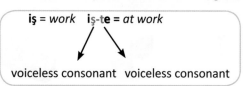

v in **ev** is a voiced consonant and it is followed by a suffix beginning with **d**, which is a voiced consonant as well.

ş in **iş** is a voiceless consonant and it is followed by a suffix beginning with **t**, which is a voiceless consonant as well.

Voiceless consonants	ç, f, h, k, s, ş, t, p
Voiced consonants	b, c, d, g, ğ, j, l, m, n, r, v, y, z

B Examples with the suffixes -de/-da/-te/-ta (*in, on, at*) and -den/-dan/-ten/-tan (*from*):

park	= *park*	**güneş**	= *sun*	**Marmaris**		
park-ta	= *in the park*	**güneş**-te	= *in the sun*	**Marmaris'**te	= *in Marmaris*	
park-tan	= *from the park*	**güneş**-ten	= *from the sun*	**Marmaris'**ten	= *from Marmaris*	

okul	= *school*	**yer**	= *floor*	**3 (üç)**	= *three*
okul-da	= *at school*	**ye**r-de	= *on the floor*	3'te	= *at three*
okul-dan	= *from school*	**ye**r-den	= *from the floor*	3'ten	= *from three*

C Other suffixes like the simple past tense ending -di/-dı/-du/-dü/-ti/-tı/-tu/-tü also follow this rule too:

gel-di	= *he came*	**i**ç-ti	= *he drank*
al-dı	= *he took*	**ba**k-tı	= *he looked*
dur-du	= *he stopped*	**ko**ş-tu	= *he ran*
öl-dü	= *he died*	**ö**p-tü	= *he kissed*

D The consonants **b, d, t, k, l, s, z, m** and **n** which come at the end of some loan words are duplicated when a suffix beginning with a vowel is added to them:

hak ⟶ **ha**kkım = *my right*   sır ⟶ sırrım = *my secret*   his ⟶ hissim = *my feeling*

E The final **k** is dropped when we add **-cik** (i.e. an ending that indicates smallness, or qualities such as youth, familiarities or affection, as in *pig* ⟶ *piglet, book* ⟶ *booklet*)

küçük = *small* ⟶ **küçü**cük = *very small, tiny*   sıcak = *hot* ⟶ sıcacık = *pleasantly warm*

ALIŞTIRMALAR

1 Add -de/-da/-te/-ta (*in, on, at*) **to the following words. Pay attention to sound harmony.**

1	ağaç*.ta*..	11	telefon.......	21	Mars'.......
2	otobüs.......	12	uçak.......	22	uzay.......
3	kitap.......	13	sirk.......	23	defter.......
4	internet.......	14	ders.......	24	konser.......
5	yol.......	15	iş.......	25	sınıf.......
6	sahil.......	16	İstanbul'.......	26	saray.......
7	İzmir'.......	17	Sinop'.......	27	bardak.......
8	Bodrum'.......	18	tren.......	28	çay.......
9	ofis.......	19	televizyon.......	29	demlik.......
10	nehir.......	20	süt.......	30	ev.......

2 Add the simple past tense ending -di/-dı/-du/-dü/-ti/-tı/-tu/-tü **to the following verbs. Pay attention to sound harmony.**

1	görün*.dü*.	11	yorul.......	21	yaz.......
2	sat.......	12	bul.......	22	sil.......
3	düş.......	13	git.......	23	sür.......
4	düşün.......	14	uyan.......	24	kullan.......
5	öp.......	15	kal.......	25	iç.......
6	bitir.......	16	otur.......	26	kur.......
7	getir.......	17	kalk.......	27	boz.......
8	söndür.......	18	böl.......	28	dön.......
9	doğ.......	19	bin.......	29	gör.......
10	taş.......	20	konuş.......	30	gez.......

A The present tense of the verb **to be** in English is *am* after **I**, *is* after **he**, **she**, **it** and *are* after **you**, **we**, **they**:

I am a doctor.   *We are students.*   *She is a teacher.*   *You are so beautiful.*

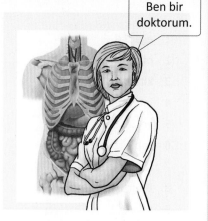

Ben bir doktorum.

Personal Pronouns	
Ben →	*I*
Sen →	*You*
O →	*He/She/It*
Biz →	*We*
Siz →	*You*
Onlar →	*They*

However, in Turkish the present tense of the verb **to be** exists as a suffix:

- O bir öğretmendir.   = *S/he is a teacher.*
- Ben bir doktorum.   = *I am a doctor.*
- Siz çok güzelsiniz.   = *You are so beautiful.*
- Biz öğrenciyiz.   = *We are students.*

O is gender-neutral and can refer to a male or female subject or to an animal or thing.
Sen is the second person singular while **Siz** is the second person plural. **Siz** can also be used as a polite or formal form of **Sen**.

B

Person		After soft consonants (b, c, d, g, ğ, j, l, m, n, r, v, y, z)	After hard consonants (ç, f, h, k, p, s, ş, t)	After vowels
I am	Ben	-im/-ım/-um/-üm		-yim/-yım/-yum/-yüm
You are	Sen	-sin/-sın/-sun/-sün		
He/She/It is	O	-dir/-dır/-dur/-dür	-tir/-tır/-tur/-tür	
We are	Biz	-iz/-ız/-uz/-üz		-yiz/-yız/-yuz/-yüz
You are	Siz	-siniz/-sınız/-sunuz/-sünüz		
They are	Onlar	-dirler/-dırlar/-durlar/-dürler *or* -ler/-lar	-tirler/-tırlar/-turlar/-türler *or* -ler/-lar	

You should always remember that the rules of vowel harmony apply to all forms of the verb **to be**. Now study the following examples with reference to the table above:

- Ben bir gazeteciyim.   = *I am a journalist.*
- Bu bir bardaktır.   = *This is a glass.*
- Ahmet bir şolördür.   = *Ahmet is a driver.*
- Aslı bir ressamdır.   = *Aslı is an artist.*
- Onlar öğrencidirler.   = *They are students.*

- Ayla bir hemşiredir.   = *Ayla is a nurse.*
- Selin bir şarkıcıdır.   = *Selin is a singer.*
- Biz arkadaşız.   = *We are friends.*
- Biz yorgunuz.   = *We are tired.*
- Metin hastadır.   = *Metin is ill.*

See Ünite 2, 3, and 4 for sound harmony.

C The question particle **mi/mı/mu/mü** helps us form questions. In this case, personal suffixes are added to the question particle:

- A: Sen hasta mısın?   = *Are you ill?*
  B: Evet, ben hastayım.   = *Yes, I am ill.*

- A: Ben güzel miyim?   = *Am I beautiful?*
  B: Evet, sen çok güzelsin.   = *Yes, you are so beautiful.*

D We use **değil** to make negative sentences. The personal suffix is added to **değil**:

- Metin çalışkan değildir.   = *Metin isn't hardworking.*
- Ben zengin değilim.   = *I am not rich.*
- Onlar fakir değiller.   = *They aren't poor.*

- Ben aç değilim.   = *I am not hungry.*
- Biz hazır değiliz.   = *We aren't ready.*
- Ali öğrenci değildir.   = *Ali isn't a student.*

E **-dir/-dır/-dur/-dür/-tir/-tır/-tur/-tür** can be omitted in spoken Turkish:

Metin hastadır. *or* Metin hasta. = *Metin is ill.*

ALIŞTIRMALAR

1 Add the personal suffixes to the words of profession in the box.

polis	futbolcu	~~öğretmen~~	pilot	hemşire	fırıncı

1 Ben bir ...öğretmenim... .

2 Ben bir ....

3 Ben bir ....

4 Ben bir ....

5 Ben bir ....

6 Ben bir ....

2 Add the personal suffixes.

A	B	C	D	E
1 Ben yorgun*um*... .	1 Ben aç......... .	1 Ben üzgün......... .	1 Ben çalışkan......... .	1 Ben hasta......... .
2 Sen yorgun......... .	2 Sen aç......... .	2 Sen üzgün......... .	2 Sen çalışkan......... .	2 Sen hasta......... .
3 O yorgun......... .	3 O aç......... .	3 O üzgün......... .	3 O çalışkan......... .	3 O hasta......... .
4 Biz yorgun......... .	4 Biz aç......... .	4 Biz üzgün......... .	4 Biz çalışkan......... .	4 Biz hasta......... .
5 Siz yorgun......... .	5 Siz aç......... .	5 Siz üzgün......... .	5 Siz çalışkan......... .	5 Siz hasta......... .
6 Onlar yorgun......... .	6 Onlar aç......... .	6 Onlar üzgün......... .	6 Onlar çalışkan......... .	6 Onlar hasta......... .

3 Correct the personal suffixes of the sentences below.

1 Ahmet bir öğretmensin. ...*Ahmet bir öğretmendir*... .

2 Yunus bir ressamım. ....

3 Ben çok yorgunuz. ....

4 Siz bir doktorsun. ....

5 Onlar hastayız. ....

6 Betül bir öğrenciler. ....

7 Siz çok güzeller. ....

8 Biz açım. ....

9 Elif bir şarkıcıyım. ....

10 Ben bir gazeteciyiz. ....

A

The past tense of the verb **to be** in English is *was* after **I**, **he**, **she**, **it** and *were* after **you**, **we**, **they**:

I was a teacher.　　　*He was a doctor.*　　　*They were late.*

However, in Turkish the past tense of the verb **to be** exists as a suffix:

- O bir öğretmendi.　　　= *S/He was a teacher.*
- Ben bir doktordum.　　　= *I was a doctor.*
- Biz öğrenciydik.　　　= *We were students.*

B

Person	After soft consonants (b, c, d, g, ğ, j, l, m, n, r, v, y, z)	After hard consonants (ç, f, h, k, p, s, ş, t)	After vowels
I was	*-dim/-dım/-dum/-düm*	*-tim/-tım/-tum/-tüm*	*-ydim/-ydım/-ydum/-ydüm*
You were	*-din/-dın/-dun/-dün*	*-tin/-tın/-tun/-tün*	*-ydin/-ydın/-ydun/-ydün*
He/She/It was	*-di/-dı/-du/-dü*	*-ti/-tı/-tu/-tü*	*-ydi/-ydı/-ydu/-ydü*
We were	*-dik/-dık/-duk/-dük*	*-tik/-tık/-tuk/-tük*	*-ydik/-ydık/-yduk/-ydük*
You were	*-diniz/-dınız/-dunuz/-dünüz*	*-tiniz/-tınız/-tunuz/-tünüz*	*-ydiniz/-ydınız/-ydunuz/-ydünüz*
They were	*-diler/ -dılar/-dular/-düler* or *-lerdi/-lardı*	*-tiler/-tılar/-tular/-tüler* or *-lerdi/-lardı*	*-ydiler/-ydılar/-ydular/-ydüler* or *-lerdi/-lardı*

You should always remember that the rules of vowel harmony apply to all forms of the verb **to be**. Now study the following examples with reference to the table above:

- Ahmet üzgündü.　　　= *Ahmet was sad.*
- Elif dün hastaydı.　　　= *Elif was ill yesterday.*
- Ben muhasebeciydim.　　= *I was an accountant.*
- Biz arkadaştık.　　　= *We were friends.*
- Onlar çok yorgundular.　= *They were so tired.*
- Yemek nefisti.　　　= *The food was delicious.*

> See Ünite 2, 3, and 4 for sound harmony.

Yemek nefisti!

C

The question particle **mi/mı/mu/mü** helps us form questions. In this case, personal suffixes are added to the question particle. The buffer letter **-y-** is inserted between **mi** and the personal suffix:

- Ben iyi miydim?　　= *Was I well?*
- Sen iyi miydin?　　= *Were you well?*
- O iyi miydi?　　　= *Was he/she/it well?*
- Biz iyi miydik?　　= *Were we well?*
- Siz iyi miydiniz?　　= *Were you well?*
- Onlar iyi miydiler?　= *Were they well?*

  or Onlar iyiler miydi?

> **Ben iyi mi - y - di - m?**
>
> question particle　buffer letter　'to be' in the past　personal suffix for *I*

D

We use **değildi** to make negative sentences. The personal suffix is added to **değildi**:

- Ben iyi değildim.　= *I wasn't well.*
- Sen iyi değildin.　= *You weren't well.*
- O iyi değildi.　　= *He/She/It wasn't well.*

- Biz iyi değildik.　= *We weren't well.*
- Siz iyi değildiniz.　= *You weren't well.*
- Onlar iyi değildiler.　= *They weren't well.*

  or Onlar iyi değillerdi.

E | **-di** also follows the locative case marker **-de/-da/-te/-ta** (*in, on, at*):

Positive

- Ev**deydim**.
  (*I was at home.*)
- Parti**deydik**.
  (*We were at the party.*)
- Okul**daydı**.
  (*S/He was at school.*)

Negative

- Ev**de değildim**.
  (*I wasn't at home.*)
- Parti**de değildik**.
  (*We weren't at the party.*)
- Okul**da değildi**.
  (*S/He wasn't at school.*)

F | **-di** is also added to question words such as **nasıl** (*how*) and **nerede** (*where*):

- Dün gece neredeydin?
  (*Where were you last night?*)
- Dün hava nasıldı?
  (*How was the weather yersterday?*)

ALIŞTIRMALAR

1 Add the correct form of -di. Insert the buffer letter -y- where necessary.

A	B	C	D
1 Ben yorgun*dum*	1 Ben aç......... .	1 Ben hasta......... .	1 Ben futbolcu......... .
2 Sen yorgun......... .	2 Sen aç*tın*.. .	2 Sen hasta......... .	2 Sen futbolcu......... .
3 O yorgun......... .	3 O aç......... .	3 O hasta*ydı*. .	3 O futbolcu......... .
4 Biz yorgun......... .	4 Biz aç......... .	4 Biz hasta......... .	4 Biz futbolcu......... .
5 Siz yorgun......... .	5 Siz aç......... .	5 Siz hasta......... .	5 Siz futbolcu*ydunuz*.
6 Onlar yorgun......... .	6 Onlar aç......... .	6 Onlar hasta......... .	6 Onlar futbolcu......... .

2 Complete the dialogues.

Dialogue-1

A: Dün okulda mıydın?

B: Hayır, *okulda değildim*............... .

Dialogue-2

A: Cumartesi günü tiyatroda mıydın?

B: Evet, ...

Dialogue-3

A: Dün gece partide miydin?

B: Evet, ...

Dialogue-4

A: Geçen hafta tatilde miydiniz?

B: Hayır, ...

3 Add the correct form of -di. Insert the buffer letter -y- where necessary.

Dialogue-1

A: Sen dün gece nerede*ydin*?

B: Sinemada......... .

A: Film nasıl .... ?

B: Harika .... !

Diyalog-2

A: Siz pazar günü nerede......... ?

B: Piknikte......... .

A: Hava nasıl......... ?

B: Muhteşem......... !

4 Read the email. Choose the word with the correct form of -di.

Merhaba Elif,

Ben dün evde [1] *değildim* /*değildik*. Amcam ve yengemin evlilik yıl dönümüydü. Her şey çok [2] *güzeldim* / *güzeldi*. Senin doğum günü partin [3] *nasıldı* / *nasıldın*? Kalabalık mıydı?

Yarın saat 11'de buluşalım.

Selamlar,

Berna

A

We use **ise** to indicate a condition. **ise** can be written as a separate word or as a suffix **-(y)se/-(y)sa** added to a noun or an adjective:

Person	ise as a separate word
Ben	isem
Sen	isen
O	ise
Biz	isek
Siz	iseniz
Onlar	iseler

• Yorgun **isen** eve gidebilirsin.
  (*If you are tired, you may go home.*)

  or

• Yorgun**san** eve gidebilirsin.
  (*If you are tired, you may go home.*)

Yorgunsan eve gidebilirsin.

B

ise as a suffix: -(y)se/-(y)sa		
Person	After consonants (b, c, ç, d, f, g, ğ, h, j, k, l, m, n, p, r, s, ş, t, v, y, z)	After vowels (a, e, ı, i, o, ö, u, ü)
Ben	-sem/-sam	-ysem/-ysam
Sen	-sen/-san	-ysen/-ysan
O	-se/-sa	-yse/-ysa
Biz	-sek/-sak	-ysek/-ysak
Siz	-seniz/-sanız	-yseniz/-ysanız
Onlar	-seler/-salar or -lerse/-larsa	-yseler/-ysalar or -lerse/-larsa

MERHABA ELİF.

BUGÜN EVDE MİSİN?

EVDEYSEN SANA GELMEK İSTİYORUM.

MERHABA SERAP.

BİLMİYORUM. NEDEN SORUYORSUN?

• Mağaza kapalı**ysa** kafeye gideceğiz.

  (*If the store is closed, we will go to a cafe.*)

• Hava soğuk**sa** ceketimizi giymemiz gerekir.

  (*We should put on our jackets if the weather is cold.*)

• Bu mağaza pahalı**ysa** başka bir mağazaya gidebiliriz.

  (*We can go to a different store if this store is expensive.*)

• Oda dağınık**sa** düzeltmelisiniz.

  (*If the room is untidy, you should tidy it up.*)

As seen in the examples above, the conditional clause always precedes the main clause.

C

We use **değilse** or **değil ise** to make negative sentences:

Person	ise as a suffix	ise after **değil**
Ben	değilsem	değil isem
Sen	değilsen	değil isen
O	değilse	değil ise
Biz	değilsek	değil isek
Siz	değilseniz	değil iseniz
Onlar	değilseler or değillerse	değil iseler

• Meşgul **değilseniz** biraz görüşebilir miyiz?

  (*Can we talk a bit if you aren't busy?*)

• Yemek hazır **değilse** film seyredelim.

  (*Let's watch a film if the food is not ready.*)

Meşgul değilseniz biraz görüşebilir miyiz?

Elbette.

See **Ünite-107**, **108** and **109** for further details on how to make conditional sentences.

D -(y)se/-(y)sa also follows the locative case marker -de/-da/-te/-ta (in, on, at):

Positive

Evdeysen, ...
(If you are at **home**, ...)

İşteysen, ...
(If you are at **work**, ...)

Okuldaysa, ...
(If s/he is at **school**, ...)

Negative

Evde değilsen, ...
(If you aren't at **home**, ...)

İşte değilsen, ...
(If you aren't at **work**, ...)

Okulda değilse, ...
(If s/he isn't at **school**, ...)

ALIŞTIRMALAR

1 Match 1-7 to a-g to make sentences. Do this exercise after studying Ünite 107 and 110.

1 Hava soğuksa   [e]

2 Hazırsan   ☐

3 Meşgulseniz   ☐

4 İçerisi sıcaksa   ☐

5 Çay şekersizse   ☐

6 Bu ceket pahalıysa   ☐

7 Yorgunsan   ☐

a) daha sonra görüşelim.

b) içemem.

c) satın almayacağım.

d) çıkabiliriz.

e) ceketini giy.

f) biraz dinlenebilirsin.

g) pencereyi açabilirsin.

2 Add the correct form of -(y)se/-(y)sa for all persons.

	1	2	3	4	5	6	7
Ben	hazır..*sam*..	yorgun...........	mutlu...........	üzgün...........	hasta...........	çalışkan...........	zengin...........
Sen	hazır...........	yorgun...........	mutlu...........	üzgün...........	hasta...........	çalışkan...........	zengin...........
O	hazır...........	yorgun...........	mutlu...........	üzgün...........	hasta...........	çalışkan...........	zengin...........
Biz	hazır...........	yorgun...........	mutlu...........	üzgün...........	hasta...........	çalışkan...........	zengin...........
Siz	hazır...........	yorgun...........	mutlu...........	üzgün...........	hasta...........	çalışkan...........	zengin...........
Onlar	hazır...........	yorgun...........	mutlu...........	üzgün...........	hasta...........	çalışkan...........	zengin...........

3 Write the correct form of değilse for the persons in brackets.

1 Memnun ..*değilseniz*.., değiştirebiliriz. (siz)

2 Evde .... sonra geliriz. (onlar)

3 Hava soğuk .... yürüyüş yapabiliriz. (o)

4 Yorgun .... bana yardım eder misin? (sen)

5 Yemek hazır .... film seyredelim. (o)

A   We add **-e/-a** to the word to indicate the direction somebody/something is headed to. The ending **-e/-a** corresponds in meaning to English prepositions of direction such as **to**, **for**, and **at**:

okula = *to school*   **işe** = *to work*   **İzmir'e** = *to İzmir*   **pazara** = *to the market*

Words ending in a syllable containing **a, ı, o, u**, take the ending **-a** while words ending in **e, i, ö, ü** take the ending **-e**:

İstanbul'a = *to İstanbul*   **köye** = *to the village*   **sınıfa** = *to the classroom*   **eve** = *to the house*

Voiceless consonants (**p, ç, t, k**) change to their voiced counterparts (**b, c, d, g, ğ**) when we add **-e/-a** to them. See Ünite-5 and 6 for further details.

mutfak - a → mutfağa = *to the kitchen*

B   If the word ends in a vowel, then we insert the buffer letter **-y-** between the dative case marker and the word:

araba-y-a = *to the car*   **üniversite-y-e** = *to university*   **parti-y-e** = *to the party*

C   It is used to make question words like **Nereye** = *(to) Where* and **Kime** = *(to) Whom*.

- A: **Nereye** gidiyorsun? *(Where are you going?)*
  B: **Parka** gidiyorum. *(I am going to the park.)*

- A: **Kime** gülüyorsun? *(Who are you laughing at?)*
  B: **Arif'e** gülüyorum. *(I am laughing at Arif.)*

Nereye gidiyorsun?

Parka gidiyorum.

D   It is used with post-positions like **-e/-a doğru** *(towards)* and **-e/-a kadar** *(until/as far as)*:

- Market<u>e doğru</u> yürüyorum.
  (I am walking <u>towards</u> the market.)

- Köpek <u>bize doğru</u> geliyor!
  (The dog is coming <u>towards</u> us.)

- Dün gece saat <u>3'e kadar</u> ders çalıştım.
  (I studied <u>until</u> 3 o'clock last night.)

- Otobüs <u>Hatay'a kadar</u> gidiyor.
  (The bus is going <u>as far as</u> Hatay.)

Köpek bize doğru geliyor!

ALIŞTIRMALAR

1 Add -(y)e/-(y)a to the following words.

1 market*e*...	6 banyo.....	11 kolej.....	16 kafe.....
2 iş.....	7 tuvalet.....	12 restoran.....	17 konser.....
3 Londra'.....	8 sinema.....	13 konferans.....	18 Ayşe'.....
4 park.....	9 deniz.....	14 maç.....	19 bahçe.....
5 Marmaris'.....	10 Türkiye'.....	15 mağaza.....	20 komşu.....

2 Complete the dialogues with the following words. The dative case suffix forms are already given.

parti	sinema	Betül	maç

Dialogue-1

A: Nereye gidiyorsun?

B: ....ya gidiyorum.

Dialogue-2

A: Selim nereye gidiyor?

B: ....a gidiyor.

Dialogue-3

A: Nereye gidiyorsun?

B: ....ye gidiyorum.

Dialogue-4

A: Bu hediyeyi kime aldın?

B: ....'e aldım.

3 Add -(y)e/-(y)a to the following words.

1 Ahmet'*e*... bir hediye aldım.

2 Saat 7'de konser..... gidiyoruz.

3 Yarın maç..... gideceğiz.

4 Yüzme..... gidelim mi?

5 Tuvalet..... gidebilir miyim?

6 Saat 10'..... kadar ders çalıştım.

7 Mine iş..... çok geç geldi.

ÜNİTE 11

okulda, işte, vs.
at school, at work, etc. (locative case)

A The locative case indicates a location. The locative case marker in Turkish is **-de/-da/-te/-ta** and it corresponds to English prepositions like **in**, **at**, **on**, or **by**:

okul**da** = *at school*   iş**te** = *at work*   ev**de** = *at home*   araba**da** = *in the car*

B

> -**de**/-**da** after soft consonants: b, c, d, g, ğ, j, l, m, n, r, v, y, z
> -**de**/-**da** after vowels: e, i, ö, ü, a, ı, o, u,

İstanbul'**da** = *in İstanbul*   deniz**de** = *in the sea*
yol**da** = *on the road*   ev**de** = *at home*
masa**da** = *on the table*   Türkiye'**de** = *in Turkey*
telefon**da** = *on the phone*   şehir**de** = *in the city*

Çocuklar evde.

C

> -**te**/-**ta** after hard consonants: ç, f, h, k, p, s, ş, t

bardak**ta** = *in the glass*   otobüs**te** = *on the bus*
ağaç**ta** = *in the tree*   ofis**te** = *in the office*
kitap**ta** = *in the book*   Marmaris'**te** = *in Marmaris*
mutfak**ta** = *in the kitchen*   iş**te** = *at work*

Kedi ağaçta.

D Personal pronouns (i.e. *ben, sen, o, biz, siz, onlar*) can also be followed by **-de/-da,** to say for example *"Kalem bende."* = *"I have got the pen."*

• **Telefon** bende. = *I have got the phone.*   • **Telefon** bizde. = *We have got the phone.*

• **Telefon** sende. = *You have got the phone.*   • **Telefon** sizde. = *You have got the phone.*

• **Telefon** onda. = *He/She/It has got the phone.*   • **Telefon** onlarda. = *They have got the phone.*

E It is used to make question words like **Nerede** = *(in) Where* and **Kimde** = *Who has got ...?*

• A: Öğretmen nerede? = *Where is the teacher?*   • A: Metin nerede? = *Where is Metin?*
  B: Öğretmen sınıfta. = *The teacher is in the classroom.*   B: Metin mutfakta. = *Metin is in the kitchen.*

• A: Anahtar kimde? = *Who has got the key?*   • A: Araba kimde? = *Who has got the car?*
  B: Anahtar bende. = *I have got the key.*   B: Araba Selim'de. = *Selim has got the car.*

F Personal suffixes (See Ünite-7.) follow the locative case ending. Where necessary, we insert the buffer letter **-y-** between the personal suffix and **-de/-da/-te/-ta**:

• Evde-y-im. = *I am at home.*   • İşte-y-im. = *I am at work.*   • Ali okulda. = *Ali is at school.*

ALIŞTIRMALAR

1 Add -de/-da/-te/-ta to the following words.

1 araba*da*	6 sınıf.....	11 okul.....	16 bardak.....
2 çarşı.....	7 mutfak.....	12 iş.....	17 konser.....
3 İngiltere'.....	8 Antalya'.....	13 tatil.....	18 Londra'.....
4 park.....	9 deniz.....	14 uçak.....	19 bahçe.....
5 Marmaris'.....	10 Türkiye'.....	15 kitap.....	20 ev.....

2 Complete the dialogues with the following words.

Tatil	Araba	Mutfak	Ağaç

Dialogue-1

A Çocuklar nerede?

B ....da bekliyorlar.

Dialogue-2

A Komşular nerede?

B ....de. Yarın dönüyorlar.

Dialogue-3

A Kedi nerede?

B ....ta.

Dialogue-4

A Annen nerede?

B ....ta. Yemek yapıyor.

3 Add -de/-da/-te/-ta followed by the personal suffix.

1

Ben   araba*dayım*. .

Sen   araba.............. .

O   araba.............. .

Biz   araba.............. .

Siz   araba.............. .

Onlar araba.............. .

2

Ben   ev.............. .

Sen   ev.............. .

O   ev.............. .

Biz   ev.............. .

Siz   ev.............. .

Onlar ev.............. .

3

Ben   iş.............. .

Sen   iş.............. .

O   iş.............. .

Biz   iş ....

Siz   iş.............. .

Onlar iş.............. .

4

Ben   yol......... .

Sen   yol......... .

O   yol......... .

Biz   yol......... .

Siz   yol......... .

Onlar yol......... .

5

Ben   tatil......... .

Sen   tatil......... .

O   tatil......... .

Biz   tatil......... .

Siz   tatil......... .

Onlar tatil......... .

6

Ben   park......... .

Sen   park......... .

O   park......... .

Biz   park......... .

Siz   park......... .

Onlar park......... .

ÜNİTE 12

okuldan, işten, vs.
from school, from work, etc. (ablative case)

A We add **-den/-dan/-ten/-tan** to the word to indicate a starting point of a physical movement. This ending corresponds to English **from**:

okul**dan** = *from school*   iş**ten** = *from work*
ev**den** = *from home*   araba**dan** = *from the car*

iş**e** = *to work*   İş**ten** = *from work*

B

> **-den/-dan** after soft consonants: b, c, d, g, ğ, j, l, m, n, r, v, y, z
> **-den/-dan** after vowels: e, i, ö, ü, a, ı, o, u

Nereden geliyorsunuz?

İngiltere'den geliyorum.

İstanbul'**dan**	= *from İstanbul*	deniz**den**	= *from the sea*
yol**dan**	= *from the road*	ev**den**	= *from home*
masa**dan**	= *from the table*	İngiltere'**den**	= *from England*
telefon**dan**	= *from the phone*	köprü**den**	= *from the bridge*

C

> **-ten/-tan** after hard consonants: f, s, t, k, ç, ş, h, p

bardak**tan**	= *from the glass*	otobüs**ten**	= *from the bus*
ağaç**tan**	= *from the tree*	ofis**ten**	= *from the office*
kitap**tan**	= *from the book*	Marmaris'**ten**	= *from Marmaris*
mutfak**tan**	= *from the kitchen*	iş**ten**	= *from work*

D It is used to make question words like **Nereden** = *(from) Where* and **Kimden** = *from whom*?:

- A: Nereden geliyorsun? *(Where are you coming from?)*
  B: Okul**dan**. *(From school.)*

- A: Nereden uçuyorsun? *(Where are you flying from?)*
  B: Marmaris'**ten**. *(From Marmaris.)*

- A: Kimden aldın? *(Who have you got it from?)*
  B: Nevin'**den**. *(From Nevin.)*

- A: Hediye kimden? *(Who is the present from?)*
  B: Erhan'**dan**. *(From Erhan.)*

E We can add this ending to abstract nouns to indicate the cause or source of something:

- Yorgunluk**tan** ölüyorum.
  (I am dying from/because of tiredness.)

Yorgunluk**tan** ölüyorum.

- Yağmur**dan** ıslandım.
  (I got wet from/because of rain.)

ALIŞTIRMALAR

1 Add -den/-dan/-ten/-tan to the following words.

1 tatil.*den*.
2 pazar.........
3 İspanya'.........
4 şehir.........
5 köy.........

6 banka.........
7 iş.........
8 Almanya'.........
9 piknik.........
10 savaş.........

11 alışveriş.........
12 motor.........
13 internet.........
14 İstanbul'.........
15 yemek.........

16 maç.....
17 tiyatro.....
18 sinema.....
19 gezi.....
20 İzmir'.....

2 Complete the dialogues with the following words.

Motor	Maç	Parti	Mağaza

Diyalog 1

A: Nereden geliyorsunuz?

B: ....tan geliyoruz. 3-0 yendik.

Diyalog 3

A: Bu ses nereden geliyor?

B: ....dan geliyor.

Diyalog 2

A: Nereden geliyorsunuz?

B: ....den geliyorum. Çok eğlendik.

Diyalog 4

A: Bu elbiseleri nerede aldın?

B: ....dan aldım. İndirimdeydiler.

3 Add -den/-dan/-ten/-tan to the words below.

1 Yarın saat 11'de Antalya'.*dan*. uçuyoruz.
2 Komşular yarın tatil .... dönüyorlar.
3 Türkiye'......... baklava aldım.
4 Sinema......... akşam saat 10'da çıktık.
5 Ali iş......... henüz çıkmadı.

4 Add -den/-dan/-ten/-tan to the first words and -(y)e/-(y)a to second ones to say *from ... to*.

1 ev*den* iş*e*
2 Türkiye'......... İngiltere'.........
3 Okul......... ev.........
4 Alışveriş......... restoran.........
5 Salon......... bahçe.........
6 Postane......... banka.........

A

var corresponds in meaning to *There is ... / There are ...* while **yok** corresponds to *There isn't ... / There aren't ... .*
They are used at the end of the sentence:

• Sınıfta iki öğrenci var.
  (There are two students in the classroom.)

• Bahçede bir köpek var.
  (There is a dog in the garden.)

Yolda bir kaza var.

• Kasede şeker yok.
  (There isn't sugar in the bowl.)

• Cüzdanda para yok.
  (There isn't money in the wallet.)

• Yolda bir kaza var.
  (There is an accident on the road.)

• Evde bir hırsız var.
  (There is a burglar in the house.)

As you can see in the examples above, we need to use the locative markers **-de/-da/-te/-ta** on the word indicating location as we want to say that someone/something is in a particular place (e.g. sınıf<u>ta</u> = *in the classroom*, bahçe<u>de</u> = *in the garden*.) Now, let us make an analysis of an example sentence:

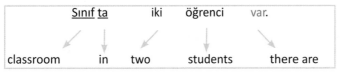

Sınıf ta	iki	öğrenci	var.
classroom	in	two	students	there are

(There are two students in the classroom.)

B

We use **...var mı?** = *Is/Are there ... ?* and **... yok mu?** = *Isn't/Aren't there ... ?* to ask questions:

• A: Burada Türkçe kursu var mı?
  (Is there a Turkish course here?)

B: Evet, burada Türkçe kursu var.
  (Yes, there is a Turkish course here.)

• Satıcı: Künefe var mı?
  (Is there kunafah?)

• A: Bugün parti yok mu?
  (Isn't there a party today?)

B: Hayır, bugün parti yok.
  (No, there isn't a party today.)

Müşteri: Hayır, maalesef künefe yok.
  (No, unfortunately, there isn't kunafah.)

Künefe var mı?

Hayır, maalesef künefe yok.

C

We can use the following words with **var** and **yok**:

biri/birisi var = *There is somebody*
birisi var mı? = *Is there anybody?*

kimse yok = *There isn't anybody*
kimse yok mu? = *Isn't there anybody?*

Kimse yok mu?

• A: Evde biri var mı?
  (Is there anybody in the house?)

B: Hayır, evde kimse yok.
  (No, there isn't anybody in the house.)

- We can also say **Kimse yok mu?** while we are asking for help or knocking on the door.

• Kimse yok mu?
  (Is anyone out there?)

ALIŞTIRMALAR

1 Complete the sentences with the name of the objects in the pictures followed by var.

1 Dışarıda bir *aslan var* .

2 Bahçede iki ....

3 Dışarıda bir ....

4 Mutfakta bir ....

5 Yolda bir ....

6 Tarlada bir ....

7 Mutfakta bir ....

8 Sınıfta beş ....

9 Sokakta bir ....

2 Answer the following questions with var or yok.

Dialogue-1

A: Ekmek var mı?

B: Evet, *ekmek var* ....

Dialogue-2

A: Burada postane var mı?

B: Hayır, ...

Dialogue-3

A: Dolapta süt var mı?

B: Hayır, ...

Dialogue-4

A: Arabada benzin var mı?

B: Evet, ...

Dialogue-5

A: Cüzdanda para var mı?

B: Hayır, ...

Dialogue-6

A: Sinemada yeni bir film var mı?

B: Evet, ...

Dialogue-7

A: Bugün okul var mı?

B: Hayır, ...

Dialogue-8

A: Gazete var mı?

B: Evet, ...

Dialogue-9

A: Yeni kitap var mı?

B: Hayır, ...

Dialogue-10

A: Bu akşam bir program var mı?

B: Evet, ...

Dialogue-11

A: Ofiste yazıcı var mı?

B: Hayır, ...

Dialogue-12

A: Tost var mı?

B: Evet, ...

A var and yok are used to say somebody/something owns, holds or possesses something:

We add the possessive case marker to the word indicating the item possessed followed by **var/yok**. As usual, pay attention to the sound harmony.

	after vowels (a, ı, o, u, e, i, ö, ü)	
Benim	araba-m	
Senin	araba-n	var./yok.
Onun	araba-sı	
Bizim	araba-mız	
Sizin	araba-nız	
Onların	araba-sı	

	after consonants (b, c, ç, d, f, g, ğ, h, j, k, l, m, n, p, r, s, ş, t, v, y, z)	
Benim	ev-im	
Senin	ev-in	var./yok.
Onun	ev-i	
Bizim	ev-imiz	
Sizin	ev-iniz	
Onların	ev-i	

In the table above, the possessive case marker is added to **araba** to indicate who its owner is. Hence, even if we don't use **benim, senin, onun**, etc, we would still know who the owner is by looking at the marker on **araba,** such as *-m, -n, -sı*.

- (Benim) bir arabam var.
  (I have a car.)

- Yarın (sizin) sınavınız var.
  (You have an exam tomorrow.)

- (Bizim) bir villamız var.
  (We have a villa.)

- (Onun) çok parası var.
  (He/She has plenty of money.)

- (Benim) param yok.
  (I don't have money.)

- (Bizim) biletimiz yok.
  (We don't have a ticket.)

- (Onun) arkadaşı yok.
  (He/She doesn't have a friend.)

- Şimdi (benim) zamanım yok.
  (I don't have time now.)

Şimdi zamanım yok.

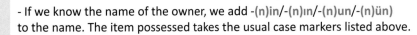

- If we know the name of the owner, we add -(n)in/-(n)ın/-(n)un/-(n)ün to the name. The item possessed takes the usual case markers listed above.

- Elif'in iki kardeşi var.
  (Elif has two brothers.)

- Ali'nin bir bisikleti var.
  (Ali has a bicycle.)

B We use ... var mı? or ... yok mu? to make questions:

	after vowels (a, ı, o, u, e, i, ö, ü)	
Benim	araba-m	
Senin	araba-n	var mı?/yok mu?
Onun	araba-sı	
Bizim	araba-mız	
Sizin	araba-nız	
Onların	araba-sı	

	after consonants (b, c, ç, d, f, g, ğ, h, j, k, l, m, n, p, r, s, ş, t, v, y, z)	
Benim	ev-im	
Senin	ev-in	var mı?/yok mu?
Onun	ev-i	
Bizim	ev-imiz	
Sizin	ev-iniz	
Onların	ev-i	

- A: Araban var mı?
  (Do you have a car?)

- A: Paran var mı?
  (Do you have money?)

- A: Onların bir planı var mı?
  (Do they have a plan?)

- B: Evet, arabam var.
  (Yes, I have a car.)

- B: Hayır, param yok.
  (No, I don't have money.)

- B: Evet, onların bir planı var.
  (Yes, they have a plan.)

ALIŞTIRMALAR

1 **Complete the sentences by adding the possessive case marker on the item possessed followed by** var.

1 Benim bir laptop*um var*.

2 Sizin yeni bir komşu.................. .

3 Onların güzel bir villa.................. .

4 Benim bir kedi.................. .

5 Onun bir tavşan.................. .

6 Sizin bir problem.................. .

7 Senin üç arkadaş.................. .

8 Bizim maç.................. .

9 Onun toplantı.................. .

10 Benim uzun saçlar.................. .

11 Onların yarın bir parti.................. .

12 Senin çok para.................. .

2 **Complete the conversations.**

Dialogue-1

A: *Zamanın var mı*.................. ?

B: Evet, zamanım var.

Dialogue-2

A: .... ?

B: Hayır, onun telefonu yok.

Dialogue-3

A: .... ?

B: Evet, bizim bir evimiz var.

Dialogue-4

A: .... ?

B: Evet, kalemim var.

Dialogue-5

A: .... ?

B: Hayır, ehliyetim yok.

Dialogue-6

A: .... ?

B: Evet, onların bir şirketi var.

Dialogue-7

A: .... ?

B: Evet, onun çantası var.

Dialogue-8

A: .... ?

B: Hayır, onun adı yok.

3 **Add the possessive case markers on the possessor and the item possessed.**

1 Nuray'*ın* bir kedi*si* var.

2 Fikret'....... iki kardeş....... var.

3 Nesrin'....... güzel bir elbise....... var.

4 Murat'....... çok para....... var.

5 Kerem'....... bir tavşan....... var.

6 Selim'....... kardeş....... yok.

A Present continuous tense is commonly used for actions happening now or for a limited time in the future:

Gel**iyor**um.	= *I am coming.*	Otur**uyor**um.	= *I am sitting.*	Uç**uyor**uz. = *We are flying.*	
Koş**uyor**lar.	= *They are running.*	Oyn**uyor**lar.	= *They are playing.*	Uy**uyor**. = *S/He is sleeping.*	

B

Structure: verb + **i/ı/u/ü** + **yor** + personal suffix

Person	gel- *(to come)*	al- *(to take)*	koş- *(to run)*	gül- *(to laugh)*
Ben	gel-i-yor-um.	al-ı-yor-um.	koş-u-yor-um.	gül-ü-yor-um.
Sen	gel-i-yor-sun.	al-ı-yor-sun.	koş-u-yor-sun.	gül-ü-yor-sun.
O	gel-i-yor.	al-ı-yor.	koş-u-yor.	gül-ü-yor.
Biz	gel-i-yor-uz.	al-ı-yor-uz	koş-u-yor-uz.	gül-ü-yor-uz.
Siz	gel-i-yor-sunuz.	al-ı-yor-sunuz.	koş-u-yor-sunuz.	gül-ü-yor-sunuz.
Onlar	gel-i-yor-lar.	al-ı-yor-lar.	koş-u-yor-lar.	gül-ü-yor-lar.

Ne yapıyorsun?

Alışveriş yapıyorum.

C Verbs ending in a syllable with **-i** or **-e** are followed by **-(i)yor** and the personal suffix:

• Kerem süt iç**iyor**. = *Kerem is drinking milk.* • Ekmek kes**iyor**um. = *I am cutting bread.*

D Verbs ending in a syllable with **-ı** or **-a** are followed by **-(ı)yor** and the personal suffix:

• Burak şimdi ders çalış**ıyor**. = *Burak is studying now.*

• Alışveriş yap**ıyor**um. = *I am doing shopping.*

E Verbs ending in a syllable with **-o** or **-u** are followed by **-(u)yor** and the personal suffix:

• Çocuklar koş**uyor**lar. = *The children are running.* • Türkçe konuş**uyor**um. = *I am speaking Turkish.*

F Verbs ending in a syllable with **-ö** or **-ü** are followed by **-(ü)yor** and the personal suffix:

• Ahmet gül**üyor**. = *Ahmet is laughing.* • Bebek büy**üyor**. = *The baby is growing up.*

G If a verb ends in **-e**, we drop it and replace it with **-i** or **-ü** followed by **-yor** and the personal suffix:

✓ Arabada bekl**i**yoruz. = *We are waiting in the car.* ✗ Arabada bekl~~e~~yoruz.

The final **-e** in the verb **bekle-** *(to wait)* was replaced by **-i** as it is an unrounded front vowel like **-e** in the preceding syllable.

✓ Yalan söyl**ü**yorsun! = *You are lying!* ✗ Yalan söyl~~e~~yorsun.

-e in the verb **söyle-** *(to say/tell)* was replaced by **-ü** as it is a rounded back vowel like **-ö** in the preceding syllable.

H If a verb ends in **-a**, we drop it and replace it with **-ı** or **-u** followed by **-yor** and the personal suffix:

✓ Ahmet ar**ı**yor. = *Ahmet is calling.* ✗ Ahmet ar~~a~~yor.

I The **-t** in the verbs **git-** *(to go)*, **et-** *(to do/make)*, **tat-** *(to taste)*, **seyret-** *(to watch)* change to **-d**:

✓ gi**d**iyorum ✗ gi~~t~~iyorum ✓ ta**d**ıyorum ✗ ta~~t~~ıyorum. ✓ e**d**iyorum ✗ e~~t~~iyorum

This rule does not apply to all of the verbs ending in **-t**. There are many verbs such as **ört-**, **sat-**, **bat-** which are not affected by the change above: ✓ Gemi bat**ı**yor. = *The ship is sinking.* ✗ Gemi ba**d**ıyor.

See **Ünite-5G** for further details on the verbs **-et, -git, -tat**.

ALIŞTIRMALAR

1 Add the present continuous tense ending followed by the personal suffix.

1

Ben	otur.*uyorum* .
Sen	otur................. .
O	otur................. .
Biz	otur................. .
Siz	otur................. .
Onlar	otur................. .

2

Ben	sev................. .
Sen	sev................. .
O	sev................. .
Biz	sev................. .
Siz	sev................. .
Onlar	sev................. .

3

Ben	çalış................. .
Sen	çalış................. .
O	çalış................. .
Biz	çalış................. .
Siz	çalış................. .
Onlar	çalış................. .

4

Ben	konuş................. .
Sen	konuş................. .
O	konuş................. .
Biz	konuş................. .
Siz	konuş................. .
Onlar	konuş................. .

5

Ben	sat................. .
Sen	sat................. .
O	sat................. .
Biz	sat................. .
Siz	sat................. .
Onlar	sat................. .

6

Ben	ver................. .
Sen	ver................. .
O	ver................. .
Biz	ver................. .
Siz	ver................. .
Onlar	ver................. .

2 Drop the final vowel and add the correct form of the present continuous tense ending followed by the personal suffix.

1 (izle- *to watch*)

Ben	*izliyorum* .
Sen	....
O	....
Biz	....
Siz	....
Onlar	....

2 (bekle- *to wait*)

Ben	....
Sen	....
O	....
Biz	....
Siz	....
Onlar	....

3 (söyle- *to say/tell*)

Ben	....
Sen	....
O	....
Biz	....
Siz	....
Onlar	....

4 (anla- *to understand*)

Ben	....
Sen	....
O	....
Biz	....
Siz	....
Onlar	....

5 (başla- *to start*)

Ben	....
Sen	....
O	....
Biz	....
Siz	....
Onlar	....

6 (dinle- *to listen*)

Ben	....
Sen	....
O	....
Biz	....
Siz	....
Onlar	....

3 Complete the sentences by adding the present continuous ending followed by the personal suffix to the verbs in brackets.

1 Kate biraz Türkçe *anlıyor* . (anla-)

2 Çocuklar televizyon .... (seyret-)

3 Film şimdi .... (başla-)

4 Berfin şimdi müzik .... (dinle-)

5 Ben ve Kerem bu akşam sinemaya .... (git-)

6 Siz çok gürültü .... (yap-)

A We insert **-mi/-mı/-mu/-mü** between the stem of the verb and the present continuous tense marker **-yor**, followed by the personal suffix:

Gelmiyorum. = *I am not coming.*   Oturmuyorum. = *I am not sitting.*   Uçmuyoruz. = *We aren't flying.*

B

Structure: *verb* + (mi, mı, mu, mü) + yor + personal suffix

Person	gel- (to come)	al- (to take)	koş- (to run)	gül- (to laugh)
Ben	gel-mi-yor-um.	al-mı-yor-um.	koş-mu-yor-um.	gül-mü-yor-um.
Sen	gel-mi-yor-sun.	al-mı-yor-sun.	koş-mu-yor-sun.	gül-mü-yor-sun.
O	gel-mi-yor.	al-mı-yor.	koş-mu-yor.	gül-mü-yor.
Biz	gel-mi-yor-uz.	al-mı-yor-uz.	koş-mu-yor-uz.	gül-mü-yor-uz.
Siz	gel-mi-yor-sunuz.	al-mı-yor-sunuz.	koş-mu-yor-sunuz.	gül-mü-yor-sunuz.
Onlar	gel-mi-yor-lar.	al-mı-yor-lar.	koş-mu-yor-lar.	gül-mü-yor-lar.

Yunus yemek yemiyor.

C We insert **-mi** between the stem of the verb and **-yor** if the last syllable of the verb contains **-i** or **-e**:

• Yunus yemek yemiyor. = *Yunus isn't eating.*

D We insert **-mı** between the stem of the verb and **-yor** if the last syllable of the verb contains **-ı** or **-a**:

• Burak şimdi ders çalışmıyor. = *Burak isn't studying now.*   • Alışveriş yapmıyoruz. = *We aren't doing shopping.*

E We insert **-mu** between the stem of the verb and **-yor** if the last syllable of the verb contains **-o** or **-u**:

• Çocuklar koşmuyorlar. = *The children aren't running.*   • Türkçe konuşmuyorum. = *I am not speaking Turkish.*

F We insert **-mü** between the stem of the verb and **-yor** if the last syllable of the verb contains **-ö** or **-ü**:

• Ahmet gülmüyor. = *Ahmet isn't laughing.*   • Tekerlek dönmüyor. = *The wheel isn't turning.*

G

The verb **sev-** = *to love/like*

The verb **sev-** *to love/like* is mostly used in the present continuous tense in Turkish. However, in English it is used in the simple present tense (i.e. without *-ing*):

Seni hiç sevmiyorum!

• Seni çok seviyorum.   = *I love you so much.*
  Seni hiç sevmiyorum.   = *I don't love you at all.*

• Pelin'i çok seviyorum.   = *I love Pelin so much.*
  Pelin'i hiç sevmiyorum.   = *I don't love Pelin at all.*

• Türkiye'yi çok seviyorum.   = *I love/like Turkey so much.*
  Türkiye'yi hiç sevmiyorum.   = *I don't love/like Turkey at all.*

See Ünite 18 for non-action verbs.

ALIŞTIRMALAR

1 Make the verbs negative.

1

Ben	biliyorum.	_bilmiyorum_ .
Sen	biliyorsun.	....
O	biliyor.	....
Biz	biliyoruz.	....
Siz	biliyorsunuz.	....
Onlar	biliyorlar.	....

2

Ben	konuşuyorum.	....
Sen	konuşuyorsun.	....
O	konuşuyor.	....
Biz	konuşuyoruz.	....
Siz	konuşuyorsunuz.	....
Onlar	konuşuyorlar.	....

3

Ben	seviyorum.	....
Sen	seviyorsun.	....
O	seviyor.	....
Biz	seviyoruz.	....
Siz	seviyorsunuz.	....
Onlar	seviyorlar.	....

4

Ben	gidiyorum.	....
Sen	gidiyorsun.	....
O	gidiyor.	....
Biz	gidiyoruz.	....
Siz	gidiyorsunuz.	....
Onlar	gidiyorlar.	....

2 Complete the sentences using the verbs in brackets in the present continuous negative.

1 Leyla bugün ders ...._çalışmıyor_.......... . Çünkü çok yorgun. (çalış-)

2 Bebek .... (ağla-)

3 Araba .... Çünkü benzini bitti. (çalış-)

4 Uğur yemek .... Çünkü aç değil. (ye-)

5 Seni .... ! Çünkü bana hediye almadın. (sev-)

6 Çocuklar futbol .... (oyna-)

7 Biz tatile .... Çünkü babam çalışıyor. (git-)

8 Sen bizi niye .... ? (bekle-)

9 Pelin bu akşam sinemaya .... (gel-)

10 Arzu Hatice'yle .... Ona küsmüş. (konuş-)

11 Jessica Türkçe .... (anla-)

12 Bu mağaza elbise .... (sat-)

13 Bu kalem .... (yaz-)

14 İngilizce .... Ama Almanca biliyorum. (bil-)

15 Babam şimdi televizyon .... Gazete okuyor. (seyret-)

A We make questions in the present continuous tense with the question particle **mu**, followed by the personal suffix. The question particle always follows the main verb as a separate word:

Geliyor musun? = *Are you coming?*   Çalışıyor musun? = *Are you working?*   Oynuyorlar mı? = *Are they playing?*

B

> **Structure:** verb + (i, ı, u, ü) + **yor** + **mu** + personal suffix **?**
> (*The only exception is* **onlar**. *See below.*)

Person	gel- (to come)	al- (to take)	koş- (to run)	gül- (to laugh)
Ben	geliyor muyum?	alıyor muyum?	koşuyor muyum?	gülüyor muyum?
Sen	geliyor musun?	alıyor musun?	koşuyor musun?	gülüyor musun?
O	geliyor mu?	alıyor mu?	koşuyor mu?	gülüyor mu?
Biz	geliyor muyuz?	alıyor muyuz?	koşuyor muyuz?	gülüyor muyuz?
Siz	geliyor musunuz?	alıyor musunuz?	koşuyor musunuz?	gülüyor musunuz?
Onlar	geliyorlar mı?	alıyorlar mı?	koşuyorlar mı?	gülüyorlar mı?

It's clear from the examples above that the present continuous tense marked verb is followed by the question particle **mu**, which is suffixed by the personal ending.

Examples:

- A: Bu akşam sinemaya geliyor musun?
  (*Are you coming to the cinema tonight?*)

  B: Hayır, bu akşam sinemaya gelmiyorum.
  (*No, I am not coming to the cinema tonight.*)

  A: Neden?
  (*Why*)

  B: Çok yorgunum.
  (*I am so tired.*)

- Kerem şimdi kitap okuyor mu?
  (*Is Kerem reading a book now?*)

- Bugün alışverişe gidiyor muyuz?
  (*Are we going shopping today?*)

- Telefon şimdi çalışıyor mu?
  (*Is the phone working now?*)

C We can make questions with question words such as **ne** (*what*), **nerede** (*where*), **kim** (*who*), **nasıl** (*how*), **ne zaman** (*when*) and **niye/neden** (*why*). It is more common to use the question word before the verb:

- Bugün kim geliyor?
  (*Who is coming today?*)

- Nerede yaşıyorsunuz?
  (*Where are you living?*)

- Telefon niye çalışmıyor?
  (*Why is the phone not working?*)

- Ne yiyorsun?
  (*What are you eating?*)

ALIŞTIRMALAR

1 Write the question form of the sentences below.

1 Fatma şimdi ders çalışıyor.

   Fatma şimdi ders çalışıyor mu ....?

2 Ali okula gidiyor.

   ....?

3 Burak maç seyrediyor.

   ....?

4 Çocuklar oyun oynuyorlar.

   ....?

5 Kitap okuyorum.

   ....?

6 Biz pikniğe gidiyoruz.

   ....?

7 Çalışıyorum.

   ....?

8 Eğleniyoruz.

   ....?

9 Bebek uyuyor.

   ....?

10 Film başlıyor.

   ....?

2 Answer the following questions.

1 Çocuklar bahçede top oynuyorlar mı?

   Evet, çocuklar bahçede top oynuyorlar .

2 Şimdi yağmur yağıyor mu?

   Hayır, ...

3 Meral bugün bize geliyor mu?

   Evet, ...

4 Korkuyor musun?

   Hayır, ...

5 Benimle geliyor musun?

   Hayır, ...

6 Beni seviyor musun?

   Evet, ...

7 Misafirler eğleniyorlar mı?

   Hayır, ...

8 Araba çalışıyor mu?

   Hayır, ...

9 Müzik dinliyor musun?

   Evet, ...

10 Parti başlıyor mu?

   Evet, ...

3 Fill in the following sentences with the questions words *niye, nasıl, kim, ne zaman,* and *nerede*.

1 'Araba ......niye........... çalışmıyor?' 'Çünkü bozuk.'

2 'Film .... başlıyor?' 'Saat 10'da.'

3 '........................ yaşıyorsunuz?' 'İstanbul'da.'

4 'Bu makine .... çalışıyor?' 'Elektrikle.'

5 'Bu akşam .... geliyor?' 'Ahmet.'

A Contrary to English, non-action verbs in Turkish can be used in the present continuous tense (i.e. with -**yor**):

İngilizce biliyorum. = *I know English.*   Seni seviyorum. = *I love you.*   Su istiyorum. = *I want water.*

In the examples above, the verbs **bil-** (*know*) and **sev-** (*love*) are used with the present continuous tense marker -**yor**, but their English equivalents *know* and *love* are used in the present simple tense (i.e. without -**ing**).

B Common non-action verbs that are used with -**yor** in Turkish:

bil-	know
anla-	understand
fark et-	realize
hisset-	feel
zannet-	suppose
inan-	believe
tanı-	recognize
düşün-	think
tercih et-	prefer
hatırla-	remember
iste-	want
unut-	forget

nefret et-	hate
kork-	fear, be afraid of
kıskan-	envy
sev-	love
hoşlan-	like
hoşlanma-	dislike
duy-	hear
kok-	smell
gör-	see
görün-	look, seem
içer-	consist of, contain

İngilizce biliyor musun?

Evet, İngilizce biliyorum.

- Çok korkuyorum.
  (I fear so much./I am so scared.)

- İngilizce anlıyorum.
  (I understand English.)

- Bir ses duyuyorum.
  (I hear a noise.)

- Güzel görünüyorsun.
  (You look beautiful.)

- Çok yorgun görünüyorsun.
  (You look so tired.)

- Zeynep'i seviyor musun?
  (Do you love Zeynep?)

- A: Beni seviyor musun? *(Do you love me?)*
  B: Evet, seni seviyorum. *(Yes, I love you.)*

- A: Ben mağaraya giriyorum. *(I am entering the cave.)*
  B: Ben girmiyorum. *(I am not entering.)*
  A: Korkuyor musun? *(Are you scared?)*
  B: Evet, çok korkuyorum. *(Yes, I am so scared.)*

Ben mağaraya giriyorum.

Ben girmiyorum.

Korkuyor musun?

Evet, çok korkuyorum.

ALIŞTIRMALAR

1 Use the verbs in the present continuous tense to complete the sentences. The verb should end with the suffix for the person in brackets.

a) iste-	b) hoşlan-	c) duy-	d) içer-	e) anla-
f) kork-	g) tanı-	h) kok-	i) hisset-	j) sev-

1 Bu yemek çok kötü ....*kokuyor*....! (O)

2 Biraz su .... (Ben)

3 Onu .... Çok iyi arkadaşız. (Ben)

4 Bu yoğurt jelatin .... (O)

5 Anne, çok .... Benimle yatar mısın? (Ben)

6 Aylin'den .... Çok güzel bir kız. (Ben)

7 Kendimi çok kötü .... Erken yatacağım. (Ben)

8 Garip bir ses .... (Biz)

9 Seni çok .... (Ben)

10 Jane biraz Türkçe .... (O)

2 Complete the dialogues.

1
A: Türkçe biliyor musun?
B: Hayır, Türkçe ..*bilmiyorum*...... .

2
A: Beni seviyor musun?
B: Evet, seni ....

3
A: Güzel görünüyor muyum?
B: Evet, çok güzel ....

4
A: İngilizce anlıyor musunuz?
B: Hayır, İngilizce ....

5
A: Çocuklar korkuyorlar mı?
B: Evet, çocuklar çok ....

6
A: Bu çikolata alkol içeriyor mu?
B: Hayır, o çikolata alkol ....

7
A: Kendini iyi hissediyor musun?
B: Evet, kendimi çok iyi ....

8
A: Biraz ekmek istiyor musun?
B: Hayır, ekmek ....

9
A: Onu kıskanıyor musun?
B: Hayır onu hiç ....

10
A: Onları hatırlıyor musun?
B: Evet, onları ....

11
A: Kedi süt istiyor mu?
B: Evet, kedi süt ....

12
A: Uçağı görüyor musun?
B: Evet, uçağı........................ .

A Sıfat (adjective) is a word that describes a person or thing. For example, the word **siyah** (*black*) in **siyah araba** (*black car*) is an adjective.

güzel elbise = *beautiful dress*   kötü adam = *bad man*   yaşlı kadın = *old woman*

In the examples above, **güzel**, **kötü** and **yaşlı** are adjectives.

B We can create adjectives by adding prefixes or suffixes to the word:

Nouns		Adjectives		Nouns		Adjectives	
yaş = *age*	→	yaşlı = *aged, old*		hız = *speed*	→	hızlı = *speedy, fast*	
bilim = *science*	→	bilimsel = *scientific*		başka = *other*	→	bambaşka = *totally different*	
fark = *difference*	→	farklı = *different*		çocuk = *child*	→	çocuksu = *childish*	
dar = *narrow*	→	daracık = *very narrow*		güneş = *sun*	→	güneşli = *sunny*	
üç = *three*	→	üçüncü = *third*		kar = *snow*	→	karlı = *snowy*	
şeker = *sugar*	→	şekersiz = *without sugar*		boş = *empty*	→	bomboş = *altogether empty*	

C As in English, adjectives in Turkish precede nouns:

eski ayakkabılar	= *old shoes*	büyük ev	= *big house*	mavi araba	= *blue car*
güzel ayakkabılar	= *nice shoes*	o kitap	= *that book*	sarı sayfalar	= *yellow pages*
kırmızı elbise	= *red dress*	iki kilo	= *two kilos*	bu çocuk	= *this child*

D We can use adjective + noun combinations to describe a noun: küçük beden gömlek = *small size shirt*

adjective   noun   noun

E Noun phrases ending in **-li/-lı/-lu/-lü** can also describe a noun:

üç katlı ev   kırmızı renkli araba   üç boyutlu televizyon
(three-storey house)   *(red colour car)*   *(three dimensional television)*

iki katlı otobüs

F Noun phrases ending in **-lik/-lık/-luk/-lük** are used to describe a noun:

on kilometrelik bir yol   beş günlük bir gezi   iki haftalık tatil
(a ten-kilometre road)   *(a five-day trip)*   *(a two-week holiday)*

The suffix **-lik** in the examples above is used to tell the value, price, weight, duration, length etc. of the noun.

G **-lik** is also added to the word **kişi** (*person*) to tell something is *"for X number of people"*:

dört kişilik sipariş   on altı kişilik minibüs   iki kişilik oda
(a four-people order)   *(a sixteen seater minibus)*   *(a room for two people / double room)*

H We add the suffix **-ki** to words ending with the locative case marker **-de/-da/-te/-ta** to define a noun:

mutfaktaki masa = *the table in the kitchen*
bardaktaki su   = *the water in the glass*   **mutfak-ta-ki   masa**   Read the English
bahçedeki kedi = *the cat in the garden*   equivalents in
çantadaki kalem = *the pen in the bag*   reverse order.

kitchen   in   (which)   table

I **-ki** (and its mutated form **-kü**) is also added to words of time:

yarınki maç = *tomorrow's match*   dünkü program = *yesterday's programme*

J Most adjectives can be used as nouns in Turkish. **-ler/-lar** is the plural making suffix:
yaşlı = *old* → yaşlılar = *the elderly*   güzel = *beautiful* → güzeller = *the beautiful*   mavi = *blue* → maviler = *the blues*

ALIŞTIRMALAR

1   Describe the following pictures with the adjectives in the box.

| a) kırmızı | b) yeşil | c) rahat | d) yuvarlak |
| e) yüksek | f) pahalı | g) büyük | h) güneşli |

1 .....*büyük*...... bir ev   2 .... bir araba   3 .... bir elma   4 .... bir masa

5 .... bir gün   6 .... bir bina   7 .... bir koltuk   8 .... bir araba

2   Fill in the sentences with a word in the box.

| a) güneşli | b) üçüncü | c) nefis |
| d) yorgun | e) iki katlı | f) güzel |

1   Bu elbise pahalı ama çok ...*güzel*............ .

2   Bu yemek çok .... Biraz daha istiyorum.

3   Ali kendini .... hissediyor. Biraz dinlenmeli.

4   Bugün .... bir gün. Pikniğe gidelim.

5.   .... katta oturuyoruz. Ya siz?

6   Londra'da .... otobüsler çok yaygın.

3   Complete the dialogue on the right and translate it into your language.

Danışma görevlisi:

Müşteri   :

Kaç ....
oda istiyorsunuz?

İki ....
oda istiyorum.

A   A cardinal number (sayma sayıları) is an ordinary number such as 1,2, or 3:

sıfır	0	on bir	11	otuz	30
bir	1	on iki	12	kırk	40
iki	2	on üç	13	elli	50
üç	3	on dört	14	altmış	60
dört	4	on beş	15	yetmiş	70
beş	5	on altı	16	seksen	80
altı	6	on yedi	17	doksan	90
yedi	7	on sekiz	18	yüz	100
sekiz	8	on dokuz	19	bin	1000
dokuz	9	yirmi	20	bir milyon	1000,000
on	10	yirmi bir	21	bir milyar	1000,000,000

> Kaç şeker istiyorsun?

> İki şeker, lütfen.

B   It is very easy to form numerals from 11 to 99. Higher numerals must always come before numerals from 1 to 9:

on altı = *sixteen*   **yirmi dört** = *twenty-four*   **elli dokuz** = *fifty-nine*

C   **yüz** *(one hundred)* and **bin** *(one thousand)* do not require **bir** *(one)*. However, we have to use **bir** before **milyon** *(one million)* and **milyar** *(one billion)*:

✓ **yüz araba** = *one hundred cars*   ✓ **bin kitap** = *one thousand books*   ✓ **bir milyon araba** = *one million cars*

✗ ~~bir~~ **yüz araba**   ✗ ~~bir~~ **bin kitap**   ✓ **bir milyar insan** = *one billion people*

D   We don't use **ve** *(and)* between numbers as we do in English:

✓ **yüz elli bir** = *one hundred and fifty-one*   ✓ **bin dört yüz elli üç** = *one thousand four hundred and fifty-three*

✗ **yüz elli ~~ve~~ bir**   ✗ **bin dört yüz ~~ve~~ elli üç**

E   Nouns are always singular after numerals. In other words, they do not take the plural suffix **-ler/-lar**:

✓ **on çocuk** = *ten children*   ✓ **üç kalem** = *three pencils*

✗ **on çocuk~~lar~~**   ✗ **üç kalem~~ler~~**

F   However, some fixed expressions such as movie titles, religious days and street names may take plural nouns:

üç ay<u>lar</u> *(the three holy months of Recep, Şaban and Ramazan)*   **Yedi Cüce<u>ler</u>** *(Seven Dwarfs)*

Kırk Harami<u>ler</u> *(Forty Thieves)*   **Üç Silahşör<u>ler</u>** *(The Three Musketeers)*

G   We use the question word of **Kaç** *(How many)* to ask the quantity of something. The noun after **Kaç** is always singular:

✓ A: Kaç şeker istiyorsunuz?   ✗ Kaç şeker~~ler~~ istiyorsunuz?
   (How many sugars would you like?)

✓ B: İki şeker, lütfen.   ✗ İki şeker~~ler~~, lütfen.
   (Two sugars, please)

✓ A: Partiye kaç kişi geliyor?   ✗ Partiye kaç kişi~~ler~~ geliyor?
   (How many people are coming to the party?)

✓ B: Partiye yirmi kişi geliyor.   ✗ Partiye yirmi kişi~~ler~~ geliyor.
   (Twenty people are coming to the party.)

> See Grammar Essentials 15 for the plural suffix -ler/-lar.

ALIŞTIRMALAR

1 Write the following numbers in words.

1- 7 ...._yedi_............   6- 100 ....   11- 70 ....

2- 13 ....   7- 57 ....   12- 1001 ....

3- 21 ....   8- 43 ....   13- 2016 ....

4- 19 ....   9- 16 ....   14- 10,000 ....

5- 23 ....   10- 61 ....   15- 10,500 ....

2 Write the missing numbers.

1 on altı	6 yirmi bir	11 yirmi altı	16 otuz bir	21 otuz altı
2 on yedi	7	12	17	22 ....
3 _on sekiz_	8	13	18	23 ....
4 on dokuz	9 yirmi dört	14 yirmi dokuz	19 otuz dört	24 otuz dokuz
5	10	15	20	25 ....

3 Complete the sentences writing the numbers in words.

1 Bir futbol takımında ...._on bir_................... futbolcu var. (11)

2 Bir elde .... parmak var. (5)

3 Dünyada .... ülke var. (196)

4 Bir dakikada .... saniye var. (60)

5 Bir yılda .... ay var. (12)

6 Her insanda .... el var. (2)

7 Bir günde .... saat var. (24)

4 Circle the correct phrases written in italic.

1 Masada _üç kalemler_ / _üç kalem_ var.

2 Bir yılda _elli iki hafta_ / _elli iki haftalar_ var.

3 _Kırk Haramiler_ / _Kırk Harami_ filmini seyrediyorum.

4 Babam bana _yüz liralar_ / _yüz lira_ verdi.

5 Dışarıda _iki polis_ / _iki polisler_ var.

A An ordinal number is a number such as *first*, *second* or *third*. To make an ordinal number in Turkish, we add **-inci/-ıncı/-uncu/-üncü** after consonants and **-nci/-ncı/-ncu/-ncü** after vowels:

birinci *or* **ilk**	1st	**on ikinci**	12th	**otuzuncu**	30th	
ikinci	2nd	**on üçüncü**	13th	**kırkıncı**	40th	
üçüncü	3rd	**on dördüncü**	14th	**ellinci**	50th	
dördüncü	4th	**on beşinci**	15th	**altmışıncı**	60th	
beşinci	5th	**on altıncı**	16th	**yetmişinci**	70th	
altıncı	6th	**on yedinci**	17th	**sekseninci**	80th	
yedinci	7th	**on sekizinci**	18th	**doksanıncı**	90th	
sekizinci	8th	**on dokuzuncu**	19th	**yüzüncü**	hundredth	
dokuzuncu	9th	**yirminci**	20th	**bininci**	thousandth	
onuncu	10th	**yirmi birinci**	21st	**bir milyonuncu**	millionth	
on birinci	11th	**yirmi ikinci**	22nd	**bir milyarıncı**	billionth	

beşinci soru = *the fifth question*　　**ikinci** sokak = *the second street*　　**ilk** sağ = *first right*

kırkıncı yıldönümü = *the fortieth anniversary*　**üçüncü** kez = *the third time*　　**yirminci** deneme = *the twentieth trial*

B We use (.) after numerals to make them ordinals as we use **-th** in English ordinals:

5. yarışmacı = *the 5th contestant*　　　10. yıl = *the 10th year*　　　2. sayfa = *the 2nd page*

30. Uluslararası İstanbul Kitap Fuarı = *The 30th International İstanbul Book Fair*

C We can also use **-inci** and **-ncı** after an apostrophe as follows:

6'ncı = *6th*　　　21'inci = *21st*　　　4'üncü = *4th*　　　80'inci = *80th*　　　12'nci = *12th*

D We attach the ordinal suffix to the last element:

otuz ikinci = *thirty second*　　　　yüz on beşinci = *one hundred and fifteenth*

E Ordinal numbers are used to answer the questions made with **kaçıncı**:

- A: **Kaçıncı** sokak? = *Which street (in order)?*
  B: **Üçüncü** sokak = *Third street.*

- A: **Kaçıncı** ay? = *Which month?*
  B: **Sekizinci** ay = *The eighth month.*

- A: **Kaçıncı** kat? = *Which floor?*
  B: **Dördüncü** kat, lütfen. = *Fourth floor, please.*

F **ilk** may be used instead of **birinci**:

ilk/birinci gün = *first day*　　　　İlk/birinci sokakta yaşıyorlar. = *They are living in the first street.*

G **son** and **sonuncu** are also used to refer to the position of something in a series and it means *last* or *final*:

son/sonuncu gün = *the last/final day*　　　　**son/sonuncu** soru = *the last/final question*

ALIŞTIRMALAR

1 Write the missing ordinal numbers.

1 altıncı	6 yirminci	11 otuzuncu
2 *yedinci*	7	12 ....
3	8	13 otuz ikinci
4	9 yirmi üçüncü	14 ....
5 onuncu	10	15 ....

2 Write the ordinal numbers for the following.

1 sekizinci	= ....8........	6 yirminci	= ....
2 on üçüncü	=	7 yirmi dördüncü	= ....
3 on dokuzuncu	=	8 otuzuncu	= ....
4 beşinci	=	9 otuz beşinci	= ....
5 ikinci	=	10 kırkıncı	= ....

3 Write the ordinal numbers in words for winners of the cups.

4 Look at the picture. Write the ordinal numbers to indicate what place these cars finished the race.

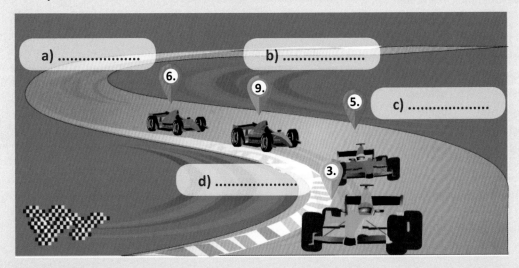

A Simple present tense expresses unchanging, repeated, or reoccurring actions. It can also represent a widespread truth:

Türkçe **konuş-ur-um.** *(I speak Turkish.)*

present simple tense marker / personal suffix for *I*

Sen çok hızlı **koş-ar-sın.** *(You run so fast.)*

present simple tense marker / personal suffix for *You*

Structure: verb + **(i, ı, u, ü)** + **r/ar/er** + personal suffix

See the tables below for full details on the structure.

B

	-ir/-ır/-ur/-ür after multi-syllable verbs ending in a consonant (See C for exceptions)			
Person	**eğlen-** *to have fun*	**uyan-** *to wake up*	**konuş-** *to speak/talk*	**güldür-** *to make someone laugh*
Ben	**eğlen**-ir-im.	**uyan**-ır-ım.	**konuş**-ur-um.	**güldür**-ür-üm.
Sen	**eğlen**-ir-sin.	**uyan**-ır-sın.	**konuş**-ur-sun.	**güldür**-ür-sün.
O	**eğlen**-ir.	**uyan**-ır.	**konuş**-ur.	**güldür**-ür.
Biz	**eğlen**-ir-iz.	**uyan**-ır-ız.	**konuş**-ur-uz.	**güldür**-ür-üz.
Siz	**eğlen**-ir-siniz.	**uyan**-ır-sınız.	**konuş**-ur-sunuz.	**güldür**-ür-sünüz.
Onlar	**eğlen**-ir-ler.	**uyan**-ır-lar.	**konuş**-ur-lar.	**güldür**-ür-ler.

- Her sabah erken uyanırım.
  (I wake up early every morning.)

- Jane biraz Türkçe konuşur.
  (Jane speaks Turkish a little.)

- Çocuklar parkta eğlenirler.
  (Children have fun in the park.)

- Babam bana her gün şeker getirir.
  (My dad brings me sweets every day.)

C

	-er/-ar after mono-syllable verbs ending in a consonant	
Person	**koş-** *to run*	**sev-** *to love*
Ben	**koş**-ar-ım.	**sev**-er-im.
Sen	**koş**-ar-sın.	**sev**-er-sin.
O	**koş**-ar.	**sev**-er.
Biz	**koş**-ar-ız.	**sev**-er-iz.
Siz	**koş**-ar-sınız.	**sev**-er-siniz.
Onlar	**koş**-ar-lar.	**sev**-er-ler.

- Ateş yakar.
  (Fire burns.)

- Her sabah koşarım.
  (I run every morning.)

- Her gün iki litre su içerim.
  (I drink two litres of water every day.)

- Cenk her ay bana bir mektup yazar.
  (Cenk writes me a letter every month.)

- There are some exceptions. The verbs **gel-, gör-, bul-, ol-, öl-, bil-, vur-, dur-, san-, kal-, var-, al-, ver-** are not followed by **-ar/-er** but followed by **-ir/-ır/-ur/-ür** as in the table in section B above:

- Mike Türkçe bilir.
  (Mike knows Turkish.)

- Her sabah gazete alırım.
  (I buy a newspaper every morning.)

D

	-r after verbs ending in a vowel	
Person	**başla-** *to start*	**bekle-** *to wait*
Ben	**başla**-r-ım.	**bekle**-r-im.
Sen	**başla**-r-sın.	**bekle**-r-sin.
O	**başla**-r.	**bekle**-r.
Biz	**başla**-r-ız.	**bekle**-r-iz.
Siz	**başla**-r-sınız.	**bekle**-r-siniz.
Onlar	**başla**-r-lar.	**bekle**-r-ler.

- Program her gün 8'de başlar.
  (The programme starts at 8 every day.)

- Her akşam bir film izlerim.
  (I watch a movie every night.)

- Öğrenciler her sabah kitap okurlar.
  (Students read books every morning.)

- Balinalar okyanusta yaşarlar.
  (Whales live in the ocean.)

E Remember that the final letter **-t** in **git-** *(to go)*, **seyret-** *(to watch)* and **et-** *(to make/do)* mutates to **-d**:

- git- ⟶ giderim. *(I go.)*
- seyret- ⟶ seyrederim. *(I watch.)*

ALIŞTIRMALAR

1 Add -ir/-ır/-ur/-ür followed by the personal suffix.

	1- öğret- *to teach*	2- bitir- *to finish*	3- göster- *to show*	4-savun- *to defend*	5- kullan- *to use*
Ben	öğret*irim*..........	bitir..................	göster..............	savun.................	kullan...................
Sen	öğret*irsin*..........	bitir..................	göster.................	savun.................	kullan....................
O	öğret*ir*.............	bitir..................	göster.................	savun.................	kullan....................
Biz	öğret*iriz*..........	bitir..................	göster.................	savun.................	kullan....................
Siz	öğret*irsiniz*......	bitir..................	göster.................	savun.................	kullan....................
Onlar	öğret*irler*..........	bitir..................	göster.................	savun.................	kullan...................

	6- götür- *to take*	7- kapat- *to close*	8- buluş- *to meet*	9- çalış- *to work*	10-düşün- *to think*
Ben	götür................	kapat.................	buluş................	çalış................	düşün.................
Sen	götür................	kapat.................	buluş................	çalış................	düşün.................
O	götür................	kapat.................	buluş................	çalış................	düşün.................
Biz	götür................	kapat.................	buluş................	çalış................	düşün.................
Siz	götür................	kapat.................	buluş................	çalış................	düşün.................
Onlar	götür................	kapat.................	buluş................	çalış................	düşün.................

2 Add -ir/-ır/-ur/-ür to the verbs in brackets followed by the personal suffix.

1 Sinan bir öğretmendir. Kimya ....*öğretir*........... . (öğret-)
2 Ben her akşam kitap .... (oku-)
3 Sevtap bir bankada .... (çalış-)
4 Mehmet ödevini her zaman erken .... (bitir-)
5 Sen hep iyi şeyler .... (düşün-)

3 Add -er/-ar followed by the personal suffix.

	1- iç- *to drink*	2- gül- *to laugh*	3- yüz- *to swim*	4- yap- *to do/make*	5- sat- *to sel*
Ben	iç*erim*.........	gül..................	yüz................	yap................	sat...................
Sen	iç*ersin*.........	gül..................	yüz................	yap................	sat...................
O	iç*er*.............	gül..................	yüz................	yap................	sat...................
Biz	iç*eriz*.........	gül..................	yüz................	yap................	sat...................
Siz	iç*ersiniz*.........	gül..................	yüz................	yap................	sat...................
Onlar	iç*erler*.........	gül..................	yüz................	yap................	sat...................

4 Add -r followed by the personal suffix.

	1- yaşa- *to live*	2- oyna- *to play*	3- dinle- *to listen*	4- ağla- *to cry*	5- başla- *to start*
Ben	yaşa*rım*..........	oyna..............	dinle................	ağla...................	başla...................
Sen	yaşa*rsın*..........	oyna..............	dinle................	ağla...................	başla...................
O	yaşa*r*.............	oyna..............	dinle................	ağla...................	başla...................
Biz	yaşa*rız*..........	oyna..............	dinle................	ağla...................	başla...................
Siz	yaşa*rsınız*.......	oyna..............	dinle................	ağla...................	başla...................
Onlar	yaşa*rlar*..........	oyna..............	dinle................	ağla...................	başla...................

A In order to make present simple negative sentences, we insert **-me/-mez** or **-ma/-maz** between the verb stem and the personal suffix:

Müzik **dinle-me-m**. *(I don't listen to music.)*   Ben çok hızlı **koş-ma-m**. *(I don't run so fast.)*

present simple   personal   present simple   personal
negative marker   suffix for *I*   negative marker   suffix for *I*

Negative

Person	-me/-mez after verbs with **e, i, ö, ü** in their final syllable **dinle-** *to listen*	-ma/-maz after verbs with **a, ı, o, u** in their final syllable **koş-** *to run*
Ben	**dinle-me-m**	**koş-ma-m**
Sen	**dinle-mez-sin**	**koş-maz-sın**
O	**dinle-mez**	**koş-maz**
Biz	**dinle-me-y-iz**	**koş-ma-y-ız**
Siz	**dinle-mez-siniz**	**koş-maz-sınız**
Onlar	**dinle-mez-ler**	**koş-maz-lar**

- Serkan süt içmez.
  (Serkan doesn't drink milk.)

- Kerem ödev yapmaz.
  (Kerem doesn't do homework.)

- Onlar televizyon seyretmezler.
  (They don't watch the television.)

- Ben tavuk sevmem.
  (I don't like chicken.)

- The word **hiç** (which means *never*) is commonly used in present simple sentences. The verb is always in negative form:

- Ben hiç et yemem.   - Sen hiç gülmezsin.   - Mert hiç futbol oynamaz.
  (I never eat meat.)   *(You never laugh.)*   *(Mert never plays football.)*

B To make questions in the present simple, we use the question particle **mi/mı/mu/mü** followed by the personal suffix:

Müzik **dinle-r mi-sin?** *(Do you listen to music?)*

present simple question personal
marker   particle suffix for *You*

Question

Person	mi after verbs with **e** or **i** in their final syllable **bil-** *to know*	mı after verbs with **a** or **ı** in their final syllable **koş-** *to run*	mu after verbs with **o** or **u** in their final syllable **oku-** *to read*	mü after verbs with **ö** or **ü** in their final syllable **düşün-** *to think*
Ben	**bilir miyim?**	**koşar mıyım?**	**okur muyum?**	**düşünür müyüm?**
Sen	**bilir misin?**	**koşar mısın?**	**okur musun?**	**düşünür müsün?**
O	**bilir mi?**	**koşar mı?**	**okur mu?**	**düşünür mü?**
Biz	**bilir miyiz?**	**koşar mıyız?**	**okur muyuz?**	**düşünür müyüz?**
Siz	**bilir misiniz?**	**koşar mısınız?**	**okur musunuz**	**düşünür müsünüz?**
Onlar	**bilirler mi?**	**koşarlar mı?**	**okurlar mı?**	**düşünürler mi?**

- Kitap okur musun?
  (Do you read books?)

- Dondurma sever misin?
  (Do you like ice-cream?)

- Nazlı tiyatroya gider mi?
  (Does Nazlı go to the theatre?)

- Onlar balık yerler mi?
  (Do they eat fish?)

- Türkçe bilir misiniz?
  (Do you know Turkish?)

- Cenk basketbol oynar mı?
  (Does Cenk play basketball?)

- A: Pop müzik dinler misin?   - A: Gökhan sinemaya gider mi?
  (Do you listen to pop music?)   *(Does Gökhan go to the cinema?)*

  B: Hayır, dinlemem. / Evet, dinlerim.   B: Hayır, gitmez. / Evet, gider.
  (No, I don't listen. / Yes, I listen.)   *(No, he doesn't go. / Yes, he goes.)*

C The question form of the present simple is commonly used for making polite requests:

- A: Çay yapar mısın?   B: Tabii ki, yaparım.
  (Can you make tea?)   *(Of course, I can (make).)*

ALIŞTIRMALAR

1 Add mi/mı/mu/mü **followed by the personal suffix. The present simple marker is already added.**

	1- çalış- *to work*	2- sev- *to love/like*	3- oyna- *to play*	4- yap- *to do/make*	5- git- *to go*
Ben	çalışır *mıyım?*	sever	oynar	yapar	gider ....
Sen	çalışır *mısın?*	sever	oynar	yapar	gider ....
O	çalışır *mı?*	sever	oynar	yapar	gider ....
Biz	çalışır *mıyız?*	sever	oynar	yapar	gider ....
Siz	çalışır *mısınız?*	sever	oynar	yapar	gider ....
Onlar	çalışır*lar mı?*	sever	oynar	yapar	gider ....

	6- konuş- *to speak*	7- iç- *to drink*	8- sat- *to sell*	9- al- *to take/buy*	10-düşün- *to think*
Ben	konuşur	içer	satar	alır	düşünür ....
Sen	konuşur	içer	satar	alır	düşünür ....
O	konuşur	içer	satar	alır	düşünür ....
Biz	konuşur	içer	satar	alır	düşünür ....
Siz	konuşur	içer	satar	alır	düşünür ....
Onlar	konuşur	içer	satar	alır	düşünür ....

2 Add mi/mı/mu/mü **to the verbs in brackets followed by the personal suffix.**

1 Sen İngilizce ..... *bilir misin?* ..... (bil-)

2 Siz her sabah kahvaltı ....? (yap-)

3 Berna satranç ....? (oyna-)

4 Kemal ders ....? (çalış-)

5 Sen spor ....? (yap-)

6 Onlar televizyon ....? (seyret-)

7 Sen erken ....? (yat-)

8 Siz sinemaya ....? (git-)

9 Onlar et ....? (ye-)

10 Siz sık sık ....? (görüş-)

3 Complete the conversations.

Dialogue-1

A: Sen iyi yüzer misin?

B: Evet, ben çok iyi .. *yüzerim* ....

Dialogue-2

A: Burada şemsiye satarlar mı?

B: Hayır, burada şemsiye ....

Dialogue-3

A: Antalya'ya çok kar yağar mı?

B: Hayır, Antalya'ya çok kar ....

Dialogue-4

A: .... ?

B: Evet, ben her gün kitap okurum.

Dialogue-5

A: Sedat çok ders çalışır mı?

B: Hayır, Sedat hiç ....

Dialogue-6

A: Sen erken yatar mısın?

B: Evet, ben çok erken ....

A The past continuous tense is commonly used for actions which were going on at a particular time in the past. The tense marker is **-(i)yordu**. The English equivalent is *"was/were doing"*.

Telefonda **konuş-u-yordu-m**. *(I was talking on the phone.)*   Kek **yap-ı-yordu-n**. *(You were making a cake.)*

past continuous   personal   past continuous   personal
tense marker   suffix for *I*   tense marker   suffix for *You*

> **Structure:** verb + **(i, ı, u, ü)** + **yordu** + personal suffix

See the table below for full details on the structure and use.

B **Positive**

	-i-yordu after verbs with **e** or **i** in their final syllable	-ı-yordu after verbs with **a** or **ı** in their final syllable	-u-yordu after verbs with **o** or **u** in their final syllable	-ü-yordu after verbs with **ö** or **ü** in their final syllable
Person	**iç-** *to drink*	**yap-** *to do/make*	**oku-** *to read*	**gül-** *to laugh*
Ben	**iç-i-yordu-m**	**yap-ı-yordu-m**	**oku-u-yordu-m**	**gül-ü-yordu-m**
Sen	**iç-i-yordu-n**	**yap-ı-yordu-n**	**oku-u-yordu-n**	**gül-ü-yordu-n**
O	**iç-i-yordu**	**yap-ı-yordu**	**oku-u-yordu**	**gül-ü-yordu**
Biz	**iç-i-yordu-k**	**yap-ı-yordu-k**	**oku-u-yordu-k**	**gül-ü-yordu-k**
Siz	**iç-i-yordu-nuz**	**yap-ı-yordu-nuz**	**oku-u-yordu-nuz**	**gül-ü-yordu-nuz**
Onlar	**iç-i-yor-lar-dı**	**yap-ı-yor-lar-dı**	**oku-u-yor-lardı**	**gül-ü-yor-lar-dı**

- Kahve içiyorduk.
  (We were drinking coffee.)

- Berk gülüyordu.
  (Berk was laughing.)

- Onlar konuşuyorlardı.
  (They were talking.)

- Sen uyuyordun.
  (You were sleeping.)

- If a verb ends in **-e**, we drop **-e** and replace it by **-i** or **-ü** followed by **-yordu** and the personal suffix:

bekle- ⟶ bekliyordum   söyle- ⟶ söylüyordum
(to wait)   *(I was waiting.)*   *(to say/tell)*   *(I was saying/telling.)*

- If a verb ends in **-a**, we drop **-a** and replace it by **-ı** or **-u** followed by **-yordu** and the personal suffix:

başla- ⟶ başlıyordum   oyna- ⟶ oynuyordum
(to begin)   *(I was beginning.)*   *(to play)*   *(I was playing.)*

C Past continuous tense is commonly used with a clause whose verb has the suffix **-dığında** *(when)* or **-ken** *(while)* to say what was happening before and after another action in the past:

- Eve girdiğimde çocuklar oynuyorlardı.
  (When I entered home, the kids were playing.)

- Sen uyuyorken ben kitap okuyordum.
  (While you were sleeping, I was reading a book.)

- Sen beni aradığında banyo yapıyordum.
  (When you called me, I was having a shower.)

- Biz film seyrederken, babam kek yapıyordu.
  (While we were watching a film, my father was making a cake.)

- See Ünite-80 for full details on **-dığında** and Ünite-82 for **-ken**

D Remember that the final letter **-t** in **git-** *(to go)*, **seyret-** *(to watch)* and **et-** *(to make/do)* mutates to **-d**:

- git- ⟶ gidiyordum. *(I was going.)*   - seyret- ⟶ seyrediyordum. *(I was watching.)*

E Note that the Turkish equivalents of all the English non-progressive verbs can take the past continuous tense marker:

- Biliyordum. *(I knew.)*   - Görüyordum. *(I saw.)*   - Duyuyordum. *(I heard.)*

ALIŞTIRMALAR

1 Add -iyordu/-ıyordu/-uyordu/-üyordu followed by the personal suffix.

	1- bil- *to know*	2- kullan- *to use*	3- koş- *to run*	4- yaz- *to write*	5- yürü- *to walk*
Ben	bil*iyordum*.........	kullan...................	koş.........................	yaz.........................	yürü........................
Sen	bil*iyordun*..........	kullan...................	koş.........................	yaz.........................	yürü........................
O	bil*iyordu*............	kullan...................	koş.........................	yaz.........................	yürü........................
Biz	bil*iyorduk*..........	kullan...................	koş.........................	yaz.........................	yürü........................
Siz	bil*iyordunuz*......	kullan...................	koş.........................	yaz.........................	yürü........................
Onlar	bil*iyorlardı*........	kullan...................	koş.........................	yaz.........................	yürü........................

	6- sat- *to sell*	7- al- *to take; buy*	8- gel- *to come*	9- çalış- *to work*	10- eğlen- *to have fun*
Ben	sat......................	al......................	gel......................	çalış...................	eğlen....................
Sen	sat......................	al......................	gel......................	çalış...................	eğlen....................
O	sat......................	al......................	gel......................	çalış...................	eğlen....................
Biz	sat......................	al......................	gel......................	çalış...................	eğlen....................
Siz	sat......................	al......................	gel......................	çalış...................	eğlen....................
Onlar	sat......................	al......................	gel......................	çalış...................	eğlen....................

2 Add -iyordu/-ıyordu/-uyordu/-üyordu to the verbs in brackets followed by the personal suffix.

1 Leyla ve Serpil parkta ...*yürüyorlardı*....... . (yürü-)
2 Nalan eve .... (git-)
3 Adam karpuz .... (sat-)
4 Ben dün akşam ders .... (çalış-)

5 Misafirler partide .... (eğlen-)
6 Sarhoştu ama araba .... (kullan-)
7 Göksel bir mektup .... (yaz-)
8 Tuncay ve Mert spor .... (yap-)

3 Add -iyordu/-ıyordu/-uyordu/-üyordu followed by the personal suffix. Remember to replace the final vowel.

	1- dene- *to try*	2- oyna- *to play*	3- hazırla- *to prepare*	4- dinle- *to listen*	5- ağla- *to cry*
Ben	*deniyordum*.....	....	....	....	....
Sen	*deniyordun*	....	....	....	....
O	*deniyordu*	....	....	....	....
Biz	*deniyorduk*.....	....	....	....	....
Siz	*deniyordunuz*	....	....	....	....
Onlar	*deniyorlardı*	....	....	....	....

4 Add -iyordu/-ıyordu/-uyordu/-üyordu to the verbs in brackets followed by the personal suffix.

1 Mehmet mağazada bir gömlek ...*deniyordu*....... . (dene-)
2 Bebek çok .... (ağla-)
3 Babam yemek .... (hazırla-)
4 Ben ve arkadaşım müzik .... (dinle-)
5 Çocuklar bahçede top .... (oyna-)
6 Sen bu sabah otobüs .... (bekle-)

A To make past continuous negative sentences, we insert **-mi/-mı/-mu/-mü** between the verb stem and **-yordu** followed by the personal suffix.

Telefonda **konuş**-<u>mu</u>-**yordu**-m. *(I wasn't talking on the phone.)*

negative marker — past continuous tense marker — personal suffix for *I*

Structure: verb + **(mi/-mı/-mu/-mü)** + **yordu** + personal suffix

Negative

	-mi-yordu after verbs with **e** or **i** in their final syllable	-mı-yordu after verbs with **a** or **ı** in their final syllable	-mu-yordu after verbs with **o** or **u** in their final syllable	-mü-yordu after verbs with **ö** or **ü** in their final syllable
Person	**iç-** *to drink*	**yap-** *to do/make*	**oku-** *to read*	**gül-** *to laugh*
Ben	**iç**-mi-yordu-m	**yap**-mı-yordu-m	**oku**-mu-yordu-m	**gül**-mü-yordu-m
Sen	**iç**-mi-yordu-n	**yap**-mı-yordu-n	**oku**-mu-yordu-n	**gül**-mü-yordu-n
O	**iç**-mi-yordu	**yap**-mı-yordu	**oku**-mu-yordu	**gül**-mü-yordu
Biz	**iç**-mi-yordu-k	**yap**-mı-yordu-k	**oku**-mu-yordu-k	**gül**-mü-yordu-k
Siz	**iç**-mi-yordu-nuz	**yap**-mı-yordu-nuz	**oku**-mu-yordu-nuz	**gül**-mü-yordu-nuz
Onlar	**iç**-mi-yor-lar-dı	**yap**-mı-yor-lar-dı	**oku**-mu-yor-lardı	**gül**-mü-yor-lar-dı

- Babam gazete oku<u>mu</u>yordu.
  (My dad wasn't reading a newspaper.)
- Ayşe temizlik yap<u>mı</u>yordu.
  (Ayşe wasn't doing cleaning.)
- Bebek süt iç<u>mi</u>yordu.
  (The baby wasn't drinking milk.)

B

Structure: verb + **(i, ı, u, ü)** + **yor** + **muydu** + personal suffix?

Question

	muydu after verbs already suffixed by -**(i)yor** (except Onlar)
Person	**gel-** *to come*
Ben	**gel**-iyor muydum?
Sen	**gel**-iyor muydun?
O	**gel**-iyor muydu?
Biz	**gel**-iyor muyduk?
Siz	**gel**-iyor muydunuz?
Onlar	**gel**-iyorlar mıydı?

- Dün parkta ko<u>şuyor muydun</u>?
  (Were you running in the park yesterday?)

- Serkan okula gi<u>diyor muydu</u>?
  (Was Serkan going to school?)

- Kahve i<u>çiyor muydunuz</u>?
  (Were you drinking coffee?)

- Çocuklar futbol oyn<u>uyorlar mıydı</u>?
  (Were the children playing football?)

- A: Dün parkta yürüyor muydunuz?
  (Were you walking in the park yesterday?)

  B: Evet, yürüyorduk. / Hayır, yürümüyorduk.
  (Yes, we were walking. / No, we weren't walking.)

- A: Telefonda konu<u>şuyor muydun</u>?
  (Were you talking on the phone?)

  B: Evet, konuş<u>uyordum</u>. / Hayır, konuş<u>muyordum</u>.
  (Yes, I was talking. / No, I wasn't talking.)

C We can ask questions using the question words such as **Ne** *(What)*, **Nasıl** *(How)*, and **Nerede** *(Where)*:

- A: Parkta ne yapıyordunuz? *(What were you doing in the park?)*
  B: Futbol oynuyorduk. *(We were playing football.)*

- A: Nasıl yüzüyordum? *(How was I swimming?)*
  B: Çok iyi yüzüyordun. *(You were swimming very well.)*

ALIŞTIRMALAR

1 Put the verbs in past continuous question form.

	1- çalış- *to work*	2- gel- *to come*	3- uyu- *to sleep*	4- bekle- *to wait*
Ben	çalışıyor muydum?..	....	....	....
Sen	çalışıyor muydun?....	....	....	....
O	çalışıyor muydu?	....	....	....
Biz	çalışıyor muyduk?....	....	....	....
Siz	çalışıyor muydunuz?	....	....	....
Onlar	çalışıyorlar mıydı?...	....	....	....

	5- yap- *to do/make*	6- izle- *to watch*	7- git- *to go*	8- ağla- *to cry*
Ben	....	....	....	....
Sen	....	....	....	....
O	....	....	....	....
Biz	....	....	....	....
Siz	....	....	....	....
Onlar	....	....	....	....

2 Add muydu followed by the personal suffix.

1 Adam hızlı koşuyor ....muydu............?

2 Siz film izliyor ....?

3 Bebek dün gece ağlıyor ....?

4 Sinem okula gidiyor ....?

5 Sen dün saat 9'da uyuyor ....?

6 Ferhat otobüs bekliyor ....?

7 Ben dün ders çalışıyor ....?

8 Siz geçen salı alışveriş yapıyor ....?

9 Sen dün pazara gidiyor ....?

10 Hasan parkta oynuyor ....?

3 Use the verbs in brackets to complete the questions.

1 Sen dün mağazadan bir gömlek *alıyor muydun*..... ? (al-)

2 Dün sen ve Ali kafede .... ? (otur-)

3 Siz dün bisiklet .... ? (kullan-)

4 Sen dün gece ders .... ? (çalış-)

5 Biz geçen cuma alışveriş .... ? (yap-)

6 Komşular dün piknik .... ? (yap-)

4 Complete the dialogues with the questions in the box.

a) nasıl gidiyorlardı	~~b) ne yapıyordunuz~~	c) nereye gidiyordu	d) nerede koşuyordunuz

Dialogue-1

A: Geçen cumartesi *ne yapıyordunuz*.................?

B: Geçen cumartesi alışveriş yapıyorduk.

Dialogue-2

A: Dün ....?

B: Dün parkta koşuyorduk.

Dialogue-3

A: Koray bu sabah ....?

B: Koray bu sabah okula gidiyordu.

Dialogue-4

A: Onlar pikniğe ....?

B: Onlar pikniğe arabayla gidiyorlardı.

A

bazı means *some* or *certain*. It is followed by a plural noun:

bazı insanlar	= *some*/*certain* people
bazı arkadaşlar	= *some*/*certain* friends
bazı ülkeler	= *some*/*certain* countries
bazı yazarlar	= *some*/*certain* writers

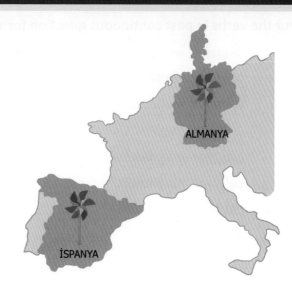

ALMANYA

İSPANYA

- Bazı arabalar **çok ekonomiktir.**
  *(Some/Certain cars **are very economical.**)*

- Hayatta bazı kurallar **vardır.**
  *(There are some/certain rules **in life.**)*

- Bazı mantarlar **çok sağlıklıdır.**
  *(Some/Certain mushrooms **are very healthy.**)*

- Bazı ülkeler **rüzgar enerjisi kullanıyor.**
  *(Some/Certain countries **are using wind energy.**)*

- **bazı** can be replaced by **bir kısım** or **kimi.**

B

bütün means *all* and it can be followed by a singular or a plural noun:

bütün gün	= *all day*
bütün insanlar	= *all people*
bütün mağazalar	= *all shops*
bütün uçuşlar	= *all flights*
bütün paralar*	= *all the money*

Bugün tüm mağazalar kapalı mı?

Hayır, bazı mağazalar açık.

Bütün paralar sahte!

- A: Bugün tüm/bütün mağazalar **kapalı mı?**
  *(Are all the shops **closed today?**)*

  B: Hayır, bazı mağazalar **açık.**
  *(No, some shops **are open.**)*

C

We use **hiçbir** to say *no/none of/not ... any.* It is followed by a singular noun. See Ünite-27 for full details.

hiçbir öğrenci	= *no* student / *none of the* students
hiçbir mağaza	= *no* shop / *none of the* shops

✓ hiçbir öğrenci   ✗ hiçbir öğrenciler
✓ hiçbir mağaza   ✗ hiçbir mağazalar

- Bugün hiçbir mağaza **açık değil.**
  *(No/None of the shops **are open today.**)*

- Hiçbir öğrenci **ödev yapmadı.**
  *(No/ None of the students **did homework.**)*

D

çoğu means *most/most of them.* The nouns **çoğu** modifies are always singular:

✓ Çoğu çocuk **bilgisayar oyunlarını sever.**
  *(Most children **like computer games.**)*

✗ Çoğu çocuklar **bilgisayar oyunlarını sever.**

✓ Çoğu banka **hafta sonu kapalıdır.**
  *(Most banks **are closed at the weekend.**)*

✗ Çoğu bankalar **hafta sonu kapalıdır.**

---

* **para** *(money)* is a countable word in Turkish. That is, it is used with the plural suffix **-lar** to say **paralar.**

ALIŞTIRMALAR

1 Look at the chart. Use bazı, bütün, çoğu, or hiçbir to complete the sentences.

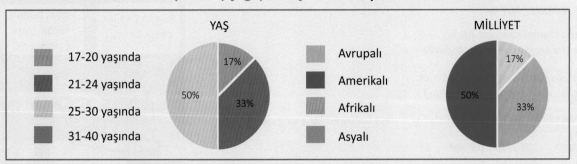

YAŞ

1 .... öğrenciler 17 ve 20 yaş arasındadır.

2 .... öğrenciler 21 ve 24 yaş arasındadır.

3 .... öğrenci 25 ve 30 yaş arasındadır.

4 .... öğrenci 30 yaş üzeri değildir.

5 .... öğrenciler 17 yaş üzerindedir.

MİLLİYET

6 .... öğrenciler Afrikalıdır.

7 .... öğrenciler Avrupalıdır.

8 .... öğrenci Amerikalıdır.

9 .... öğrenci Asyalı değildir.

2 The chart indicates the percentages of the language activities liked by students. Use bazı, bütün, çoğu or hiçbir to complete the sentences.

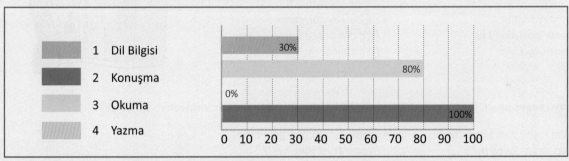

1 .... öğrenci 'okuma' aktivitesini seviyor.

2 .... öğrenciler 'dil bilgisi' aktivitesini seviyor.

3 .... öğrenci 'yazma' aktivitesini sevmiyor.

4 .... öğrenciler 'konuşma' aktivitesini seviyor.

3 Translate the following sentences into English.

1 Bazı insanlar çok konuşur.   *Some people talk too much.*

2 Bugün bütün yollar kapalı.   *Today .... are closed.*

3 Bugün bazı yollar açık.   *Today .... are open.*

4 Hiçbir otobüs çalışmıyor.   *................................. is running.*

5 Bazı marketler açık.   *................................. are open.*

6 Çoğu öğrenci tatilde.   *................................. are on holiday.*

7 Bütün kitaplar yerde.   *................................. are on the floor.*

8 Çoğu insan akıllı telefon kullanır.   *................................. use smart phones.*

ÜNİTE 27	hiçbir *(no, none of, not ... any)* hiçbir şey *(nothing)*	herhangi bir *(any)*

A **hiçbir** means *no/none of/not ... any*. It is followed by a singular noun (i.e. without **-ler/-lar**):

- A: Bugün trenler çalışıyor mu?
  (Are the trains operating today?)

  B: Hayır, bugün hiçbir tren çalışmıyor.
  (No, No train is operating today.)

-We do not say **hiçbir trenler** as **hiçbir** is always followed by a singular noun:

✓ hiçbir tren   ✗ hiçbir trenler

-The verb must be in the negative when we use **hiçbir**:

- Bugün hiçbir tren çalışmıyor.

B **hiçbir şey** means *nothing* or *not ... anything*:

Buzdolabında hiçbir şey yok.

- Hiçbir şey bilmiyorum.
  (I don't know anything.) or
  (I know nothing.)

- Filiz hiçbir şey söylemiyor.
  (Filiz is not saying anything.) or
  (Filiz is saying nothing.)

- Buzdolabında hiçbir şey yok.
  (There isn't anything in the fridge.) or
  (There is nothing in the fridge.)

- Televizyonda hiçbir şey yok.
  (There isn't anything on TV.) or
  (There is nothing on TV.)

- Hiçbir şey duymadım.
  (I didn't hear anything.) or
  (I heard nothing.)

- Hiçbir şey görmedik.
  (We didn't see anything.) or
  (We saw nothing.)

C **hiçbir zaman** means *never*. It generally occurs in negative simple past tense or imperative sentences:

- Özlem beni hiçbir zaman sevmedi.
  (Özlem has never loved me.)

- Hiçbir zaman ona güvenme!
  (Never trust him/her!)

D **hiçbir yerde** means *... not anywhere* or *nowhere*. It generally occurs in sentences ending with **değil** or **yok**:

Kedi hiçbir yerde yok.

- Kalem hiçbir yerde yok/değil.
  (The pencil is not anywhere/nowhere.)

- Kedi hiçbir yerde yok/değil.
  (The cat is not anywhere/nowhere.)

E **hiçbiri** means *none/neither of them*:

- A: Hangi gömlek daha güzel? = *Which shirt is better?*
  B: Hiçbiri. = *None of them.*

- A: Hangi cevap doğru? = *Which answer is correct?*
  B: Hiçbiri. = *None of them.*

F **herhangi bir** means *any*. It is used when it is not important to say which person or thing we are referring to:

- Herhangi bir şikayetiniz var mı?
  (Do you have any complaint?)

- Herhangi bir haber var mı?
  (Is there any news?)

ALIŞTIRMALAR

1 Circle the correct word.

1 Sınıfta hiçbir *öğrenci / öğrenciler* yok.

2 Buzdolabında hiçbir *yiyecek / yiyecekler* yok.

3 Bugün pazar. Hiçbir *mağazalar / mağaza* açık değil.

4 Buradan hiçbir *araçlar / araç* geçmiyor.

5 Bugün hiçbir *uçak / uçaklar* uçmuyor.

2 Match 1-5 to a-e.

1 Ben gerçekten hiçbir şey ☐　　a) yemedi.

2 Sevim o saatte uyuyordu. Hiçbir şey ☐　　b) yapmadık.

3 Hafta sonu evdeydik. Hiçbir şey ☐　　c) söylemedi.

4 Ali'ye sordum ama hiçbir şey ☐　　d) bilmiyorum.

5 Ona yemek verdim ama hiçbir şey ☐　　e) görmedi.

3 Complete the dialogues using hiçbir.

Dialogue-1

Doktor : Herhangi bir şikayetiniz var mı?

Hasta : Hayır, *hiçbir şikayetim yok* .

Dialogue-2

Garson: : Herhangi bir arzunuz var mı?

Müşteri: : Hayır, ...

Dialogue-3

Metin : Herhangi bir şey anladın mı?

Alp : Hayır, ...

Dialogue-4

Neslihan: Herhangi bir gelişme var mı?

Hande : Hayır, ...

Dialogue-5

Berk : Herhangi bir problem var mı?

Tekin : Hayır, ...

Dialogue-6

Berk : Herhangi bir gazete var mı?

Tekin : Hayır, ...

A   **tane** means *piece* and is used between numerals and nouns:

üç **tane** kalem or üç kalem = *three (pieces of) pencils*

- Yirmi (**tane**) kitap **istiyorum.**
  (I want twenty books.)

- Dört (**tane**) sinema bileti **alıyorum.**
  (I am buying four cinema tickets.)

- Bu poşette yüz (**tane**) top **var.**
  (There are hundred balls in this bag.)

- Sepette on (**tane**) yumurta **var.**
  (There are ten eggs in the basket.)

Although it is optional to use **tane**, you may commonly hear it in everyday Turkish. Also note that **tane** is always followed by a singular noun, regardless of the quantity of the object. ✓ yirmi tane kitap   ✗ yirmi tane ~~kitaplar~~

B   **tane** is not used with units of measurement:

✓ üç kilo elma   ✗ üç ~~tane~~ kilo elma   ✓ beş metre kablo   ✗ beş ~~tane~~ metre kablo
(three kilos of apples)   *(five metres of cable)*

C   We use the question word **Kaç** with **tane**:

- Burada kaç tane mağaza var?
  (How many shops are there here?)

- Sınıfta kaç tane öğrenci var?
  (How many students are there in the classroom?)

- A: **Sepette** kaç tane yumurta var? = *How many eggs are there in the basket?*
  B: **Sepette** on tane yumurta var. = *There are ten eggs in the basket.*

> Kaç tane ekmek istiyorsunuz?

> İki tane ekmek istiyorum.

D   We may omit the noun after **tane** as we already know what object we are talking about:

- A: Kaç tane yakaladın? = *How many (fishes) did you catch?*
  B: Üç tane yakaladım. = *I caught three (fishes).*

E   **tane** can follow numerals like **ikişer** *(two each)*, **üçer** *(three each)* and **dörder** *(four each)*:

ikişer tane lolipop = *two lollipops each*   üçer tane şeker = *three sweets each*

F   **tane** can also take the possessive marker **-si** while the noun is in the genitive case:

karpuz-un tane-si   = each watermelon
lüfer-in tane-si   = each bluefish

> Karpuzun tanesi kaç lira?

> Karpuzun tanesi 10 lira.

- A: Karpuzun tanesi kaç lira?   = *How much is each watermelon?*
  B: Karpuzun tanesi 10 lira.   = *Each watermelon is 10 liras.*

We can also say:

Tanesi 10 lira.   = *Each is 10 liras.*

ALIŞTIRMALAR

1 Answer the questions using the numbers in brackets. Use tane after numbers.

1

A: Kaç tane bilet istiyorsunuz?

B: _Üç tane bilet istiyorum_ . (üç)

2

A: Dünyada kaç tane ülke vardır?

B: .... (yüz doksan altı)

3

A: Kaç tane yumurta yersin?

B: .... (iki)

4

A: İstanbul'da kaç tane AVM (Alışveriş Merkezi) vardır?

B: .... (yüz on dört)

5

A: Bu mahallede kaç tane cami vardır?

B: .... (beş)

6

A: Dünyada kaç tane kıta vardır?

B: .... (yedi)

2 Circle the correct word.

1 Kahvaltıda üç tane *yumurtalar / yumurta* yerim.

2 İki tane *muz / muzlar* istiyorum.

3 Üç tane *kavun / kavunlar* istiyorum.

4 Beş tane *balıklar / balık* yakaladım.

5 Dört tane *portakal / portakallar* istiyorum.

3 Ask the questions for the answers.

1

A: _Kaç tane ekmek istiyorsunuz_ ?

B: İki tane ekmek istiyorum.

2

A: .... ?

B: Bu otelde yetmiş tane oda var.

3

A: .... ?

B: Üç tane salatalık istiyorum.

4 Ask the questions for the answers.

1

A: _Limonun tanesi kaç lira_ ?

B: Limonun tanesi bir lira.

2

A: .... ?

B: Kavunun tanesi beş lira.

3

A: .... ?

B: Yumurtanın tanesi bir lira.

A

We can make adjectives or adverbs by adding **-li/-lı/-lu/-lü** to the noun:

hız = *speed*	→ **hızlı** = *speedy*	**yağmur** = *rain*	→ **yağmurlu** = *rainy*	
örtü = *cover*	→ **örtülü** = *covered*	**sağlık** = *health*	→ **sağlıklı** = *healthy*	
taraf = *side*	→ **taraflı** = *sided, biased*	**tuz** = *salt*	→ **tuzlu** = *salty*	
şeker = *sugar*	→ **şekerli** = *sweet*	**gürültü** = *noise*	→ **gürültülü** = *noisy, loud*	
telaş = *fuss*	→ **telaşlı** = *fussy*	**endişe** = *anxiety*	→ **endişeli** = *anxious*	
et = *meat*	→ **etli** = *meaty*	**süt** = *milk*	→ **sütlü** = *milky*	
korku = *fear*	→ **korkulu** = *fearful*	**yağ** = *fat*	→ **yağlı** = *fatty*	
akıl = *mind*	→ **akıllı** = *clever*	**çizgi** = *stripe*	→ **çizgili** = *striped*	
şans = *luck*	→ **şanslı** = *lucky*	**umut** = *hope*	→ **umutlu** = *hopeful*	
anlam = *meaning*	→ **anlamlı** = *meaningful*	**sis** = *fog*	→ **sisli** = *foggy*	

Dikkatli ol!
Hava çok
sisli.

• Bu çok anlamlı bir hediye.
 (This is a very meaningful present.)

• Dikkatli ol! Hava çok sisli.
 (Be careful! The weather is so foggy.)

• O araba çok hızlı gidiyor.
 (That car is going so fast.)

B

We can add **-li/-lı/-lu/-lü** to words of colour to say *"... dressed in ..."*

pembe *pink*   → **pembeli** *dressed in pink*

pembeli kız *(the girl dressed in pink)*

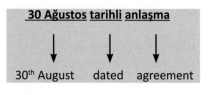

pembeli kız

C

Words ending with **-li/-lı/-lu/-lü** also tell us that someone or something belongs to a place or institution:

Antakya → Antakyalı	= *from Antakya*	İstanbul → İstanbullu	= *from İstanbul*
şehir → şehirli	= *from the city*	İngiltere → İngiltereli	= *from England*

• Ben İngiltereliyim.   = *I am from England.*
• Ben Mısırlıyım.   = *I am from Egypt.*

D

Phrases ending with **-li/-lı/-lu/-lü** are quite common in Turkish:

yeşil kapaklı **kitap**	mavi gözlü **çocuk**	uzun saçlı **kız**	**30 Ağustos tarihli anlaşma**
(green cover(ed) book)	*(blue-eyed child)*	*(long-haired girl)*	↓ ↓ ↓
ak saçlı **adam**	kısa saçlı **kız**	iki yönlü **trafik**	30th August dated agreement
(white-haired man)	*(short-haired girl)*	*(two-way traffic)*	

E

We can also make adverbs by adding **-li/-lı/-lu/-lü** to words of opposite meanings:

geceli gündüzlü = *night and day*

• İşçiler geceli gündüzlü çalışıyor.
 (Workers are working night and day.)

arkalı önlü = *back and front (double-sided)*

• Kitabı arkalı önlü fotokopi çekiyorum.
 (I am photocopying the book double-sided.)

F

The opposite of **-li/-lı/-lu/-lü** is **-siz/-sız/-suz/-süz**:

şans = *luck*	**şanslı** = *lucky*	**şanssız** = *unlucky*
tuz = *salt*	**tuzlu** = *salty*	**tuzsuz** = *unsalted*

ALIŞTIRMALAR

1 Look at the picture on the right and answer the question in the dialogues for yourself.

Dialogue-1

A: Merhaba.

B: Merhaba

A: Nerelisiniz?

B: ....

Dialogue-2

A: Merhaba.

B: Merhaba

A: Nerelisiniz?

B: .... Ya siz?

A: Ben ....

Dialogue-3

A: Merhaba.

B: Merhaba

A: Nerelisin?

B: .... Ya sen?

A: Ben de ....

2 Add -li/-lı/-lu/-lü to the words in the box to desribe the nouns below.

a) anlam	b) şans	c) benzin	d) tekerlek	e) çizgi	f) saç	g) göz
h) yön	i) şeker	j) kapak	k) et	l) güneş	m) pil	n) tuz

1 .... araba

2 uzun .... adam

3 tek .... trafik

4 .... pilav

5 kırmızı .... kitap

6 çok .... peynir

7 .... sandalye

8 .... bir gün

9 .... pijama

10 .... çay

11 .... yarışmacı

12 .....*anlamlı*..... bir mesaj

13 mavi .... kız

14 .... oyuncak

A

-siz/-sız/-suz/-süz is the opposite of -li/-lı/-lu/-lü and it is equivalent to the English *without, -less, un-*, etc. It tells us that someone/something does not possess the quality of something:

tuz = *salt*	→ **tuz**lu = *salty*	→ **tuz**suz = *unsalted*
sağlık = *health*	→ **sağlık**lı = *healthy*	→ **sağlık**sız = *unhealthy*
taraf = *side*	→ **taraf**lı = *sided, biased*	→ **taraf**sız = *unbiased, impartial*
şeker = *sugar*	→ **şeker**li = *sweet*	→ **şeker**siz = *sugarless*
endişe = *anxiety*	→ **endişe**li = *anxious*	→ **endişe**siz = *unworried, calm*
et = *meat*	→ **et**li = *meaty*	→ **et**siz = *without meat*
süt = *milk*	→ **süt**lü = *milky*	→ **süt**süz = *without milk*
korku = *korku*	→ **korku**lu = *fearful*	→ **korku**suz = *fearless*
yağ = *fat*	→ **yağ**lı = *fatty*	→ **yağ**sız = *without fat or oil*
akıl = *mind*	→ **akıl**lı = *clever*	→ **akıl**sız = *foolish, witless*
şans = *luck*	→ **şans**lı = *lucky*	→ **şans**sız = *unlucky*
umut = *hope*	→ **umut**lu = *hopeful*	→ **umut**suz = *hopeless, desperate*
anlam = *meaning*	→ **anlam**lı = *meaningful*	→ **anlam**sız = *meaningless*

şanslı adam

• Şekersiz çay içiyorum.
(I am drinking tea without sugar.)

• Etsiz yemek istiyorum.
(I want food without meat.)

• Bugün çok şanssız bir gün.
(Today is a very unlucky day.)

• Nuray çok şanssız bir kız.
(Nuray is a very unlucky girl.)

bağcıklı ayakkabı

bağcıksız ayakkabı

şanssız adam

B

As in -li/-lı/-lu/-lü, words made with -siz/-sız/-suz/-süz can also function as adverbs. That is, they tell us how the action is done:

• Hakem tarafsız davranıyor.
(The referee is acting impartially.)

• Bu araba petrolsüz çalışıyor.
(This car is running without petrol.)

• Çok dikkatsiz yürüyorsun.
(You are walking very carelessly.)

• Niye ceketsiz çıkıyorsun?
(Why are you going out without a jacket?)

C

We can also add -siz/-sız/-suz/-süz to pronouns or names (i.e. *ben, sen, o, biz, siz, onlar*):

bensiz = *without me*	**onsuz** = *without him/her/it*	**sizsiz** = *without you*	**Faruk'suz** = *without Faruk*
sensiz = *without you*	**bizsiz** = *without us*	**onlarsız** = *without them*	**Ayşe'siz** = *without Ayşe*

• Kerem'siz hiçbir yere gitmiyorum!
(I am not going anywhere without Kerem!)

• Sinemaya bensiz gidiyorlar.
(They are going to the cinema without me.)

ALIŞTIRMALAR

1 Add -siz/-sız/-suz/-süz **to the words in the box to desribe the nouns below.**

a) davet	b) kakao	c) düğme	d) ses	e) şans	f) taraf
g) şeker	h) yemek	i) perde	j) anlam	k) problem	l) et

1 *anlamsız* .... tartışma
2 .... yemek
3 .... çay
4 .... yarışmacı
5 .... tatil
6 .... hakem

7 .... pencere
8 .... kek
9 .... pantalon
10 .... tiyatro
11 .... misafir
12 .... düğün

2 Fill in the blanks by adding -siz/-sız/-suz/-süz **to the words in the box.**

a) benzin	b) şemsiye	c) bilet	d) şeker	e) tuz	f) yağ

1 Sinemaya .... *biletsiz* girilmez.
2 .... çay içmem.
3 Bu araba .... gidiyor. Elektrikle çalışıyor.

4 Bir kilo .... et istiyorum.
5 Yağmur yağıyor. .... çıkma.
6 Bu yemek çok .... Biraz tuz alabilir miyim, lütfen?

3 Fill in the blanks by adding -siz/-sız/-suz/-süz **to the pronouns in brackets.**

1 *Bensiz* .... denize gidiyorlar. (ben)
2 .... tatile gitmeyeceğim. (sen)
3 .... hiçbir yere gitmem. (o)
4 Bütün tatlıyı .... yediniz. (biz)
5 .... bu maçı kazanamayız. (onlar)

4 Fill in the blanks by adding -siz/-sız/-suz/-süz **to** et **and** sağlık**.**

71

A

-ici/-ıcı/-ucu/-ücü is added to verb-stems to make adjectives and nouns. Words with this suffix refer to a person or thing that does something. As always, we need to follow the vowel harmony rules to decide which form of **-ici** to add to the word:

yaz- *write* → **yaz-ıcı** *printer*
koş- *run* → **koş-ucu** *runner, racer*

• Bu kaliteli bir yazıcı.
  (This is a quality printer.)

• O koşucu çok başarılı.
  (That runner is very successful.)

• Bu dürüst bir satıcı.
  (This is an honest seller.)

koşucu   *yazıcı*

sat- *sell*	→ **satıcı** *seller*	**yarat**- *create*	→ **yaratıcı** *Creator, creative*
vur- *shoot*	→ **vurucu** *shooter, striker*	**inandır**- *convince*	→ **inandırıcı** *convincing*
göster- *show*	→ **gösterici** *demonstrator*	**utandır**- *embarrass*	→ **utandırıcı** *embarassing*
sık- *bore*	→ **sıkıcı** *boring*	**şaşırt**- *surprise*	→ **şaşırtıcı** *surprising*

B

To separate the vowels, we insert the buffer letter -**y**-:

tara- *scan*   → **tara-y-ıcı** *scanner*
temizle- *clean* → **temizle-y-ici** *cleaner*

bağla- *bind*   → **bağlayıcı** *binding*
koru- *protect*   → **koruyucu** *protector*
büyüle- *fascinate* → **büyüleyici** *fascinating*

More examples:

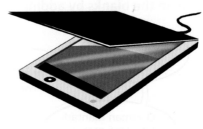

açıkla- *explain*	**açıklayıcı** *explanatory*
aşağıla- *insult*	**aşağılayıcı** *insulting*
bin- *ride*	**binici** *rider, jockey*
böl- *divide, separate*	**bölücü** *separatist*
dinlendir- *relax*	**dinlendirici** *relaxing*
izle- *watch*	**izleyici** *audience, viewers, spectator*
korkut- *scare*	**korkutucu** *scary*
sinirlendir- *annoy*	**sinirlendirici** *annoying*
üz- *upset*	**üzücü** *upsetting*

tarayıcı

ALIŞTIRMALAR

1 Make nouns by adding **-ici/-ıcı/-ucu/-ücü** to the following verbs.
Insert the buffer letter **-y-** where necessary.

1 aldat.......	8 söndür.......	15 koru.......
2 at.......	9 temizle.......	16 yak.......
3 yüz.......	10 sil.......	17 ver.......
4 oku.......	11 al.......	18 ısıt.......
5 kullan.......	12 ak.......	19 soğut.......
6 parlat.......	13 çalıştır.......	20 karıştır.......
7 yap.......	14 ez.......	21 çevir.......

2 Choose the word that best describes the image.

a) patlayıcı   b) söndürücü   c) binici   d) yüzücü
e) soğutucu   f) çekici   g) okuyucu   h) sürücü

1 binici ....

2 ....

3 ....

4 ....

5 ....

6 ....

7 ....

8 ....

gazeteci *(journalist)*   futbolcu *(football player)*
the suffix *-ci/-cı/-cu/-cü/-çi/-çı/çu/-çü*

A   This is another popular suffix used to refer to someone who is involved or concerned with something, especially as a job. It is added to nouns:

gazete = *newspaper*	→	**gazete**ci = *journalist*
şarkı = *song*	→	**şarkı**cı = *singer*
gitar = *guitar*	→	**gitar**cı = *guitarist*
iş = *work, job*	→	**iş**çi = *worker*
diş = *tooth*	→	**diş**çi = *dentist*

• Nuray bir dişçidir.
(Nuray is a dentist.)

• Bu şirkette elli işçi çalışıyor.
(Fifty workers are working at this company.)

simitçi

simit = *bagel*	→	**simit**çi = *bagel seller*	**kebap** = *kebab*	→	**kebap**çı = *kebab seller/maker*
dağ = *mountain*	→	**dağ**cı = *mountaineer*	**aş** = *food*	→	**aş**çı = *cook, şef*
gözlük = *glasses*	→	**gözlük**çü = *optician*	**davul** = *drum*	→	**davul**cu = *drummer*
temizlik = *cleaning*	→	**temizlik**çi = *cleaner*	**baklava** = *baklava*	→	**baklava**cı = *baklava seller*

B   The plural suffix **-ler/-lar** follows **-ci**:

dişçiler = *dentists*
futbolcular = *football players*
gazeteciler = *journalists*

• Bizim futbolcular çok yorgun.
(Our football players are so tired.)

• Dağcılar yardım bekliyorlar.
(The mountaineers are waiting for help.)

• A: Gazeteciler dışarıda bekliyorlar, efendim.
(The journalists are waiting outside, sir.)

B: O zaman arka kapıdan çıkalım.
(Then, let's leave from the back door.)

Gazeteciler dışarıda bekliyorlar, efendim.

O zaman arka kapıdan çıkalım.

C   **-ci** can also be added to adjectives:

hazır = *ready*	→	**hazır**cı = *one who expects everything to be handed to him on a silver platter*
bedava/beleş = *free*	→	**bedava**cı/**beleş**çi = *scrounger*

D   Please study Ünite-40 to learn, for example, how to say '*I work as a journalist*':

• Gazeteci olarak çalışıyorum.   • Hasan aşçı olarak çalışıyor.

(I work as a journalist.)   *(Hasan works as a cook.)*

E   See Ünite-31 for a detailed explanation on the use of the suffix **-ici**, which functions the same as **-ci** but is added to verbs:

sat- *to sell*   →   **sat**ıcı = *seller*   **şaşırt-** *to surprise*   →   **şaşırt**ıcı = *surprising*

ALIŞTIRMALAR

1 Make nouns by adding -ci/-cı/-cu/-cü/-çi/-çı/-çu/-çü **to the following nouns.**

1 saz.cı.

2 gözlük.....

3 kitap.....

4 telefon.....

5 taksi.....

6 odun.....

7 gazete.....

8 elektrik.....

9 eczane.....

10 ayakkabı.....

11 televizyon.....

12 fırın.....

13 cam.....

14 basketbol.....

15 tenis.....

16 yorum.....

17 tasarım.....

18 moda.....

19 halı.....

20 baklava.....

2 Choose the word that best describes the image.

a) dişçi	b) futbolcu	c) pazarcı	d) gitarcı
e) temizlikçi	f) dönerci	g) davulcu	h) gözlükçü

1 *gözlükçü*

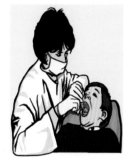

2 ....

3 ....

4 ....

5 ....

6 ....

7 ....

8 ....

ÜNİTE 33

çağdaş *(modern)*
the suffix **-daş**

Dilekgil *(Dilek's house/family)*
the suffix **-gil**

bilimsel *(scientific)*
the suffix **-sel**

A

We add **-daş/-deş/-taş/-teş** to some nouns to say that someone shares the same nation, profession, religion, cause, etc. with others:

çağ = *time, age* → **çağdaş** = *contemporary, modern*
din = *religion* → **dindaş** = *of the same religion*
sır = *secret* → **sırdaş** = *confidant*
yurt = *homeland* → **yurttaş** = *fellow citizen*

- Çağdaş bir ülkede yaşıyoruz.
  (We are living in a modern country.)

- İngilizce'de 'die' ve 'dye' sesteştir.
  (In English, 'die' and 'dye' are homophones.)

Yurttaşlarım! Az zamanda çok ve büyük işler yaptık.

My fellow citizens! We have accomplished many and great tasks in a short time.

(From a speech delivered by Atatürk on the tenth anniversary of the foundation of the Republic.)

B

When added to proper nouns (e.g. Ahmet, Banu, Dilek), **-gil** refers to someone's home or family:

- A: Bu akşam nereye gidiyoruz?
  (Where are we going tonight?)

  B: Bu akşam Ahmetgile gidiyoruz.
  (We are going to Ahmet's house tonight.)

- Neclagil şimdi tatilde.
  (Necla's family are on holiday now.)

- Dilekgil bu akşam bize geliyor.
  (Dilek's family will come to us tonight.)

Bu akşam nereye gidiyoruz?

Bu akşam Ahmetgile gidiyoruz.

C

We can also use **-ler/-lar** instead of **-gil**:

- Ahmetgile gidiyoruz. or Ahmetlere gidiyoruz.
  (We are going to Ahmet's house.)

- Salihgil bizi davet etti. or Salihler bizi davet etti.
  (Salih's family have invited us.)

D

-sal/-sel is a suffix which helps us make adjectives or nouns:

kum = *sand* → **kumsal** = *beach*
duygu = *emotion* → **duygusal** = *emotional*
evren = *universe* → **evrensel** = *universal*
kır = *countryside* → **kırsal** = *rural*
bilim = *science* → **bilimsel** = *scientific*
gelenek = *tradition* → **geleneksel** = *traditional*
sayı = *number* → **sayısal** = *digital, numeric*
düş = *dream* → **düşsel** = *fictional*

duygusal anlar = *emotional moments*   kırsal alan = *rural area*

kumsal

ALIŞTIRMALAR

1 Add **-daş/-deş/-taş/-teş** to the following words.

1 yol.*daş*.   5 anlam........   9 emek........   13 meslek........

2 ses........   6 kök........   10 yan........   14 fikir........

3 soy........   7 sır........   11 pay........   15 dil........

4 din........   8 çağ........   12 yurt........   16 ırk........

2 Add **-sal/-sel** to the following words.

1 kurum.*sal*.   5 kimya........   9 yöre........   13 uy........

2 yapı........   6 bilim........   10 zihin........   14 kişi........

3 hukuk........   7 kent........   11 deney........   15 tarih........

4 bitki........   8 fizik........   12 ruh........   16 kut........

3 Match the words from 1-6 to their collocations in a-f.
Some words may collocate with more than one words.

1 deneysel   a) yiyecekler

2 kentsel   b) eşya

3 kutsal   c) köpek

4 yöresel   d) kitap

5 kişisel   e) çalışmalar

6 uysal   f) dönüşüm

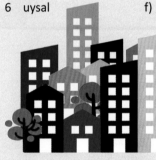

4 Translate the sentence into English.

1 Keremgil İstanbul'da yaşıyor.   *Kerem's family is living in İstanbul* .

2 Nuraygil yeni bir ev alacak.   ....

3 Semragil yarın İngiltere'ye gidiyor.   ....

4 Ozangil bugün pikniğe gitti.   ....

5 Bu akşam Hakanlara gidiyoruz.   ....

6 Aytengil bizi davet ediyor.   ....

A We generally make abstract nouns by adding **-lik/-lık/-luk/-lük** to nouns or adjectives:

arkadaş = *friend*	→	**arkadaş**lık = *friendship*
dindar = *religious*	→	**dindar**lık = *religiousness, piety*
iyi = *good*	→	**iyi**lik = *goodness; favour*
sessiz = *quiet*	→	**sessiz**lik = *silence*
yurttaş = *citizen*	→	**yurttaş**lık = *citizenship*
kardeş = *brother*	→	**kardeş**lik = *brotherhood*

arkadaşlık

• Sessizlik beni ürkütüyor.
(Silence scares me.)

• Bana bir iyilik yapar mısın?
(Could you do me a favour?)

Sessizlik Lütfen!

B We can also make nouns or adjectives by adding **-lik/-lık/-luk/-lük** to nouns to say "someone/something is intended for ...":

şeker = *sugar*	→	**şeker**lik = *sugar bowl*
kira = *rent*	→	**kira**lık = *for rent, to let*
tuz = *salt*	→	**tuz**luk = *salt cellar*
mezar = *grave*	→	**mezar**lık = *graveyard*
kalem = *pencil*	→	**kalem**lik = *pencil case*
meyve = *fruit*	→	**meyve**lik = *fruit bowl; orchard*

KİRALIK EV

C We can also add **-lik/-lık/-luk/-lük** to numerical expressions:

yetmiş *seven*	→	**yetmiş**lik *septuagenarian*
beş *five*	→	**beş**lik *fiver, a five lira note*
saat *hour*	→	**saat**lik *hourly, one-hour*
gün *day*	→	**gün**lük *daily*
ay *month*	→	**ay**lık *monthly*
yıl/sene *yıl*	→	**yıl**lık/**sene**lik *yearly*

Bir saatlik internet kaç lira?

Bir saatlik internet 5 lira.

ALIŞTIRMALAR

1 Add -lik/-lık/-luk/-lük to the following words.

1 meyve.*lik*...   4 yağmur........   7 kalem........   10 asker........

2 kitap........   5 kira........   8 yemek........   11 avukat........

3 şeker........   6 iyi........   9 göz........   12 kahvaltı........

2 Choose the word that best describes the image.

| a) kalemlik | b) kitaplık | c) şekerlik | d) tuzluk |

1 ....   2 ....   3 ....   4 ....

3 Complete the dialogues with one of the words in the box.

| a) yıllık | b) aylık | c) abonelik | d) kiralık |

Dialogue-1

A: Bu apartmanda ....¹ daire var mıdır?

B: Evet var.

A: ....² kirası ne kadar?

B: 800 TL.

Dialogue-2

A: ....³ ücreti ne kadar?

B: ....⁴ 60 TL.

A: Yani 12 aylık toplam 60 TL. Öyle mi?

B: Evet. Doğrudur.

A   **-ki** is added to an expression of time or place to make an adjective:

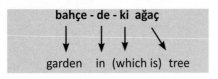

bahçe - de - ki ağaç
↓ ↓ ↓ ↘
garden   in   (which is)   tree

yarın - ki   parti
↓   ↓   ↘
tomorrow   (which is)   party

Read the English equivalents in reverse order.

> Bardaktaki su temiz değil.

bu akşamki maç   = *the match (which is) tonight* or *tonight's match*

parktaki adam   = *the man (who is) in the park*

evdeki gürültü   = *the noise (which is) in the house*

yarınki sınav   = *the exam (which is) tomorrow* or *tomorrow's exam*

- Bardaktaki su temiz değil.
  (The water in the glass is not clean.)

-ki is a very useful suffix that helps us describe the word that follows it. In the example above, **-ki** is added to **bardakta** (*in the glass*) to describe the word **su** (*water*). The speaker specifies that it is the water in the glass, not somewhere else which is not clean.

> Ağaçtaki kuş bir serçedir.

- Şişli'deki evler çok pahalı.
  (The houses in Şişli are so expensive.)

- Ağaçtaki kuş bir serçedir.
  (The bird on the tree is a sparrow.)

- Pazardaki satıcılar çok yardımsever.
  (The salespeople in the market are very helpful.)

B   **-ki** does not change except after **bugün** (*today*) and **dün** (*yesterday*):

✓ **yarınki**   ✗ **yarınkı**   ✓ **parktaki**   ✗ **parktakı**

bugün and **dün** are exceptions:

✓ **bugünkü**   ✗ **bugünki**   ✓ **dünkü**   ✗ **dünki**

C   Remember **-ki** as an adjectival suffix is always added to the word it is related to:

✓ **yarınki sınav**   ✗ **yarın ki sınav**

See Ünite-83, 84 and 85 for other uses of **ki.**

ALIŞTIRMALAR

1 Put the words in the correct order.

1 tertemiz / hava / ormandaki   *Ormandaki hava tertemiz* ....

2 sınav / çok zor / yarınki   ....

3 bu akşamki / saat kaçta / parti / başlıyor   .... ?

4 ilginç / kitaptaki / hikaye / çok   ....

5 dışarıdaki / kim / adam   .... ?

6 odadaki / çok kötü / koku   ....

7 elbiseler / çok güzel / bu mağazadaki   ....

8 çok sıkıcı / program / televizyondaki   ....

9 çocuklar / parktaki / çok mutlu   ....

10 gazetedeki / çok şaşırtıcı / haber   ....

11 kalem / kimin / yerdeki   .... ?

2 Write the correct forms of the words in bold.

1 **yarınkı** program   *yarınki* ....

2 **bugünki** ders   ....

3 gelecek **haftakı** toplantı   ....

4 geçen **aykı** maaş   ....

5 bu **yılkı** kar   ....

6 gelecek **akşamkı** konu   ....

7 **dünku** haber   ....

8 bu **sabahkı** kahvaltı   ....

9 gelecek **sezonku** maçlar   ....

10 bu **dönemkı** performans   ....

ÜNİTE 36
sıfatlarda karşılaştırma ve en üstünlük
comparatives and superlatives

A

daha is used before adjectives to indicate comparison.
It corresponds to English *more* or *-(i)er*:

Bu karpuz daha ağır.

daha lezzetli = *more delicious* daha faydalı = *more useful*
daha hızlı = *faster* daha kolay = *easier*
daha soğuk = *colder* daha sıcak = *hotter*
daha ağır = *heavier* daha hafif = *lighter*

• Bugün hava daha soğuk.
(*Today the weather is colder.*)

• Bu sınav daha kolay.
(*This exam is easier.*)

B

We can use çok (*very*) or biraz (*a bit*) before daha:

• Bugün hava çok daha soğuk.
(*Today the weather is much colder.*)

• Bu sınav biraz daha kolay.
(*This exam is a little easier.*)

• Bu rota biraz daha kısa.
(*This route is a little shorter.*)

• İngiltere çok daha yağmurlu.
(*England is much rainier.*)

C

We add -den/-dan/-ten/-tan to the second member of the comparison:

• Erzurum, İstanbul'dan daha soğuk.
(*Erzurum is colder than Istanbul.*)

• Metin, Tarık'tan daha uzun.
(*Metin is taller than Tarık.*)

D

daha can be omitted:

• Erzurum, İstanbul'dan soğuk.
(*Erzurum is colder than Istanbul.*)

• Metin, Tarık'tan uzun.
(*Metin is taller than Tarık.*)

E

We use en to express the highest degree of something. It corresponds to the English *most* or the superlative suffix *-(i)est*:

en pahalı araba = *the most expensive car* en ucuz ev = *the cheapest house*
en uzak şehir = *the furthest city* en yakın istasyon = *the closest station*
en başarılı takım = *the most successful team* en ilginç hikaye = *the most interesting story*
en zengin adam = *the richest man* en fakir ülke = *the poorest country*

• Çin en kalabalık ülkedir.
(*China is the most populated country.*)

• Bu sezon en başarılı takım Galatasaray'dır.
(*Galatasaray is the most successful team this season.*)

F

To ask the highest degree of something or people, we say En ... hangisidir? (*Which one is the most ...?*):

• A: En yakın istasyon hangisidir?
(*Which one is the closest station?*)

B: En yakın istasyon Taksim'dir.
(*The closest station is Taksim.*)

G

If we are comparing two things or two people, we use Hangisi daha ... ? (*Which one is more ...?*):

• Hangisi daha hızlı?
(*Which one is faster?*)

• Hangisi daha pahalı?
(*Which one is more expensive?*)

H

Words ending with the locative case and the adjectival suffix -ki are commonly used before en:

• bahçedeki en uzun ağaç
(*the tallest tree in the garden*)

• ülkedeki en zengin adam
(*the richest man in the country*)

• şehirdeki en güzel yer
(*the best place in the city*)

• sınıftaki en zeki öğrenci
(*the cleverest student in the class*)

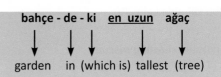

bahçe - de - ki en uzun ağaç
↓   ↓   ↓   ↓   ↓
garden in (which is) tallest (tree)

ALIŞTIRMALAR

1 Compare the following pairs in each picture by using the -den/-dan/-ten/-tan daha ... structure. Use the adjectives in the box.

uzun	soğuk	pahalı

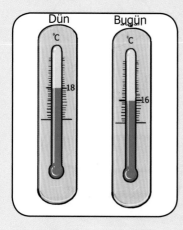  

1 _Bugün_ .... 2 _Ferrari_ .... 3 _Aslı_ ....

---

2 Put the words in the correct order.

1 Gökhan / daha çalışkan / Ali'den   _Gökhan Ali'den daha çalışkan_ .
2 Leyla / Mine'den / daha akıllı   ....
3 heyecanlı / bu film / daha   ....
4 daha ucuz / bu / kitap   ....
5 Antalya'dan / Sinop / daha soğuk   ....

---

3 Look at the information to answer each question.

1 Hangisi daha kalabalık?

Türkiye	: 88 milyon
İngiltere	: 54 milyon

Türkiye daha kalabalık
....

2 Hangisi daha yakın?

Postane	: 100 metre
Banka	: 50 metre

....

3 Hangisi daha ucuz?

Fiat	: 50 bin TL
BMW	: 110 bin TL

....

---

4 Look at the information to answer each question.

1 En ucuz içecek hangisidir?

Ayran	: 1 TL
Fanta	: 1.5 TL
Su	: 75 kuruş

Su en ucuz içecek.
....

2 En yüksek dağ hangisidir?

Ağrı Dağı	: 5137 metre
Uludağ	: 2543 metre
Erciyes Dağı	: 3916 metre

....

3 En uzun nehir hangisidir?

Nil	: 6650 kilometre
Amazon	: 6400 kilometre
Mississippi	: 6275 kilometre

....

A We add -di/-dı/-du/-dü or -ti/-tı/-tu/-tü to the verb to say that something happened in the past. This is also known as the 'seen' past tense, as the speaker has witnessed the action s/he is talking about. We use time expressions like **dün** (*yesterday*), **geçen yıl** (*last year*), **iki gün önce** (*two days ago*) with this tense:

- Adam **iki gün önce** öldü. (*The man died **two days ago**.*)
- Geçen yıl bir ödül kazandım. (*I won **an award last year**.*)

> **Structure:** verb + -di/-dı/-du/-dü or -ti/-tı/-tu/-tü + personal suffix

If the last syllable of the verb ends in **ç, f, h, k, p, s, ş, t** we add -ti/-tı/-tu/-tü to the verb. In all other cases, we add -di/-dı/-du/-dü. See the examples in the table below.

Person	al- *(take; buy)*	ver- *(give)*	dur- *(stop)*	gör- *(see)*
Ben	**al**-dı-m.	**ver**-di-m.	**dur**-du-m.	**gör**-dü-m.
Sen	**al**-dı-n.	**ver**-di-n.	**dur**-du-n.	**gör**-dü-n.
O	**al**-dı.	**ver**-di.	**dur**-du.	**gör**-dü.
Biz	**al**-dı-k.	**ver**-di-k.	**dur**-du-k.	**gör**-dü-k.
Siz	**al**-dı-nız.	**ver**-di-niz.	**dur**-du-nuz.	**gör**-dü-nüz.
Onlar	**al**-dı-lar.	**ver**-di-ler.	**dur**-du-lar.	**gör**-dü-ler.

Person	sat- *(sell)*	geç- *(pass)*	tut- *(hold)*	düş- *(fall)*
Ben	**sat**-tı-m.	**geç**-ti-m.	**tut**-tu-m.	**düş**-tü-m.
Sen	**sat**-tı-n.	**geç**-ti-n.	**tut**-tu-n.	**düş**-tü-n.
O	**sat**-tı.	**geç**-ti.	**tut**-tu.	**düş**-tü.
Biz	**sat**-tı-k.	**geç**-ti-k.	**tut**-tu-k.	**düş**-tü-k.
Siz	**sat**-tı-nız.	**geç**-ti-niz.	**tut**-tu-nuz.	**düş**-tü-nüz.
Onlar	**sat**-tı-lar.	**geç**-ti-ler.	**tut**-tu-lar.	**düş**-tü-ler.

- Geçen cumartesi sinemaya gittiler.
  (*They went **to the cinema last Saturday**.*)

- Polis **hırsızı** yakaladı.
  (*Police caught **the thief**.*)

- Arkadaşım **bana bir hediye** verdi.
  (*My friend gave **me a present**.*)

- **Yeni bir araba** aldım.
  (*I bought **a new car**.*)

- Ali **dün gece saat 10'da** yattı.
  (*Ali went to bed **at 10 last night**.*)

Ali dün gece saat 10'da yattı.   *Ali bu gece saat 9'da yatıyor.*

B Note that Turkish doesn't have a different tense for actions that have just/recently been completed or for actions whose completion time has not been stated. In other words, we use the same past tense for the English sentences like *I read two books yesterday.* and *I have read two books this week.*

- **Dün iki kitap** okudum.
  (*I read **two books yesterday**.*)
- **Bu hafta iki kitap** okudum.
  (*I have read **two books this week**.*)

ALIŞTIRMALAR

1 Add the past simple positive ending followed by the personal suffix.

1

Ben koştum.

Sen koş................. .

O koş................. .

Biz koş................. .

Siz koş................. .

Onlar koş................. .

2

Ben git................. .

Sen git................. .

O git................. .

Biz git................. .

Siz git................. .

Onlar git................. .

3

Ben çalış................. .

Sen çalış................. .

O çalış................. .

Biz çalış................. .

Siz çalış................. .

Onlar çalış................. .

4

Ben gel................. .

Sen gel................. .

O gel................. .

Biz gel................. .

Siz gel................. .

Onlar gel................. .

5

Ben oyna................. .

Sen oyna................. .

O oyna................. .

Biz oyna................. .

Siz oyna................. .

Onlar oyna................. .

6

Ben ver................. .

Sen ver................. .

O ver................. .

Biz ver................. .

Siz ver................. .

Onlar ver................. .

2 Write the past simple positive form of the verbs in brackets followed by the personal suffix.

1 Çocuklar hafta sonu top *oynadılar* .... (oyna-)

2 Ben ve arkadaşlarım dün aşkam sinemaya .... (git-)

3 Babam bana bir hediye .... (al-)

4 Ahmet partiye geç .... (gel-)

5 Hasan dün gece ders .... (çalış-)

6 Köpek çok hızlı .... (koş-)

7 Ben geçen hafta iki kitap .... (oku-)

8 Kerem yemeğini .... (bitir-)

9 Program saat 8'de .... (başla-)

10 Hırsızlar dün gece evimize .... (gir-)

11 Komşular bize tatlı .... (getir-)

12 Bilgisayarım .... Tamirciye .... (bozul - / götür-)

13 Babam arabayı .... (sat-)

14 Filiz dün bana bir e-posta .... (gönder-)

15 Ders saat 3'te .... (bit-)

A We add **-ma/-me** between the verb and the past tense suffix (**-dı/-di**) followed by the personal suffix:

- Dün ders çalışmadım.
  (I didn't study yesterday.)

- Ali beni aramadı.
  (Ali didn't call me.)

Structure: verb + **-ma/-me** + **-dı/di** + personal suffix

Person	al- *(take; buy)*	ver- *(give)*
Ben	al-ma-dı-m.	ver-me-di-m.
Sen	al-ma-dı-n.	ver-me-di-n.
O	al-ma-dı.	ver-me-di.
Biz	al-ma-dı-k.	ver-me-di-k.
Siz	al-ma-dı-nız.	ver-me-di-niz.
Onlar	al-ma-dı-lar.	ver-me-di-ler.

Bu sabah kahvaltı yapmadım. Çok açım.

O zaman senin için iki porsiyon döner ısmarlıyorum.

B If the last syllable of the verb has **e, i, ö, ü,** we add **-me-di** between the verb and the personal suffix:

- Onlar bugün okula gitmediler.
  (They didn't go to school today.)

- Serkan dün gece eve gelmedi.
  (Serkan didn't come home last night.)

- Bugün çocuklar yemek yemediler.
  (The children didn't eat today.)

- Film daha bitmedi.
  (The film hasn't ended yet.)

C If the last syllable of the verb has **a, ı, o, u,** we add **-ma-dı** between the verb and the personal suffix:

- A: Bu sabah kahvaltı yapmadım. Çok açım!
  (I didn't have breakfast this morning. I am very hungry!)

  B: Tamam, o zaman senin için iki porsiyon döner ısmarlıyorum.
  (OK. Then I am ordering two portions of doner for you.)

- Bebek dün gece hiç ağlamadı.
  (The baby didn't cry at all last night.)

- Dün top oynamadık.
  (We didn't play football yesterday.)

D We can use time expressions like **daha** and **henüz** to say that something has not happened but that we expect to happen. In this case, the English verb is in present perfect tense:

Çocuklar daha yatmadılar. Hala oyun oynuyorlar.

- Maç daha/henüz başlamadı.
  (The match hasn't started yet.)

- Film daha/henüz bitmedi.
  (The film hasn't ended yet.)

- Çocuklar daha/henüz yatmadılar. Hala oyun oynuyorlar.
  (The children haven't gone to bed yet. They are still playing games.)

See **Ünite-49** for other time expressions that we can use with the past tense.

ALIŞTIRMALAR

1 Add the past simple negative ending followed by the personal suffix.

1

Ben   gitmedim.

Sen   git................. .

O   git................. .

Biz   git................. .

Siz   git................. .

Onlar git................. .

2

Ben   başla................. .

Sen   başla................. .

O   başla................. .

Biz   başla................. .

Siz   başla................. .

Onlar başla................. .

3

Ben   yap................. .

Sen   yap................. .

O   yap................. .

Biz   yap................. .

Siz   yap................. .

Onlar yap................. .

4

Ben   al................. .

Sen   al................. .

O   al................. .

Biz   al................. .

Siz   al................. .

Onlar al................. .

5

Ben   yat................. .

Sen   yat................. .

O   yat................. .

Biz   yat................. .

Siz   yat................. .

Onlar yat................. .

6

Ben   gel................. .

Sen   gel................. .

O   gel................. .

Biz   gel................. .

Siz   gel................. .

Onlar gel................. .

2 Write the past simple negative form of the verbs in brackets followed by the personal suffix.

1 Gönül bana bir şey *söylemedi* .... (söyle-)

2 Bugün yağmur .... (yağ-)

3 Çocuklar erken .... (yat-)

4 Serkan yemek .... (ye-)

5 Ben ve Merve yaramazlık .... (yap-)

6 Kedi süt .... (iç-)

7 Bebek dün gece........................... . (ağla-)

8 Onlar geçen yaz tatile .... (git-)

9 Maç saat 7'de .... (başla-)

10 Ambulans zamanında .... (gel-)

11 Pelin bugün beni .... (ara-)

12 Siz beni .... (anla-)

13 Adam beni .... (duy-)

14 Polis hırsızı .... (gör-)

15 Babam bu akşam bana kitap .... (oku-)

A We put **mi?/mı?/mu?/mü?** after the past tense marked verb to ask questions in the past:

past simple positive → Dün top oynadım. *(I played football yesterday.)*
past simple negative → Dün top oynamadım. *(I didn't play football yesterday.)*
past simple question → Dün top oynadım mı? *(Did I play football yesterday?)*

Structure: verb + **-dı/di** + personal suffix + **mi/mı/mu/mü?**

Person	al- *to take/buy*	ver- *to give*	vur- *to hit*	gör- *to see*
Ben	aldım mı?	verdim mi?	vurdum mu?	gördüm mü?
Sen	aldın mı?	verdin mi?	vurdun mu?	gördün mü?
O	aldı mı?	verdi mi?	vurdu mu?	gördü mü?
Biz	aldık mı?	verdik mi?	vurduk mu?	gördük mü?
Siz	aldınız mı?	verdiniz mi?	vurdunuz mu?	gördünüz mü?
Onlar	aldılar mı?	verdiler mi?	vurdular mı?	gördüler mi?

Baba bana lolipop aldın mı?

Evet sana lolipop aldım.

- A: Otobüs geçti mi? *(Has the bus passed by?)*
  B: Hayır, otobüs geçmedi. *(No, the bus hasn't passed by.)*

- A: Yemek bitti mi? *(Has the food finished?)*
  B: Evet, yemek bitti. *(Yes, the food has finished.)*

- A: Bana hediye aldın mı? *(Did you buy me a present?)*
  B: Evet, sana hediye aldım. *(Yes, I bought you a present.)*

- A: Baba, bana lolipop aldın mı? *(Dad, did you buy me a lollipop?)*
  B: Evet, sana lolipop aldım. *(Yes, I bought you a lollipop.)*

In short answers, we use the verb only:

- A: Bugün kitap okudun mu? *(Did you read a book today?)*
  B: Evet, okudum. *(Yes, I did.)* or
     Hayır, okumadım. *(No, I didn't.)*

- A: Hülya parka gitti mi? *(Did Hülya go to the park?)*
  B: Evet, gitti. *(Yes, she did.)* or
     Hayır, gitmedi. *(No, she didn't.)*

B We can make questions with question words such as **ne** *(what)*, **nerede** *(where)*, **kim** *(who)*, **nasıl** *(how)*, **ne zaman** *(when)* and **niye/neden** *(why)*. In this case, the question particle is not used:

Neden çok geç geldiniz?

Çok trafik vardı efendim.

- Patron : Neden çok geç geldiniz?
             (Why have you come so late?)

  İşçi : Çok trafik vardı, efendim.
          (There was too much traffic, sir.)

- Leyla : Cumartesi ne yaptınız?
           (What did you do on Saturday?)

  Ceren : Sinemaya gittik.
           (We went to the cinema.)

ALIŞTIRMALAR

1 Add the past simple question marker.

	1	2	3	4
Ben	bildim *mi?*	anladım ....?	duydum ....?	döndüm ....?
Sen	bildin ....?	anladın ....?	duydun ....?	döndün ....?
O	bildi ....?	anladı ....?	duydu ....?	döndü ....?
Biz	bildik ....?	anladık ....?	duyduk ....?	döndük ....?
Siz	bildiniz ....?	anladınız ....?	duydunuz ....?	döndünüz ......?
Onlar	bildiler ....?	anladılar ....?	duydular ....?	döndüler ....?

2 Choose the question for the answer in the dialogues.

a) Kahvaltı yaptın mı?

b) ~~Ne zaman evlendiniz?~~

c) Filmi beğendin mi?

d) Dün ne yaptın?

e) İzmir'e nasıl gittiniz?

f) Dizi başladı mı?

Dialogue-1

Berna : _Ne zaman evlendiniz_ ?

Aylin : Geçen yıl evlendik.

Dialogue-2

Barış : .... ?

Tarık : Dün sinemaya gittim.

Dialogue-3

Nazım : .... ?

Fazıl : Uçakla gittik.

Dialogue-4

Necla : .... ?

Seher : Hayır, kahvaltı yapmadım.

Dialogue-5

Eyüp : .... ?

Fatih : Hayır, beğenmedim.

Dialogue-6

Tülin : .... ?

Seher : Evet, başladı.

3 Complete the conversations using the past simple forms of the verbs *otur-*, *kal-*, *al-*.

Dün gece nerede (1)..............?

Otelde kaldım.

Haftasonu ne yaptınız?

Pikniğe gittik. Siz ne yaptınız?

Evde (2)............ .

Yeni bir araba aldım.

Nereden (3)........... ?

Galeriden aldım.

A **olarak** is used to describe the fact that somebody/something has a particular job or function. It corresponds to English *as*:

öğretmen olarak = *as a teacher*
şoför olarak = *as a driver*
garson olarak = *as a waiter*
kahraman olarak = *as a hero*

Garson olarak çalışıyorum.

• Garson olarak çalışıyorum.
  (I work as a waiter.)

• Mehtap sekreter olarak çalışıyor.
  (Mehtap works as a secretary.)

• Kahraman olarak öldü.
  (S/he died as a hero.)

• Türkiye'ye turist olarak geldim.
  (I have come to Turkey as a tourist.)

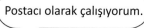

Postacı olarak çalışıyorum.

garson *(waiter)*		
gazeteci *(journalist)*		
mühendis *(engineer)*		
pilot *(pilot)*	**olarak** *(as)*	**çalışıyorum.** *(I am working)*
öğretmen *(teacher)*		
postacı *(postman)*		
berber *(barber)*		

Read the sentence in the table above in reverse order and try to find out if one of the occupations applies to you. If not, use a dictionary to find the word that describes your occupation and use it as in the example above to say:

... olarak çalışıyorum. = *I work/am working as a ... .*

• A: Ne olarak çalışıyorsun?
    (What do you work as?)
    (What do you do?)

  B: Postacı olarak çalışıyorum.
    (I work as a postman.)

B **olarak** is also used to say that an action is done through the collective involvement of somebody/something:

• Ülke olarak hızlı gelişiyoruz.
  (As a country, we are developing fast.)

• Takım olarak bugün daha iyi oynadık.
  (As a team, we played better today.)

• Şirket olarak yeni yatırımlar yapıyoruz.
  (As a company, we are making new investments.)

• Siyasi parti olarak çok başarılılar.
  (As a political party, they are very successful.)

C tam (olarak) means *exactly* and it can be used with question words such as **nerede** *(where)* and **kaç** *(how many)*:

• İstanbul'da tam olarak nerede yaşıyorsun?
  (Where exactly do you live in İstanbul?)

• Tam olarak kaç kişi geliyor?
  (Exactly how many people are coming?)

D ilk olarak means *firstly, first of all*:
• İlk olarak size teşekkür etmek istiyorum.
  (First of all, I would like to thank you.)

son olarak means *lastly*:
• Son olarak şunu eklemek istiyorum.
  (Lastly, I would like to add this.)

ALIŞTIRMALAR

1 Use the following profession related words followed by olarak to answer the questions in the dialogues.

muhabir	~~kasiyer~~	dişçi	sekreter

Dialogue-1

A: Ne olarak çalışıyorsun?

B: *Kasiyer olarak çalışıyorum.* .

Dialogue-2

A: Filiz ne olarak çalışıyor?

B: ....

Dialogue-3

A: Berna ne olarak çalışıyor?

B: ....

Dialogue-4

A: Ne olarak çalışıyorsun?

B: ....

2 Use the phrases to complete the sentences.

tatlı olarak	normal olarak	içecek olarak	arkadaş olarak	takım olarak

1 .... haftada 40 saat çalışıyorum. Bazen 45 saat çalışıyorum.

2 Ahmet .... çok iyi bir insan.

3 .... ikinci sıradayız. Bu sezon şampiyon olabiliriz.

4 Bu akşam .... revani yapacağım.

5 '... ne istersiniz?' 'Bir ayran, lütfen.'

A   **içeri** means *inside/interior* whereas **dışarı** means *outside/exterior*. These words commonly occur as in **içeri gir-** *(come/go inside)* and **dışarı çık-** *(come/go outside)*:

- Polis! Dışarı çık yoksa içeri gireceğiz.
  (Police! Come outside, otherwise we will come inside.)

- Polis içeri girdi ve her yeri aradı.
  (Police went inside and searched everywhere.)

- Yangın alarmı çaldı ve herkes dışarı çıktı.
  (The fire alarm went off and everybody went outside.)

We can use **içeriye** instead of **içeri** and **dışarıya** instead of **dışarı**:

içeri gir- or **içeriye gir-** *(come/go inside)*	**dışarı çık-** or **dışarıya çık-** *(come/go outside)*
• Polis içeri/içeriye girdi. *(Police went inside.)*	• Herkes dışarı/dışarıya çıktı. *(Everybody came outside.)*

B   With the locative case marker **-de/-da** *(in, at, on)*, **içeride** means *inside* whereas **dışarıda** means *outside*:

- İçeride iki saat bekledik.
  (We waited inside for two hours.)

- Dışarıda iki adam var.
  (There are two men outside.)

- İçeride misafirler var.
  (There are guests inside.)

- Lütfen içeri gir. Dışarıda durma.
  (Please, come inside. Don't stand outside.)

C   With the ablative case marker **-den/-dan** *(from)* **içeriden** means *from inside, from within* whereas **dışarıdan** means *from (the) outside*:

- İçeriden bir ses geldi.
  (A sound came from inside.)
- İçeriden dört kişi çıktı.
  (Four people came from inside.)

- Dışarıdan yemek ısmarladım.
  (I ordered food from outside.)
- Annem kapıyı dışarıdan kitledi.
  (My mother locked the door from the outside.)

D   **içerisi** refers to the *interior* while **dışarısı** refers to the *exterior* of a place:

- A: İçerisi çok sıcak.
  (The inside (of the room) is so hot.)
- Dışarısı çok soğuk. Pardesünü giy.
  (The outside is very cold. Put your coat on.)

- B: Tamam. Pencereyi açıyorum.
  (OK. I am opening the window.)
- Dışarısı karanlık.
  (Outside is dark.)

---

* In everyday Turkish, it is very common to hear **içerde** instead of **içeride**, **içerden** instead of **içeriden**, **dışarda** instead of **dışarıda** and **dışardan** instead of **dışarıdan**.

* In English, we would say *"Police went inside."* as an onlooker watching the incident, but as someone inside we would say *"Police came inside."* However, in Turkish, for both situations, we say *"Polis içeri girdi."* It is the speaker's point of view that will tell us how to translate **içeri gir-**. The same rule applies to **dışarı çık-**.

ALIŞTIRMALAR

1 Complete the sentences with içeri or dışarı.

1 Annem ......*içeri*........... girdi ve televizyonu kapattı.

2 Çocuklar .... girmiyorlar. Bahçede oynamak istiyorlar.

3 Şimdi .... çıkıyorum. Sonra görüşürüz.

4 Burası çok soğuk. .... girelim.

5 Öğrenciler beş dakika sonra .... çıkacaklar.

6 Hırsız .... nasıl girdi?

7 Patron şimdi .... çıktı.

8 Yağmur başladı. .... girmeliyiz.

9 Kapı açık. .... gir.

10 .... çıkma. Hava çok soğuk.

2 Complete the sentences with içeride or dışarıda.

1 Biz .*dışarıda*....... bekleyeceğiz. İçeri girmeyeceğiz.

2 Annem .... hazırlık yapıyor. Biz dışarıda oynuyoruz.

3 Lütfen .... bekleyin. Şimdi müsait değilim.

4 Taksi .... seni bekliyor. Acele et.

5 .... üşürsünüz. Lütfen içeri girin.

3 Complete the sentences with içerisi or dışarısı and then translate the sentences into English.

1 *Dışarısı*............ çok tehlikeli. İçeride kalmalıyız. ....

2 .... biraz havasız. Lütfen pencereyi açın. ....

3 .... harika. Yürüyelim mi? ....

4 .... çok dağınık. Toparlayalım. ....

5 .... çok gürültülü. İçeride oturalım. ....

A   aşağı means *down, below, downstairs*. Its opposite yukarı means *up/above/upstairs* :

Hemen aşağı gel!

Tamam anne. Hemen geliyorum.

aşağı in- *to come/go down/get off*	**yukarı çık-** *to come/go up*
aşağı gel - *to come/go down*	**yukarı gel-** *to come/go up*
aşağı bak- *to look down*	**yukarı bak-** *to look up*
aşağı düş- *to fall down*	**yukarı getir-** *to take something/somebody upstairs*
aşağı götür- *to take something downstairs or one level down*	**yukarı taşı-** *to carry something upstairs or one level up*

- Enflasyon aşağı indi.
  (Inflation has come down.)

- Enflasyon yukarı çıktı.
  (Inflation has gone up.)

- Üç kat aşağı indik.
  (We went down three floors.)

- Üç kat yukarı çıktık.
  (We went up three floors.)

- Hemen aşağı gel!
  (Come downstairs immediately!)

- Hemen yukarı gel!
  (Come upstairs immediately!)

B   We can use aşağıya instead of aşağı and yukarıya instead of yukarı:

- Aşağı/Aşağıya bakma!
  (Don't look down!)

We can also use aşağı and yukarı as an adjective as in aşağı kat *(lower floor)* and yukarı kat *(upper floor)*.

C   With the locative case marker -da *(in, at, on)*, aşağıda means *at a lower place* or *downstairs*. Its opposite yukarıda means *at an upper place* or *upstairs*:

- Çocuklar aşağıda oynuyorlar.
  (The kids are playing downstairs.)

- Kocam yukarıda kitap okuyor.
  (My husband is reading a book upstairs.)

- Oyuncaklar aşağıda.
  (The toys are down there.)

- Kitaplar yukarıda.
  (The books are up there.)

D   With the ablative case marker -dan *(from)* aşağıdan means *from below, from downstairs* whereas yukarıdan means *from above, from upstairs*:

- Gürültü aşağıdan geliyor!
  (The noise is coming from downstairs.)

- Yukarıdan su damlıyor.
  (Water is dripping from above.)

E   aşağısı refers to *a place at a lower level* while yukarısı refers to *a place at an upper level*:

Aşağısı çok korkunç!

- Aşağısı çok korkunç!
  (It is so scary down there!)

- Yukarısı daha rahat.
  (It is more comfortable up there.)

Useful expressions:

baştan aşağı = *from top to bottom*
baş aşağı = *upside down, head down*
yokuş yukarı = *uphill*
yokuş aşağı = *downhill*

F   We can also say yukarda instead of yukarıda and yukardan instead of yukarıdan:

- Babam yukarda/yukarıda.
  (My dad is upstairs.)

- Yukardan/Yukarıdan fotoğraf çekiyorlar.
  (They are taking photos from upstairs.)

ALIŞTIRMALAR

1 Fill in the blanks with the expressions in a-g.

1 Asansör _aşağı iniyor_ .

a) Yukarı geliyorum

2 ....! Bir uçak.

~~b) aşağı iniyor~~

3 Mehmet, süpürgeyi .... lütfen. Ben şimdi yukarıdayım.

c) Yukarı gel

4 A: ....! Maç seyrediyoruz. B: Aşağıda biraz işim var.

d) Aşağı bak

5 ....! Deniz harika görünüyor.

e) yukarı getir

6 Mağaza yukarıda. Beş kat ....

f) Yukarı bak

7 A: Emrah neredesin? B: .... Kaçıncı kattasınız?

g) yukarı çıkmalısınız

2 Describe the pictures with the sentences in the box.

> a) Kutular aşağı düştü.　　　b) Adam yukarı çıkıyor.　　　c) Adam yokuş aşağı yürüyor.
>
> d) Araba yokuş yukarı gidiyor.　　e) Adam aşağı iniyor.

1 ....　2 ....　3 ....

4 ....　5 ....

ÜNİTE 43

çok *(very, much, many, a lot of, too, so)*
biraz *(some, a little, a bit)*

A

çok is used before adjectives, adverbs and verbs to say *very, much, too, so*:

çok soğuk	= *very cold*	**çok büyük**	= *very big*	**çok pahalı**	= *very expensive*
çok kalabalık	= *very crowded*	**çok ucuz**	= *very cheap*	**çok hızlı**	= *very fast*

- Çok hızlı gidiyorsun! Yavaşla!
  (You are going too fast! Slow down!)

- Bu araba çok rahat.
  (This car is so comfortable.)

- Selim çok yoruldu.
  (Selim got tired so much.)

- Sen çok yakışıklısın.
  (You are so handsome.)

- Elif'i çok özlüyorum.
  (I miss Elif so much.)

- Hava çok soğuk.
  (The weather is very cold.)

B

çok also means *many/a lot of*. It modifies singular nouns:

çok araba	= *many cars*
çok insan	= *many people*
çok kitap	= *many books*

✓ Burada çok araba var.   ✗ Burada çok arabalar var.
   (There are many cars here.)

✓ Bu kütüphanede çok kitap var.   ✗ Bu kütüphanede çok kitaplar var.
   (There are many books in this library.)

C

We can make words like **birçok** *(most, many, plenty of)*, **pek çok** *(most, many, plenty of)*, **az çok** *(somewhat)*:

- Birçok/Pek çok insan akıllı telefon kullanıyor.
  (Many people use smart phones.)

- Bu şehir son birkaç yılda az çok gelişti.
  (This city has improved somewhat in the last few years.)

D

az means *little/not much/not enough* and it is generally used with **çok**:

- Çok az Türkçe konuşuyorum.
  (I speak very little Turkish.)

- Çok az boş vaktim var.
  (I have very little free time.)

E

en çok means *(the) most*:

- En çok Tamer'i seviyorum.
  (I love Tamer the most.)

- Parkta en çok ördekleri seviyorum.
  (In the park, I like the ducks the most.)

F

çoğu means *most, most of them*. The nouns **çoğu** modifies are always singular:

✓ Çoğu çocuk bilgisayar oyunlarını sever.   ✗ Çoğu çocuklar bilgisayar oyunlarını sever.
   (Most children like computer games.)

✓ Çoğu banka hafta sonu kapalıdır.   ✗ Çoğu bankalar hafta sonu kapalıdır.
   (Most banks are closed at the weekend.)

G

Common expressions with **çok**:

çok bilmiş *smarty*	**Çok şükür!** *Thank God!*	**çok gör-** *to grudge somebody something*
çok yönlü *versatile, multifaceted*	**çok ol-** *to go too far*	**çok katlı otopark** *multi-storey car park*
çok geçmeden *soon, before long*	**çok çok** *at the very most*	

H biraz is used to refer to an amount of something. It corresponds to the English *some, a little, a bit, any*:

biraz para = *some* money   **biraz** şeker = *some* sugar   **biraz** şans = *some* luck
biraz yardım = *some* help   **biraz** tuz = *some* salt   **biraz** zaman = *some* time

Biraz para istiyorum.   Biraz şeker istiyor musun?
(I want some money.)   *(Would you like some sugar?)*

I We can use biraz before adjectives to say *a bit*:

biraz soğuk = *a bit* cold   **biraz** sıcak = *a bit* hot   **biraz** saçma = *a bit* silly

Hava biraz soğuk.   Bu hikaye biraz saçma.
(The weather is a bit cold.) *(This story is a bit silly.)*

J We can also use biraz to modify a verb:

Çocuklar biraz oynuyorlar. *(The children are playing a bit.)*
Biraz korkuyorum. *(I am a little scared.)*

> Biraz şeker istiyor musun?
> Evet, lütfen.

ALIŞTIRMALAR

> Bu mağaza çok pahalı.

1 Put the words in the correct order.

1 pahalı / mağaza / bu   *Bu mağaza çok pahalı* ....
2 çok / bugün / yorgunum   ....
3 kalabalık / bu şehir / çok   ....
4 heyecanlı / bu film / çok   ....
5 şekerli / çok / bu çay   ....
6 bu yemek / tuzlu / çok   ....
7 çok / bugün / çocuklar / oynadılar   ....

2 Fill in the blanks with the words in the box below.

a) yaramaz	b) sıcak	c) yüksek	d) zengin	e) soğuk	f) tembel

1 Bugün hava çok .... Denize gidelim.
2 Nesrin çok .... bir öğrencidir. Hiç ders çalışmaz.
3 Hava çok ....*soğuk*......... . Paltonu giymelisin.
4 Çocuklar çok .... Her tarafı dağıtıyorlar.
5 Televizyonun sesi çok .... Lütfen biraz kıs.
6 O çok .... Çok parası var.

3 Complete the dialogues with the statements in the box.

a) Türkçe biliyor musun?	b) Bu yüzden çok endişeliyim.	c) Şimdi kaloriferi açıyorum.	d) Çok az insan geldi.

Dialogue-1   Dialogue-2

A: İçerisi biraz soğuk.   A: ....

B: Tamam. ....   B: Çok az biliyorum.

Dialogue-3   Dialogue-4

A: Parti kalabalık mıydı?   A: Yarın zor bir sınav var.

B: Hayır. ....   B: Evet. ....

4 Translate the following into English.

1 Sen çok güzelsin.   ....
2 Hava biraz soğuk. Lütfen kaloriferi aç.   ....
3 Stadyumda çok az seyirci var.   ....
4 Çok heyecanlıyım. Yarın evleniyorum.   ....

A We can make adverbs by adding **-ce/-ca/-çe/-ça** to adjectives, adverbs and nouns:

yavaş = *slow* → yavaşça = *slowly*   dikkatli = *careful* → dikkatlice = *carefully*
arkadaş = *friend* → arkadaşça = *friendly*   insan = *human* → insanca = *humanely*

Arif bahçeye gizlice girdi.
(Arif secretly entered the garden.)

Kapıyı yavaşça kapattı.
(She closed the door slowly.)

B **bir şekilde** *(in a … way)* or **bir biçimde** *(in a … manner)* can follow adjectives to give the same meaning as **-ce** does:

- Bahçeye gizli bir şekilde girdim.   *or*   • Bahçeye gizlice girdim.
  (I entered the garden in a secret way.)   *(I secretly entered the garden.)*

C Repeated adjectives can also indicate how the action has taken place:

- İçeri sessiz sessiz girdim.   *or*   • İçeri sessizce girdim.
  (I went inside quietly.)   *(I went inside quietly.)*

D **-ce** is added to words of time like **günlerce** *(for days)*, **haftalarca** *(for weeks)*, **aylarca** *(for months)* and **yıllarca** *(for years)* to indicate the duration of the action:

- Mesut'u yıllarca bekledim.   • Patron bize saatlerce aynı şeyi anlattı.
  (I have waited for Mesut for years.)   *(The boss told us the same thing for hours.)*

E **-ce** helps us make words like **bence** *(in my opinion)*, **sence** *(in your opinion)*, **bizce** *(in our opinion)*:

- Bence Ali haklı.   • Bizce problem yok.
  (In my opinion, Ali is right.)   *(In our opinion, there is no problem.)*

F We add **-ce** to nouns to indicate that an action is done collectively:

- Toplumca sıkı çalışmalıyız.   • Şirketçe yeni kararlar aldık.
  (As a society, we must work hard.)   *(As a company, we have made new decisions.)*

G **-ce** is added to words like **ülke** *(country)* to make the word **ülkece** *(country-wide, nationwide)* and **dünya** *(world)* to make the word **dünyaca** *(worldwide)*:

- Honda dünyaca ünlü bir markadır.
  (Honda is a world-famous brand.)

H **-ce** helps us make words like **yüzlerce** *(hundreds of)*, **binlerce** *(thousands of)*, **milyonlarca** *(millions of)* and **milyarlarca** *(billions of)*:

- Dışarıda yüzlerce gösterici var.   • Şirket milyarlarca dolar kaybetti.
  (There are hundreds of demonstrators outside.)   *(The company lost billions of dollars.)*

ALIŞTIRMALAR

1 Make adverbs by adding -ce/-ca/-çe/-ça to the following words.

1 korkak......   6 gizli......   11 hızlı ......

2 cesur......   7 yavaş......   12 sessiz ......

3 dikkatsiz......   8 dikkatli......   13 bencil ......

4 aptal......   9 akıllı......   14 isteksiz ......

5 kibar......   10 güzel......   15 korkusuz ......

2 Complete the sentences with the adverbs in the box. Use each adverb once.

a) korkusuzca   b) dikkatlice   c) kibarca   d) bencilce   e) dikkatsizce   f) yavaşça

1 Nesrin soruları ...*dikkatlice*...... cevapladı ve başarılı oldu.

2 Kapıyı .... kapattım. Çünkü bebek uyuyordu.

3 Turist .... soru sordu ama memur yardımcı olmadı.

4 Arabayı .... kullandı ve kaza yaptı.

5 Düşmana .... saldırdılar ve kazandılar.

6 Tezcan .... davrandı. Tüm çikolataları yedi.

3 Complete the dialogues with bence and sence.

Dialogue-1

Mahir   : .... hangi ayakkabılar daha güzel?

Yasin   : .... siyah ayakkabılar daha güzel.

Dialogue-2

Nuray   : .... bugün yağmur yağacak. ....?

Elif   : .... bugün yağmur yağmayacak.

4 Complete the sentences with the words below.

a) haftalarca   b) milyonlarca   c) dünyaca   d) binlerce

1 .... gösterici yürüyüş yaptı.

2 Saray için .... liralık masraf yapıyorlar. Şimdiye kadar 700 milyon TL harcadılar.

3 Babam .... hastanede yattı.

4 Denzel Washington .... ünlü bir sanatçıdır.

A The future tense is used for actions which will take place in the future. Expressions of time like **yarın** *(tomorrow)*, **gelecek hafta** *(next week)* and **öğleden sonra** *(in the afternoon)* are used with this tense:

- Festival yarın bitecek.
  *(The festival will end **tomorrow**.)*

- Gelecek hafta Ankara'da olacağım.
  *(I will be **in Ankara next week**.)*

- Endişelenme, iyileşeceksin. *(**Don't worry,** you will get well.)*

Endişelenme.
İyileşeceksin.

> **Structure:** *verb +* **ecek/acak** *+ personal suffix*

Person	ver- *to give*	al- *to take/buy*
Ben	ver-eceğim.	al-acağım.
Sen	ver-ereceksin.	al-acaksın.
O	ver-ecek.	al-acak.
Biz	ver-eceğiz.	al-acağız.
Siz	ver-eceksiniz.	al-acaksınız.
Onlar	ver-ecekler.	al-acaklar.

Note that **k** of **-ecek/-acak** in first singular person (**ben**) and first plural person (**biz**) mutates to **ğ** as it is followed by a vowel. See Ünite-5-6 for consonant mutation.

B If the last syllable of the verb includes one of the vowels **e, i, ö, ü**, then the future tense suffix will be **-ecek**, followed by the personal suffix:

- Sertap yarın konser verecek.
  *(Sertap will give **a concert tomorrow**.)*

- Seni daima seveceğim.
  *(I will **always** love **you**.)*

- Film yarım saat içinde bitecek.
  *(The film will end **within half an hour**.)*

Seni daima
seveceğim.

C If the last syllable of the verb includes one of the vowels **a, ı, o, u**, then the future tense suffix will be **-acak**, followed by the personal suffix:

- On dakika içinde yatacaksınız!
  *(You will go to bed **in ten minutes!**)*

- Gelecek ay yeni bir araba alacağız.
  *(We will buy **a new car next month**.)*

- Yarın sabah parkta koşacağım.
  *(I will run **in the park tomorrow morning**.)*

- Bir mektup yazacağım.
  *(I will write **a letter**.)*

D If the verb ends in a vowel, then we insert the buffer letter **-y-** between the verb and the future tense suffix:

başla- *start* → **başla-y-acak**   **oku-** *read* → **oku-y-acak**   **bekle-** *wait* → **bekle-y-ecek**

- Film yarım saat sonra başlayacak.
  *(The film will start **after half an hour**.)*

- Babam bana bir hikaye okuyacak.
  *(My dad will read **me a story**.)*

- Dışarıda bekleyeceğim.
  *(I will wait **outside**.)*

E The letter **t** in verbs like **seyret-, git-, et-** mutates to **d** as in the examples below:

seyret- *watch*   → **seyred-ecek**   **git-** *go* → **gid-ecek**   **et-** *do, make*   → **ed-ecek**

- Çocuklar öğleden sonra bir film seyredecekler.
  *(The children will watch **a film in the afternoon**.)*

- Yarın İstanbul'a gideceğim.
  *(I will go **to İstanbul tomorrow**.)*

* Note that you can translate future sentences by using *will* or *be going to*.

ALIŞTIRMALAR

1   Add the future tense positive ending (-ecek/-acak), followed by the personal suffix.

1

Ben   koşacağım.
Sen   koş............... .
O   koş............... .
Biz   koş............... .
Siz   koş............... .
Onlar koş............... .

2

Ben   iç............... .
Sen   iç............... .
O   iç............... .
Biz   iç............... .
Siz   iç............... .
Onlar iç............... .

3

Ben   çalış............... .
Sen   çalış............... .
O   çalış............... .
Biz   çalış............... .
Siz   çalış............... .
Onlar çalış............... .

4

Ben   sev............... .
Sen   sev............... .
O   sev............... .
Biz   sev............... .
Siz   sev............... .
Onlar sev............... .

5

Ben   yaz............... .
Sen   yaz............... .
O   yaz............... .
Biz   yaz............... .
Siz   yaz............... .
Onlar yaz............... .

6

Ben   gönder............... .
Sen   gönder............... .
O   gönder............... .
Biz   gönder............... .
Siz   gönder............... .
Onlar gönder............... .

2   Write the future simple positive form of the verbs in brackets, followed by the personal suffix.

1   Annem bu akşam kek ......yapacak...... . (yap-)

2   Ben yarın sabah parkta .... (koş-)

3   Ferit yeni bir araba .... (al-)

4   Zeynep hafta sonu bize .... (gel-)

5   Komşular yarın piknik .... (yap-)

3   Write the future simple positive form of the verbs in brackets, followed by the personal suffix. Remember to insert the buffer letter -y-.

1   Film saat 8'de....başlayacak... . (başla-)

2   Babam bana kitap .... (oku-)

3   Bebek .... (ağla-)

4   Onlar sizi evde........................... . (bekle-)

5   Biz hafta sonu maç .... (izle-)

4   Write the future simple positive form of the verbs in brackets, followed by the personal suffix. Pay attention to the t-d mutation.

1   Çocuklar parka .... (git-)

2   Sedef yarın bana yardım .... (et-)

3   Biz bu akşam yeni bir film .... (seyret-)

A We make negative future tense sentences by inserting **-me/-ma** between the verb stem and the future tense suffix. Additionally, the buffer letter **-y-** is used between **-me/-ma** and **-ecek/-acak** as two vowels cannot follow each other:

• Yarın tatil! Okula gitmeyeceğim.
 (Tomorrow is the holiday! I won't go to school.)

> Yatın tatil!
> Okula
> gitmeyeceğim.

> **Structure:** verb + **-me/-ma** + **y** + **-ecek/-acak** + personal suffix

Person	**ver-** *to give*	**al-** *to take/buy*
Ben	ver-me-y-eceğim.	al-ma-y-acağım.
Sen	ver-me-y-eceksin.	al-ma-y-acaksın.
O	ver-me-y-ecek.	al-ma-y-acak.
Biz	ver-me-y-eceğiz.	al-ma-y-acağız.
Siz	ver-me-y-eceksiniz.	al-ma-y-acaksınız.
Onlar	ver-me-y-ecekler.	al-ma-y-acaklar.

Note the consonant mutation in first person singular (ben) and first person plural (biz):
verece<u>k</u> - im → vereceğim   verece<u>k</u>-iz → vereceğim

B If the last syllable of the verb includes one of the vowels **e, i, ö, ü**, we insert **-me** between the verb stem and the future tense suffix and the buffer letter **-y-**:

• Sertap yarın konser vermeyecek.
 (Sertap won't give a concert tomorrow.)

• Yusuf çay içmeyecek.
 (Yusuf won't drink tea.)

• Meral sinemaya gitmeyecek.
 (Meral won't go to the cinema.)

• Ben gelecek hafta burada olmayacağım.
 (I won't be here next week.)

C If the last syllable of the verb includes one of the vowels **a, ı, o, u**, we insert **-ma** between the verb and the future tense suffix and the buffer letter **-y-**:

• Arabayı satmayacağım.
 (I won't sell the car.)

• Galatasaray bu akşam oynamayacak.
 (Galatasaray won't play tonight.)

• İşçiler yarın çalışmayacaklar.
 (The workers won't work tomorrow.)

• Bu akşam Türkiye'ye uçmayacağım.
 (I won't fly to Turkey tonight.)

D The future tense is commonly used as in the following examples in spoken Turkish:

standard positive form		in spoken Turkish	standard negative form		in spoken Turkish
geleceğim	→	gelcem	gelmeyeceğim	→	gelmiycem
geleceksin	→	gelcen	gelmeyeceksin	→	gelmiycen
gelecek	→	gelcek	gelmeyecek	→	gelmiycek
geleceğiz	→	gelcez	gelmeyeceğiz	→	gelmiyceğiz
geleceksiniz	→	gelceniz	gelmeyeceksiniz	→	gelmiyceksiniz
gelecekler	→	gelcekler	gelmeyecekler	→	gelmiycekler

ALIŞTIRMALAR

1   Add the future tense negative ending, followed by the personal suffix.

1

Ben   yemeyeceğim.
Sen   ye................ .
O   ye................ .
Biz   ye................ .
Siz   ye................ .
Onlar ye................ .

2

Ben   gel................ .
Sen   gel................ .
O   gel................ .
Biz   gel................ .
Siz   gel................ .
Onlar gel................ .

3

Ben   git................ .
Sen   git................ .
O   git................ .
Biz   git................ .
Siz   git................ .
Onlar git................ .

4

Ben   iç................ .
Sen   iç................ .
O   iç................ .
Biz   iç................ .
Siz   iç................ .
Onlar iç................ .

5

Ben   yat................ .
Sen   yat................ .
O   yat................ .
Biz   yat................ .
Siz   yat................ .
Onlar yat................ .

6

Ben   otur................ .
Sen   otur................ .
O   otur................ .
Biz   otur................ .
Siz   otur................ .
Onlar otur................ .

2   Write the future tense negative form of the verbs in brackets, followed by the personal suffix.

1   Arsenal bu akşam oynamayacak . (oyna-)

2   Ben yarın partiye .... (gel-)

3   Biz bugün top .... (oyna-)

4   Filiz artık sigara .... (iç-)

5   Çocuklar film .... (seyret-)

6   Siz bugün .... Yarın gideceksiniz (git-)

7   Uçak şimdi............................ . Biraz gecikecek. (kalk-)

8   İşçiler gelecek hafta .... (çalış-)

9   Cumartesi günü konser .... (ol-)

10 Ben bu akşam erken .... (yat-)

A We make questions in the future tense with the question particle **mi/mı**, suffixed by the personal suffix. The question particle always follows the main verb:

- Gelecek misin?
  (Will you come?)

- Yarın futbol oynayacak mıyız?
  (Will we play football tomorrow?)

Yarın koşacağım.	→ *I will run tomorrow.*
Yarın koşmayacağım.	→ *I won't run tomorrow.*
Yarın koşacak mıyım?	→ *Will I run tomorrow?*

Bu akşam gelecek.	→ *He will come tonight.*
Bu akşam gelmeyecek.	→ *He won't come tonight.*
Bu akşam gelecek mi?	→ *Will he come tonight?*

Structure: verb + -ecek/-acak + mi/mı + personal suffix?

Person	gel- *to come*	al- *to take/buy*
Ben	gelecek miyim?	alacak mıyım?
Sen	gelecek misin?	alacak mısın?
O	gelecek mi?	alacak mı?
Biz	gelecek miyiz?	alacak mıyız?
Siz	gelecek misiniz?	alacak mısınız?
Onlar	gelecekler mi?	alacaklar mı?

Partiye gelecek misin?

Hayır, partiye gelmeyeceğim.

Neden?

Yarın sınavım var.

- Partide şarkı söyleyecek misin?
  (Will you sing at the party?)

- Ali kebap yiyecek mi?
  (Will Ali eat kebab?)

- Yarın sabah koşacak mısın?
  (Will you run tomorrow morning?)

- Ahmet ile konuşacak mısın?
  (Will you speak to Ahmet?)

- Hafta sonu evi temizleyecek misin?
  (Will you clean the house on the weekend?)

B We can use question words like **ne zaman** *(when)*, **nasıl** *(how)* and **nerede** *(where)* with future tense sentences:

- Murat ne zaman gelecek?
  (When will Murat come?)

- Yağmur yağıyor. Okula nasıl gideceksin?
  (It is raining. How will you go to school?)

- **Çocuk:** Anne, yemek ne zaman hazır olacak?
  (Mom, when will the food be ready?)

Anne: Yemek bir saat içinde hazır olacak.
(The food will be ready in an hour.)

Çocuk: Çok açım.
(I am so hungry.)

Anne: Biraz sabret canım.
(Be patient a bit, sweetie.)

Anne, yemek ne zaman hazır olacak?

Yemek bir saat içinde hazır olacak.

Çok açım.

Biraz sabret canım.

ALIŞTIRMALAR

1 Add the future tense question particle followed by the personal suffix.

1

Ben   gelecek *miyim?*

Sen   gelecek .... ?

O   gelecek .... ?

Biz   gelecek .... ?

Siz   gelecek .... ?

Onlar gelecekler .... ?

2

Ben   içecek .... ?

Sen   içecek .... ?

O   içecek .... ?

Biz   içecek .... ?

Siz   içecek .... ?

Onlar içecekler .... ?

3

Ben   koşacak .... ?

Sen   koşacak .... ?

O   koşacak .... ?

Biz   koşacak .... ?

Siz   koşacak .... ?

Onlar koşacaklar .... ?

4

Ben   yüzecek .... ?

Sen   yüzecek .... ?

O   yüzecek .... ?

Biz   yüzecek .... ?

Siz   yüzecek .... ?

Onlar yüzecekler .... ?

5

Ben   gidecek .... ?

Sen   gidecek .... ?

O   gidecek .... ?

Biz   gidecek .... ?

Siz   gidecek .... ?

Onlar gidecekler .... ?

6

Ben   çalışacak .... ?

Sen   çalışacak .... ?

O   çalışacak .... ?

Biz   çalışacak .... ?

Siz   çalışacak .... ?

Onlar çalışacaklar .... ?

2 Complete the dialogues with the future tense form of the verbs in brackets.

Dialogue-1

A: Nerede top .....*oynayacağız*.........? (oyna-)

B: Bahçede top oynayacağız.

Dialogue-2

A: Nedim partiye ....? (gel-)

B: Hayır, gelmeyecek.

Dialogue-3

A: Öğrenciler geziye ....? (katıl-)

B: Evet, katılacaklar.

Dialogue-4

A: Sen pikniğe ....? (git-)

B: Evet, gideceğim.

Dialogue-5

A: Bu hafta sonu maç ....? (seyret-)

B: Evet, bu hafta sonu maç seyredeceğim.

Dialogue-6

A: Yarın yağmur ....? (yağ-)

B: Hayır, yarın yağmur yağmayacak.

Dialogue-7

A: Tren ne zaman ....? (var-)

B: Tren 10 dakika içinde varacak.

Dialogue-8

A: Film saat kaçta ....? (başla-)

B: Film saat 8'de başlayacak.

Dialogue-9

A: Maç saat kaçta ....? (bit-)

B: Maç saat 10'da bitecek.

Dialogue-10

A: Sen şarkı ....? (söyle-)

B: Evet, şarkı söyleyeceğim.

A   **önce** means *before, first, firstly, ago.* **sonra** means *after, then, later, afterwards.* **şimdi** means *now*:

- **ÖNCE -**

- **SONRA -**

- Önce 90 kiloydum.
  (I was 90 kilograms before.)

- Şimdi 70 kiloyum.
  (Now I am 70 kilograms.)

- Önce polis, sonra ambulans geldi.
  (The police came first and then the ambulance.)

- Önce çok korktum ama sonra alıştım.
  (I was first so scared but then got used to it.)

- A: Önce ben geldim!
  (I came before (you)!)

  B: Hayır, önce ben geldim!
  (No, I came before (you)!)

  A: Sen sonra geldin!
  (You came later!)

B   We can also use **önce** or **öncelikle** to say *first (of all)*:

- Öncelikle, size teşekkür etmek istiyorum.
  (First of all, I would like to thank you.)

C   **önce** and **sonra** can follow the suffix **-den/-dan/-ten/-tan** to say *before/after something or somebody*:

- Sizden önce vardık.
  (We arrived before you.)

- Kahvaltıdan sonra çıkıyoruz.
  (We are leaving after breakfast.)

D   We can also use **daha önce** instead of **önce**:

- Daha önce 110 kiloydum.
  (I was 110 kilograms before.)

However, if **önce** means *first (of all)*, then we cannot replace it by **daha önce**:

✓ Önce işimi bitirdim. Sonra çay içtim.
(I finished my work first. Then I drank tea.)

✗ ~~Daha~~ önce işimi bitirdim. Sonra çay içtim.

ALIŞTIRMALAR

1 Add -den/-dan/-ten/-tan önce or sonra to the words below.

1 filmden önce/sonra

2 ders............................

3 iş ....

4 maç............................

5 gezi............................

6 tatil............................

7 kaza............................

8 parti............................

9 yemek............................

10 sinema............................

11 yarın............................

12 piknik............................

13 reklamlar............................

14 kahvaltı............................

15 bayram............................

16 seçim............................

17 toplantı............................

18 sınav............................

19 düğün............................

20 banyo............................

2 Match 1-8 to a-h.

1 Önce ders çalıştım.   **g**

2 Önce yemek yedik.   ☐

3 Önce ellerini yıkadı.   ☐

4 Önce kavga ettiler.   ☐

5 Önce alışveriş yaptılar.   ☐

6 Önce yağmur yağdı.   ☐

7 Önce ödevini bitir.   ☐

8 Önce içecek getirdiler.   ☐

a) Sonra yemek yedi.

b) Sonra sinemaya gittiler.

c) Sonra biraz eğlendik.

d) Sonra oyun oynayabilirsin.

e) Sonra barıştılar.

f) Sonra yemek servisi yaptılar.

g) Sonra biraz film seyrettim.

h) Sonra güneş açtı.

3 Translate the sentences into English.

1 Selin üç yıl önce evlendi.   *Selin got married three years ago* ....

2 Selin üç yıl sonra boşandı.   ....

3 Selin şimdi Mehmet'le evli.   ....

4 Arif iki saat önce buradaydı.   ....

5 Ali şimdi tatilde. İki gün sonra dönecek.   ....

A   **hala** and **daha** mean *still* or *yet*:

* Metin : Hala evde misin?
  (Are you still at home?)

  Erhan : Şimdi çıkıyorum.
  (I am leaving now.)

* Hala aynı arabayı kullanıyorum.
  (I am still driving the same car.)

* Maç daha başlamadı.
  (The match hasn't started yet.)

B   **henüz**, **daha yeni**, **şimdi** or **daha şimdi** tell us that an action happened only a short time ago:

* Eve henüz geldim.
  (I have just come home.)

* Maç daha yeni başladı.
  (The match has just started.)

  Patron daha şimdi çıktı.
  (The boss has just left.)

C   **henüz** and **daha** are also used in negative sentences and questions for talking or asking for something that has not happened yet:

* A: Baban geldi mi?
  (Has your dad come (home)?)

  B: Hayır, henüz/daha gelmedi.
  (No, he hasn't come yet.)

D   **artık** means *no longer, not...any more* and it is used in negative sentences:

* Artık onunla konuşmuyorum.
  (I do not speak to her any more.)

* Artık burada yaşamıyorlar.
  (They no longer live here.)

* A: Bana hala kızgın mısın?
  (Are you still angry with me?)

* Artık seni sevmiyorum!
  (I do not love you any more.)

* Sen artık çocuk değilsin.
  (You are no longer a child.)

  B: Hayır sana artık kızgın değilim.
  (No, I am not angry with you any longer.)

E   **artık** can also mean *from now on* like **bundan sonra** or **bundan böyle**:

* Artık yeni kanunlar geçerli.
  (From now on, the new regulations are in place.)

* Yaşasın! Piyangoyu kazandım! Artık zenginim.
  (Yippee! I won the lottery! From now on, I am rich.)

ALIŞTIRMALAR

1 Fill in the conversation bubbles with the sentences below.

a) Hayır, hala uyuyorlar. b) Saat 12 ama Yeşim henüz gelmedi. c) Hayır, henüz gelmedi.

d) Artık seni sevmiyorum. e) Yaşasın! Piyangoyu kazandım. Artık zenginim.

Çocuklar uyandılar mı?

1....................
....

2. ....
....

3. ....
....

Patron burada mı?

4. ....
....

5. ....
....
....

2 Fill in the dialogues with the sentences below.

a) Hayır, henüz ulaşmadı. b) Evet, hala aynı şirkette çalışıyorum.

c) Hayır, hala uyuyor. d) Hayır, artık yapmıyoruz.

Dialogue-1

A: Kerem uyandı mı?

B: ....

Dialogue-2

A: Hala aynı şirkette mi çalışıyorsun?

B: ....

Dialogue-3

A: Her pazar maç yapıyor musunuz?

B: ....

Dialogue-4

A: Paketim ulaştı mı?

B: ....

ÜNİTE 50	daima, hep, her zaman, sürekli *(always)* asla, hiçbir zaman, katiyen, hiç *(never)*

A   **daima**, **her zaman** and **hep** mean *always, every time, forever, constantly*:

- Hande çok ünlü bir şarkıcıdır. Daima/Her zaman/Hep bir koruma ile dolaşır.
  (Hande is a very famous singer. She always wanders around with a bodyguard.)

- Daima/Her zaman/Hep kitap okur.
  (S/he always reads books.)

- Ben daima/her zaman/hep bir aktör olmak istedim.
  (I have always wanted to be an actor.)

- Bu şehir daima/her zaman/hep soğuktur.
  (This city is always cold.)

- İşe daima/her zaman/hep vaktinde gelirim.
  (I always come to work on time.)

- Seni daima/her zaman/hep seveceğim.
  (I will always love you.)
  (I will love you forever.)

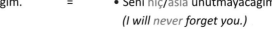

SENİ DAİMA SEVECEĞİM.

- Seni daima/her zaman/hep hatırlayacağım.   =   • Seni hiç/asla unutmayacağım.
  (I will always remember you.)   *(I will never forget you.)*
  (I will remember you forever.)

B   In the box on the right is an excerpt from a Turkish song called Hep Seveceğim. = *I Will Always Love.* 7 words out of 11 have almost the same meaning:

hiç durmadan = *non-stop, constantly*
ebediyen = *everlastingly*
daima = *always, forever*
mütemadiyen = *all the time*
ilelebet = *eternally*
ölene dek = *till death*
hep = *always*

> **Hiç durmadan, ebediyen**
> **Daima, mütemadiyen**
> **İlelebet, ölene dek**
> **Seni hep seveceğim.**
>
> *Constantly, everlastingly*
> *Forever, all the time*
> *Eternally, till death*
> *I will always love you.*
>
> (An except from the song **Hep Seveceğim** by Levent Yüksel. You may wish to listen to it on the internet.)

C   **her vakit** = *all the time, at all times*

- Eski sevgilim beni her vakit arıyor.   • Bu süpermarket her vakit açık.
  (My ex rings me all the time.)   *(This supermarket is open at all times.)*

D   **sürekli** = *constantly*

Although **sürekli** *(constantly)* can replace **daima** and **her zaman** in most cases, it specifically refers to regularly and repeatedly happening actions:

- Moda sürekli değişiyor.   • Kemal sürekli şikayet ediyor.
  (Fashion constantly changes.)   *(Kemal constantly complains.)*

✓ Seni daima/hep seveceğim.   ✗ Seni ~~sürekli~~ seveceğim.
   (I will always love you.)

E asla and katiyen mean *never, under any/no circumstances*. We use them in negative sentences to say that an action or a situation should not happen in any circumstances:

• Kapıyı asla/katiyen açma!
(Don't open the door under any circumstances!)

• Çocuklarımı asla/katiyen terketmem.
(I will never desert my children.)

• Ona asla/katiyen güvenme.
(Never trust him/her.)

• Ben asla/katiyen yalan söylemem.
(I never tell a lie.)

• Oğlum asla/katiyen ıspanak yemez.
(My son never eats spinach.)

F Like asla and katiyen, hiçbir zaman means *never, at no time*:

• Seni hiçbir zaman affetmeyeceğim.
(I will never forgive you.)

• Seni hiçbir zaman aldatmadım.
(I have never cheated on you.) or
(At no time have I cheated on you.)

• Onu hiçbir zaman üzmedim.
(I have never upset him/her.)

> Asla, asla vazgeçemem, senden asla
> Olamam ben sensiz
> Yapamam sevgisiz
> Asla, asla vazgeçemem, senden asla
> Olamam ben sensiz
> Yapamam kimsesiz
>
> *Never can I give you up, never*
> *Can't be without you*
> *Can't do without love*
> *Never can I give you up, never*
> *Can't be without you*
> *Can't be all alone.*
>
> (An excerpt from the song
> **Vazgeçemem** by Tarkan)

G In addition to its other meanings, hiç means *never* as well:

• Türkiye'ye hiç gitmedim.
(I have never been/gone to Turkey.)

• Çin yemeği hiç denemedim.
(I have never tried Chinese food.)

Please see Ünite-51 for further details on hiç.

A hiç means *never* like **asla**. It is the opposite of **her zaman, daima, sürekli, hep** which mean *always*:

- Buraya hiç yağmur yağmaz.
  (It never rains here.)

- Buraya her zaman yağmur yağar.
  (It always rains here.)

B When used in questions, hiç means **ever**:

- A: Hiç künefe yedin mi?
  (Have you ever eaten kunafah?)

  B: Hayır, hiç künefe yemedim.
  (No, I have never eaten kunafah.)

künefe

C In questions or negative statements, hiç means *any, (not)...at all*:

- A: Anne, ben çok hastayım. Hiç iyi değilim.
  (Mom, I am so ill. I am not well at all.)

  B: Tamam canım. İyileşeceksin.
  (OK, honey. You will get well.)

D When we want to avoid giving a full answer to a question, we just say **Hiç** *(Nothing.)*:

- A: Ne dedin? *(What did you say?)*   B: Hiç. *(Nothing.)*

E **hiç kimse** = *no one, nobody;*   **hiç yoktan** = *for no reason;*   **hiç değilse** or **hiç olmazsa** = *at least*

- A: Anne, aç değilim.
  (I am not hungry, mom.)

- Evde hiç kimse yok.
  (There is nobody at home.)

- Hiç yoktan kavga çıkardılar.
  (They picked a fight for no reason at all.)

  B: Hiç değilse, süt iç.
  (At least drink milk.)

ALIŞTIRMALAR

1 Fill in the blanks with the sentences below.

a) Hep kitap okur. b) ~~Daima zamanında gelir.~~ c) Her zaman buraya geliriz.

d) Ders çalışmam gerek. e) Hep aynı ceketi giyiyorsun.

1 Bu otobüs çok dakiktir. ....*Daima zamanında gelir*...... .

2 .... Galiba çok hoşuna gidiyor.

3 Bu restoran çok iyi yemekler yapar. ....

4 Nazlı kitap okumayı çok sever. ....

6 Lütfen her vakit beni arama. ....

2 Match 1-10 to their opposites in a-j.

1 Onları hiç yenemedik. [c] a) Burak beni sürekli arar.

2 Bebek hiç ağlamıyor. ☐ b) Seni hep aldattım.

3 Bana hiç hediye almaz. ☐ c) ~~Onları her zaman yendik.~~

4 Burak beni hiç aramaz. ☐ d) Ben daima emniyet kemeri takarım.

5 Ben hiç alkol almam. ☐ e) Sen hep tatile gidiyorsun.

6 Sen hiç tatile gitmiyorsun. ☐ f) O daima sigara içer.

7 O hiç sigara içmez. ☐ g) Ben her zaman alkol alırım.

8 Seni hiç aldatmadım. ☐ h) Biz her zaman ders çalışırız.

9 Ben hiç emniyet kemeri takmam. ☐ i) Bana hep hediye alır.

10 Biz hiç ders çalışmayız. ☐ j) Bebek hep ağlıyor.

3 Answer the questions to complete the dialogues.

Dialogue-1

A: İstanbul'a hiç gittin mi?

B: Hayır, ...

Dialogue-3

A: Hiç İngilizce anlıyor musun?

B: Hayır, ...

Dialogue-2

A: İngiltere'ye hiç gittin mi?

B: Evet, *İngiltere'ye gittim.*

Dialogue-4

A: Hiç lahmacun yedin mi?

B: Evet, ...

4 Fill in the blanks with hiç or her zaman.

Dialogue-1

A: Faruk'u tanıyor musun?

B: Hayır, onu .... tanımıyorum.

Dialogue-3

A: Hiç alkol alır mısın?

B: Hayır, ... alkol almam.

Dialogue-2

A: Ona güvenir misin?

B: Evet, ona .... güvenirim.

Dialogue-4

A: Seni hiç arar mı?

B: Evet, beni .... arar.

A   saniye = *second*   dakika = *minute*   saat = *hour*

- On dakika içinde ofiste olacağım.
  (I will be at the office in ten minutes.)

- Uçak iki saat sonra kalkacak.
  (The plane will take off two hours from now.)

- Bir dakikada 60 saniye var.
  (There are 60 seconds in a minute.)

- Bir saatte 60 dakika var.
  (There are 60 minutes in an hour.)

B   saniye and dakika commonly occur in spoken Turkish:

- Bir saniye.
  (Just a second.)

- Bir dakika.
  (Just a minute. / Just a moment.)

- Bir dakika lütfen.
  (Just a minute, please.)

- Bir saniye bekleyin.
  (Wait a second.)

- Bir saniye lütfen.
  (Just a second, please)

- Bir dakika bekleyin.
  (Wait a minute.)

> Bir saniye lütfen.

C   saniyesi saniyesine means *exactly on time, on the dot*:

- Program saniyesi saniyesine başladı.
  (The programme started on the dot.)

- Tren saniyesi saniyesine hareket etti.
  (The train left on the dot.)

D   Word combinations with dakika and saat:

son dakika = *last minute, breaking news*
saat başı = *every hour on the hour*
çay saati/vakti = *teatime*
çalar saat = *alarm clock*
kol saati = *watch*

dakika başı = *every minute, frequently*
yerel saat = *local time*
saat farkı = *time difference*
duvar saati = *wall clock*
mesai/çalışma *saati* = *working hour*

> son dakika!

- Otobüsler hafta içi dakika başı geçer.
  (Buses pass by/run every minute on weekdays.)

- İstanbul'a saat başı bir tren var.
  (There is a train to İstanbul every hour on the hour.)

- Şimdi çay saati/vakti.
  (It is teatime now.)

- Yeni bir çalar saat aldım.
  (I bought a new alarm clock.)

- Bu iş yerinde çalışma saatleri esnektir.
  (Working hours are flexible at this workplace.)

> Çalışma Saatleri
> Pazartesi – Cumartesi
> 09:00 – 20:00

kol saati   çalar saat   duvar saati

E gün means *day*:

- Her gün tenis oynarım.
  (I play tennis every day.)

- Metin bütün gün televizyon seyreder.
  (Metin watches the television all day.)

- Gün daha bitmedi.
  (The day hasn't finished yet.)

Metin bütün gün televizyon seyreder.

We generally use the word **günü** with days of the week, although it is optional:

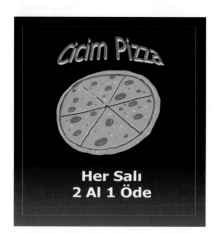

pazartesi günü	*Monday*
salı günü	*Tuesday*
çarşamba günü	*Wednesday*
perşembe günü	*Thursday*
cuma günü	*Friday*
cumartesi günü	*Saturday*
pazar günü	*Sunday*

Pazar günü sinemaya gidiyoruz.
(We are going to the cinema on Sunday.)

F The first letter of the day is capitalised only when there is a specific date in the sentence:

- 20 Nisan Cuma günü tatile gidiyoruz.
  (We are going on holiday on Friday, 20 April.)

G gün takes the suffix **-dür** to say how many days something lasts or continues:

bir gündür = *for a day*   **iki gündür** = *for two days*   **üç gündür** = *for three days*

- Ayşe üç gündür hasta.
  (Ayşe has been ill for three days.)

- İki gündür elektrik yok.
  (There has been no electricity for two days.)

H **günlerdir** means for days and it tells us the action has been happening continuously *for days*. Hence, the verb is usually in the present continuous tense *(-yor)*:

- Günlerdir yağmur yağıyor.
  (It has been raining for days.)

- Günlerdir beni aramıyor. Neden acaba?
  (S/he hasn't called me for days. I wonder why?)

I Like **günlerdir**, **günlerce** means *for days*. However, it tells us that an action happened continuously in the past. Hence, the verb is usually in the simple past tense:

- Festival çok güzeldi. Kutlamalar günlerce sürdü.   X Kutlamalar g̶ü̶n̶l̶e̶r̶d̶i̶r̶ sürdü.
  (The festival was very good. The celebrations lasted for days.)

- Festival çok güzel. Kutlamalar günlerdir sürüyor.   X Kutlamalar g̶ü̶n̶l̶e̶r̶c̶e̶ sürüyor.
  (The festival was very good. The celebrations have been lasting for days.)

J **son günlerde** means *in recent days, recently, lately*:

- Son günlerde çok mutsuz görünüyorsun.
  (You look so unhappy in recent days/lately.)

- Son günlerde dolar çok yükseldi.
  (The dollar has gone up in recent days/lately.)

A

hafta means *week*:

bu hafta = *this week*   **geçen hafta** = *last week*
gelecek hafta = *next week*   **her hafta** = *every week*

- A: Honda servisi. Buyrun.
  (Honda service/garage. How can I help?)

- B: Bu hafta arabamı servis için getirebilir miyim?
  (Can I bring my car in for a service this week?)

- A: Üzgünüm ama bu hafta çok yoğunuz.
  (I am sorry, but we are very busy this week.)

- A: Peki. Gelecek hafta müsait misiniz?
  (OK. Are you available next week?)

- B: Evet, gelecek hafta müsaitiz.
  (Yes, we are available next week.)

B

haftada bir means *once a week*:

- Haftada bir yüzerim.   • Haftada bir buluşuruz.   • Ali'yi ancak haftada bir görürüm.
  (I swim once a week.)   *(We meet once a week.)*   *(I see Ali just once a week.)*

We can also say **haftada iki kez/üç kez/dört kez...** *(twice a week, three times a week, four times a week ...)*:

- Haftada iki kez badminton oynarlar.
  (They play badminton twice a week.)

- **kez** and **kere** mean the same: beş kez/kere = *five times*

C

haftalardır means *for weeks*:

- Haftalardır yağmur yağıyor.   • Betül haftalardır benimle konuşmuyor.
  (It has been raining for weeks.)   *(Betül hasn't talked to me for weeks.)*

- Bu yol haftalardır kapalı.
  (This road has been closed for weeks.)

D

We can also say:

hafta arası = *midweek*   **hafta başı** = *at the beginning of the week*
hafta sonu = *weekend* or *at the weekend*   **hafta içi** = *weekday* or *on weekdays, during the week*

- Hafta içi sana uğrayacağım.   • Bu hafta sonu pikniğe gidiyoruz.
  (I will call on you during the week.)   *(We are going on a picnic this weekend.)*

ALIŞTIRMALAR

1 Complete the sentences with the phrases in the box.

a) dakika başı	b) haftalardır	c) saniyesi saniyesine	d) çalar saat	e) duvar saati
f) haftada bir	g) bütün gün	h) mesai saati	i) dakika	j) haftada iki kez

1 Beş .... *dakika* .... içinde ofiste olacağım.

2 Otobüs .... hareket etti.

3 Buradan .... minibüs geçer. Biraz bekleyin.

4 Remzi bana bir .... hediye etti. Artık geç kalkmıyorum.

5 Bu işyerinde .... 08:00-17:00.

6 Pazartesi ve çarşamba günleri havuza giderim. Yani .... yüzerim.

7 Bu salon için bir .... almalıyız.

8 Çocuklar .... oyun oynadılar. Şimdi ders çalışmalılar.

9 Nilay her cuma günü beni arar. Yani .... telefonda konuşuruz.

10 Bu yolda ....yol çalışması var.

2 Translate the sentences into English.

1 Günlerdir kar yağıyor. .... *It has been snowing for days* ....

2 Burada haftalardır yol çalışması var. ....

3 Defne günlerdir internete girmiyor. ....

4 Ahmet günlerdir evde. Dışarı çıkmıyor. ....

5 Bu hafta çok yoğunum. ....

6 Her hafta sinemaya giderim. ....

7 Geçen hafta hastaydım. ....

8 Bir haftada yedi gün var. ....

9 Gelecek hafta tatile gidiyoruz. ....

10 Haftada iki kez maç yaparız. ....

DİKKAT!
YOL ÇALIŞMASI

A   **sabah** means *morning*:

bu sabah = *this morning*

yarın sabah = *tomorrow morning*

her sabah = *every morning*

- Bu sabah Fatma'yı gördüm.
  (I saw Fatma this morning.)
- Yarın sabah İzmir'e uçuyorum.
  (I am flying to İzmir tomorrow morning.)
- Her sabah yüzerim.
  (I swim every morning.)

B   **sabahları** means "all mornings" and refers to an action done *every morning* or *in the morning*. It is generally used in the present simple tense:

Sabahları erken kalkarım.

Sabahları kahvaltı yaparım.

- Sabahları erken kalkarım.
  (I wake up early every morning.)

- Sabahları kahvaltı yaparım.
  (I have breakfast every morning.)

C   **sabahleyin** means *in the morning*. We can use it for past or future action. Unlike **sabahları**, it rarely occurs in the present simple tense:

- Sabahleyin yola çıkacağız.
  (We will set out in the morning.)

  X Sabahları yola çıkacağız.

- Sabahleyin eve vardık.
  (We arrived home in the morning.)

  X Sabahları eve vardık.

D   **sabahtan beri** means *since (this) morning*:

- Sabahtan beri burada bekliyorum.
  (I have been waiting here since morning.)

- Adam sabahtan beri arıyor.
  (The man has been calling since morning.)

Note that the Turkish verb is in present continuous tense (**-yor**) while the English translation is in the present perfect continuous tense (*have/has been doing*). The English translation is affected due to the presence of **beri** *(since)* which indicates an ongoing action from a time in the past until now.

E   **sabaha kadar** means *till morning*:

- Sabaha kadar ağladım.
  (I cried till morning.)

- Sabaha kadar televizyon seyrettik.
  (We watched television till morning.)

F   **sabaha** means *by morning*. We usually use it with present simple verbs:

- A: Ne zaman varırlar?
  (When will they arrive?)

  B: Sabaha varırlar.
  (They will arrive by morning.)

This is a good example for a present simple verb telling us of a future action.

We could also use the future tense with no change in meaning:

- A: Ne zaman varacaklar?
  (When will they arrive?)

  B: Sabaha varacaklar.
  (They will arrive by morning.)

G öğle (also öğlen) means *noon*. It usually occurs in the following word combinations:

öğle arası/tatili/paydosu = *lunch break*   **öğle vakti** = *midday*
öğle uykusu = *siesta*   **öğle yemeği** = *lunch*

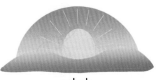
sabah

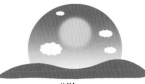
öğle

akşam

- İspanya'da öğle uykusu çok popülerdir.
  (Siesta is very popular in Spain.)

H We can also add suffixes to öğle to say:

öğleden beri = *since midday*   **öğleye/öğlene kadar** = *till midday*
öğleye = *by midday*

- Nazlı öğleye kadar uyudu.
  (Nazlı slept till midday.)

- Öğleden beri elektrik yok.
  (There is no electricity since midday.)

- Öğleye burada olurlar.
  (They will be here by midday.)

Nazlı **öğleye kadar** uyudu.

I öğleden önce means *before midday, a.m.* :

- Bu ödevi öğleden önce bitirmeliyim.
  (I have to finish this homework before midday/lunch time.)

öğleden önce and **öğleden evvel** are used interchangably.

J öğleden sonra means *in the afternoon, p.m.* :

- A: Program ne zaman başlıyor?
  (When is the programme starting?)

  B: Program öğleden sonra başlıyor.
  (The programme is starting in the afternoon.)

- Öğleden sonra buluştuk.
  (We met in the afternoon.)

- Bu öğleden sonra Türkiye'ye uçuyorum.
  (I am flying to Turkey this afternoon.)

A akşam means *evening*:

bu akşam = *this evening, tonight*
yarın akşam = *tomorrow evening*
her akşam = *every evening/night*

- Pelin : Bu akşam sinemaya gidiyoruz.
    (We are going to the cinema tonight.)

  Berna : Ben de geliyorum.
    (I am coming too.)

- Eşim ve ben her akşam film seyrederiz.
  (My wife and I watch a film every evening/night.)

- Yarın akşam size geliyoruz.
  (Tomorrow evening we are coming to your place.)

B akşam and akşamleyin can function as adverbs and tell us that the action takes place *in the evening*:

- Akşamleyin/Akşam ne yapıyorsun?
  (What are you doing in/for the evening.)

C akşamları means 'all evenings' and it informs us of a habit or action that happens *every evening/night*.

- Akşamları erken yatarım.
  (I go to bed early every evening/night.)

D akşamdan beri means *since evening*:

- Akşamdan beri internet yok.
  (There is/has been no internet since evening.)

E akşama kadar means *till evening*:

- Çocuklar akşama kadar top oynadı.
  (The kids played football till evening.)

F akşama means *by evening*:

- Yemek akşama hazır olacak.
  (The food will be ready by evening.)

G We can also say:

akşama doğru = *towards evening*   **akşam üzeri** = *nightfall*
akşamı bulmak = *to last till evening*   **akşama kadar** = *until evening*

ALIŞTIRMALAR

1 Complete the sentences with the words in the box.

a) sabaha	b) sabahtan	c) sabah	d) sabahleyin	e) sabahları

1 Ben ve annem ...... *sabahları* .... yürüyüş yaparız.

2 Cengiz her .... gazete alır.

3 .... havuza gittim.

4 .... kadar ders çalıştılar.

5 .... beri toplantıdalar.

2 Complete the sentences with the words in the box.

a) öğleye	b) öğleden	c) kadar	d) önce	e) öğle

1 Bu fabrikada .... *öğle* .... tatili saat 12 ile 1 arasındadır.

2 .... kadar okulda olacağım.

3 Öğleye .... çalışıyorum.

4 .... sonra bir randevum var.

5 Patron öğleden .... buradaydı.

3 Complete the sentences with the words in the box.

a) akşama	b) akşam	c) yarın	d) üzeri	e) akşamları

1 Sezgin her .... *akşam* .... film seyreder.

2 .... akşam Ankara'ya uçuyorum.

3 Nuray .... çok kitap okur.

4 Çocuklar .... kadar top oynadılar.

5 Cenk'le akşam .... buluştuk.

4 Put the following words in the correct order.

1 okula / önce / gittim / öğleden — *Öğleden önce okula gittim* ....

2 sabahları / yaparız / yürüyüş — ....

3 sinemaya / sonra / gidiyoruz / öğleden — ....

4 akşam / yarın / Keremgile / gidiyoruz. — ....

5 sabah / Metin / her / yüzer. — ....

6 öğle / saat / arası / 12'de / başlar — ....

7 gitmiyorum / bu / akşam / partiye — ....

A

gündüz means *daytime, daylight* – the period of time when it is light outside. It is the opposite of **gece**:

gündüz işi = *daytime job*	**gece işi** = *night-time job*
gündüz aktiviteleri = *daytime activities*	**gece aktiviteleri** = *night-time activities*

B

As an adverb, **gündüz** means
during the day, by day, in the daytime, by daylight:

• Berna: Gündüz sana uğrayacağım.
 (I will pop into your place during the day.)

Suzan: Gündüz müsait değilim. Çalışıyorum.
 (I am not available during the day. I am working.)

Berna: Akşam müsait misin?
 (Are you available in the evening?)

Suzan: Evet müsaitim.
 (Yes, I am available.)

Berna: Tamam. Görüşürüz.
 (OK. See you.)

-Note that we can't say **gündüzde**:

 ✓ Gündüz yola çıkacağız.   ✗ Gündüzde yola çıkacağız.
  (We will set off by daylight.)

> Gündüz sana uğrayacağım.
>
> Gündüz müsait değilim. Çalışıyorum.
>
> Akşam müsait misin?
>
> Evet müsaitim.
>
> Tamam. Görüşürüz.

C

We can also use **gündüzleri** instead of **gündüz**.

• Gündüzleri evdeyim ama geceleri çalışıyorum.
 (I am at home during the day but I work at night/every night.)

• Annem gündüzleri evde.
 (My mother is at home during the day.)

• Çocuklar gündüzleri okulda.
 (The kids are at school during the day.)

D

gündüz gözüyle means *by daylight, in broad daylight*:

• Gündüz gözüyle adam kaçırıyorlar!
 (They are kidnapping a man by daylight/in broad daylight.)

• Şimdi yatalım. Bunu gündüz gözüyle halledebiliz.
 (Let us go to bed now. We can sort this out by daylight.)

güpegündüz is similar in meaning to **gündüz gözüyle**.

> Gündüz gözüyle adam kaçırıyorlar!

E As a noun, **gece** means *night*. It is the opposite of **gündüz**:

bu gece = *tonight*
dün gece = *last night*
yarın gece = *tomorrow night*

o gece = *that night*
geçen gece = *the other night*
her gece = *every night*

• O gece çok korktum.
  (I was so scared that night.)

• İstanbul'da iki gece kaldık.
  (We stayed for two nights in İstanbul.)

• Geceyi nerede geçirdin?
  (Where did you spend the night?)

• Geçen gece onu sinemada gördüm.
  (I saw him/her at the cinema the other night.)

• Yarın gece Ankara'ya uçuyorum.
  (I am flying to Ankara tomorrow night.)

• Her gece dua ederim.
  (I pray every night.)

• Dün gece erken yattım.
  (I went to bed early last night.)

Yıldız Otel

*****
6 Gece 7 Gün
Kişi başı sadece
600 TL
Hemen Arayın!
02121234567

F As an adverb, describing the verb, **gece** means *at night*. Note that we can't say **gecede**:

• Ben gece geç uyurum.
  (I sleep late at night.)

✓ Gece çok soğuk olacak.
  (It will be very cold at night.)

• Gece dışarı çıktılar.
  (They went out at night.)

X Gecede çok soğuk olacak.

G We can also use **geceleyin** or **geceleri** instead of **gece** to say that an action is done *every night*:

• Geceleyin/Geceleri kitap okurum.
  (I read books at night.)

• Bebek geceleri ağlıyor.
  (The baby cries at night/every night.)

• Geceleyin/Geceleri televizyon seyretmem.
  (I don't watch television at night.)

H We can also say:

geceliği = *per night*
tüm/bütün gece/gece boyunca = *all night*
gecenin bu vaktinde = *at this time of night*
iyi bir gece uykusu = *a good night's sleep*
gece gündüz = *day and night*
İyi geceler. = *Good night.*

Bu süpermarket gece gündüz açık.

A   dün = *yesterday*   bugün = *today*   yarın = *tomorrow*

Salı   Çarşamba   Perşembe

- Dün kar yağdı.
  (It snowed yesterday.)

- Bugün yağmur yağıyor.
  (It is raining today.)

- Yarın kar yağacak.
  (It will snow tomorrow.)

B   We use the simple past tense in sentences made with **dün**, as it refers to actions or situations that took place *yesterday*:

- Patron : Dün işe neden gelmedin?
  (Why didn't you come to work yesterday?)

  İşçi   : Hastanedeydim.
  (I was in hospital.)

- Patron : Neden?
  (Why)

  İşçi   : Küçük bir kaza geçirdim.
  (I had a minor accident.)

C   We can use almost every tense with **bugün**, depending on when the action or situation takes/took place:

- Bugün çok mutluyum. Çünkü bugün benim doğum günüm.
  (I am so happy today. For today is my birthday.)

- Çok endişeliyim. Bugün çok zor bir sınavım var.
  (I am so nervous. I have a very difficult exam today.)

- A: Ne zaman uçacaksın?
  (When are you going to fly?)

  B: Bugün uçacağım.
  (I am going to fly today.)

D   We generally use the future tense with **yarın**, however it is common to use the simple present tense to refer to actions that will happen *tomorrow*:

- A: Ne zaman gelecekler?
  (When will they come?)

- A: Bunu ne zaman bitirirsin?
  (When will you finish this?)

  B: Yarın gelecekler.
  (They will come tomorrow.)

  B: Yarın bitiririm.
  (I will finish it tomorrow.)

ALIŞTIRMALAR

1 Complete the dialogues with the questions below.

a) Hakan bugün işe neden gelmedi?

b) Sevgi ne zaman geldi?

c) ~~Ne zaman vardınız?~~

d) Projeyi ne zaman bitirdiniz?

e) Ne zaman aldın?

f) Bu otelin geceliği ne kadar?

g) Dün ne yaptın?

h) Bu akşam tiyatroya gidelim mi?

i) Fenerbahçe ne zaman oynayacak?

j) Selim gündüzleri ne yapar?

Dialogue-1

A: _Ne zaman vardınız_ ?

B: Dün vardık.

Dialogue-2

A: ....?

B: Dün akşam geldi.

Dialogue-3

A: Bu çok güzel bir ceket. ....?

B: Bugün aldım.

Dialogue-4

A: ....?

B: Ders çalıştım.

Dialogue-5

A: ....?

B: Çünkü kaza geçirdi.

Dialogue-6

A: ....?

B: Bugün oynayacak.

Dialogue-7

A: ....?

B: Dün gece bitirdik.

Dialogue-8

A: ....?

B: Genellikle evde televizyon seyreder.

Dialogue-9

A: ....?

B: Hayır, gitmeyelim. Çok yorgunum.

Dialogue-10

A: ....?

B: Tek kişilik oda 90 TL.

2 Put the following word into the correct order.

1 akşam / yarın / Mithat / geliyor / buraya

2 geçen / bizim / hırsız / gece / eve / girdi

3 Caner / horlar / geceleri / çok

4 müsait / bugün / değilim

5 kitap / babam / akşam / okur / her

6 Antalya'da / gece / üç / kaldık

7 bizim / parti / evde / bugün / var

8 ne / bu / gecenin / saatinde / yapıyorsun

Mithat yarın akşam buraya geliyor .
....
....
....
....
....
....
.... ?

A   Let's familiarise ourselves with the following words before learning how to tell the time in Turkish:

bir = *one*	**iki** = *two*	**üç** = *three*	**dört** = *four*	**beş** = *five*	**altı** = *six*
yedi = *seven*	**sekiz** = *eight*	**dokuz** = *nine*	**on** = *ten*	**on bir** = *eleven*	**on iki** = *twelve*

tam = *exactly, on the dot of*   **çeyrek** = *a quarter*   **buçuk/yarım** = *half*
var = *to*   **geçiyor** = *past*

B   If the clock indicates that the time is on the hour, we simply say the numeral related to the hour.
Fraction words like **çeyrek** *(a quarter)* and **buçuk** *(half)* follow the numeral indicating the hour:

- A: Saat kaç? *What time is it?*
  B: (Saat) beş. *It's five.*
- A: Saat kaç? *What time is it?*
  B: (Saat) on iki. *(It's twelve.)*
- A: Saat kaç? *What time is it?*
  B: (Saat) dokuz buçuk. *It's half past nine.*

As seen above, we may omit the word **Saat** in the answer when telling the time.

C   We use **var** *(there is/are)* after the minute to say *it's ... to ...* . The numeral indicating the hour takes the suffix of **-e/-a**:

Structure: hour + -e/-a + minute + var

Üç-e   **on**   **var.** *(It's ten to three.)*   **Dokuz-a**   **çeyrek**   **var.** *(It's a quarter to nine.)*

three to   ten (minutes)   there are   nine   to   quarter   there is

The logic behind this structure is to indicate how many minutes are left for the hour. That's why we use the word **var**, which literally means *there is/are*. Read the English words in the examples above, in reverse order.

D   We use **geçiyor** after the minute to say *It's ... past ...* . The numeral indicating the hour takes the suffix of **-i/-ı/-u/-ü**:

Structure: hour + -i/-ı/-u/-ü + minute + geçiyor

On-u   **beş**   **geçiyor.** *(It's five past ten.)*   **Beş-i**   **çeyrek**   **geçiyor.** *(It's a quarter past five.)*

ten accusative five (minutes) past   nine accusative quarter past

E   To say at *what time / when an action takes/took place*, we use the locative suffix of **-de/-da/-te/-ta**:

saat birde = *at 1 o'clock*   **saat onda** = *at 10 o'clock*
saat üçte = *at 3 o'clock*   **saat dokuzda** = *at 9 o'clock*

- Maç saat yedide başlayacak.
  (The match will start at seven o'clock.)
- Metin saat sekizde kalkar.
  (Metin wakes up at eight o'clock.)

Tell the time in words.

1 A: Saat kaç?
  B: *Saat üç* ....

2 A: Saat kaç?
  B: ....

3 A: Saat kaç?
  B: ....

4 A: Saat kaç?
  B: ....

5 A: Saat kaç?
  B: ....

6 A: Saat kaç?
  B: ....

7 A: Saat kaç?
  B: ....

8 A: Saat kaç?
  B: ....

9 A: Saat kaç?
  B: ....

10 A: Saat kaç?
   B: ....

11 A: Saat kaç?
   B: ....

12 A: Saat kaç?
   B: ....

13 A: Saat kaç?
   B: ....

14 A: Saat kaç?
   B: ....

15 A: Saat kaç?
   B: ....

A

To say at *what time / when an action takes/took place*, we add the locative suffix of **-de/-da/-te** to the hour:

saat birde = *at one o'clock*   **saat onda** = *at ten o'clock*
saat üçte = *at three o'clock*   **saat dokuzda** = *at nine o'clock*

Saat sekizde kalkarım.

- Maç saat yedide başlayacak.
  (The match will start at seven o'clock.)

- Saat sekizde kalkarım.
  (I get up at eight o'clock.)

- Her gün saat onda yatarım.
  (I go to bed at ten o'clock every day.)

B

If we want to state the minutes *past* the hour, then we have two options:

1) hour + minutes + **-de/-da/-te**

beş   yirmi-de

five   twenty   at

Film saat kaçta başlayacak?

Film saat beş yirmide başlayacak.

Saat	Film
17:20	Yedi Gün

GİŞE

- A: Film saat kaçta başlayacak?
    (What time will the film begin?)

  B: Film saat beş yirmide başlayacak.
    (The film will begin at five twenty.)

2) hour + minutes + **-i/-ı/-u/-ü** + **geçe**

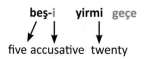

beş-i   yirmi   geçe

five accusative twenty

- Pizza beşi yirmi geçe gelecek.
  (The pizza will come at twenty past five.)

C

If we want to state the minutes remaining *to* the hour, then we use **kala** *(remaining)* after the minute. In this case, we add the suffix of **-e/-a** to the numeral indicating the hour:

3) hour + **-e/-a/** + minutes + **kala**

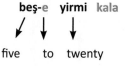

beş-e yirmi kala

five   to   twenty

Maç saat kaçta başlayacak.

Maç saat beşe yirmi kala başlayacak.

- A: Maç saat kaçta başlayacak?
    (What time will the match begin?)

  B: Maç saat beşe yirmi kala başlayacak.
    (The match will begin at twenty to five.)

ALIŞTIRMALAR

1 Answer the questions using the hours in brackets.

Dialogue-1

A: Ankara uçağı saat kaçta inecek?

B: *Ankara uçağı saat sekizde inecek* . (08:00)

Dialogue-2

A: Her gün saat kaçta kalkarsın?

B: .... (07:30)

Dialogue-3

A: Otobüs saat kaçta gelecek?

B: .... (10:00)

Dialogue-4

A: Yemek saat kaçta gelecek?

B: .... (12:00)

Dialogue-5

A: Konferans saat kaçta bitecek?

B: .... (10:50)

Dialogue-6

A: Program saat kaçta başlayacak?

B: .... (10:20)

Dialogue-7

A: Çocuklar saat kaçta kalktılar?

B: .... (09:30)

Dialogue-8

A: Film saat kaçta bitti?

B: .... (01:45)

Dialogue-9

A: Özge saat kaçta aradı?

B: .... (04:50)

Dialogue-10

A: Saat kaçta yatacaksın?

B: .... (10:30)

2 Put the following words into the correct order.

1 saat / gelecek / sekizde / Fikret ....

2 dokuzda / yattı / saat / babam ....

3 yarış / saat / başlayacak / birde ....

4 konser / bitti / saat / on ikide ....

5 saat / uçak / üçte / kalktı ....

3 Match 1-10 to a-j.

1	saat altıyı yirmi geçe	☑	a)	at a quarter to four
2	saat dokuzda	☐	b)	at twenty to two
3	saat beşi on geçe	☐	c)	at a quarter past six
4	saat onbire beş kala	☐	d)	at twelve o'clock
5	saat altıyı çeyrek geçe	☐	e)	at nine o'clock
6	saat ikiye yirmi kala	☐	f)	at five to eleven
7	saat onu beş geçe	☐	g)	at ten past five
8	saat on ikide	☐	h)	at twenty past six
9	saat dörde çeyrek kala	☐	i)	at five to seven
10	saat yediye beş kala	☐	j)	at five past ten

A The genitive case is the case that marks a noun as being the possessor of another noun. In Turkish, both the possessor and the possessed carry markers to indicate a possessive relationship:

Personal Pronouns		Possessive Adjectives	
ben	*I*	benim	*my*
sen	*you*	senin	*your*
o	*he/she/it*	onun	*his/her/its*
biz	*we*	bizim	*our*
siz	*you*	sizin	*your*
onlar	*they*	onların	*their*

Bu oyuncak benim.

Hayır, bu oyuncak benim.

B

Possessive Adjectives	Case markers after a consonant	Case markers after a vowel
benim	-im/-ım/-um/-üm	-m
senin	-in/-ın/-un/-ün	-n
onun	-i/-ı/-u/-ü	-si/-sı/-su/-sü
bizim	-imiz/-ımız/-umuz/-ümüz	-miz/-mız/-muz/-müz
sizin	-iniz/-ınız/-unuz/-ünüz	-niz/-nız/-nuz/-nüz
onların	-i/-ı/-u/-ü or -leri/-ları	-si/-sı/-su/-sü or -leri/-ları

Benim adım Serdar. Senin adın ne?

Benim adım Nihat.

ev = *house*		ad = *name*	
benim evim	*my house*	benim adım	*my name*
senin evin	*your house*	senin adın	*your name*
onun evi	*his/her/its house*	onun adı	*his/her/its name*
bizim evimiz	*our house*	bizim adımız	*our name*
sizin eviniz	*your house*	sizin adınız	*your name*
onların evi	*their house*	onların adı	*their name*
okul = *school*		**düğün** = *wedding*	
benim okulum	*my school*	benim düğünüm	*my wedding*
senin okulun	*your school*	senin düğünün	*your wedding*
onun okulu	*his/her school*	onun düğünü	*his/her wedding*
bizim okulumuz	*our school*	bizim düğünümüz	*our wedding*
sizin okulunuz	*your school*	sizin düğününüz	*your wedding*
onların okulu	*their school*	onların düğünü	*their wedding*

The examples above indicate that in addition to the possessive adjectives (e.g. **benim** = *my*) we should add case markers to the word possessed as well, as in **okulum** (i.e. **-um** indicates that the possessor is the first singular person, **benim** = *my*).

C We don't necessarily have to use the possessive adjectives **benim**, **senin**, etc. because we are already using case markers at the end of the word possessed:

- Benim adım Ali. or
  Adım Ali.
  (My name is Ali.)

- Bizim okulumuz çok güzel. or
  Okulumuz çok güzel.
  (Our school is very good.)

ALIŞTIRMALAR

1 Fill in the speech bubbles with the possessive phrases below.

a) benim kedim   b) senin kedin   c) onun kedisi

d) bizim kedimiz   e) ~~sizin kediniz~~   f) onların kedisi

1. sizin kediniz
2. ....
3. ....
4. ....
5. ....
6. ....

2 Put the following words in the correct order.

1 bu / arabam / benim
   Bu benim arabam ....

2 Türkiye / memleketin / senin
   ....

3 çok güzel / eviniz / sizin
   ....

4 onun / çok yaramaz / çocuğu
   ....

5 benim / takımım / favori / Arsenal'dir
   ....

6 çok güzel / evi / onun
   ....

7 evi / Ankara'da / onların
   ....

8 okulumuz / bizim / çok uzak
   ....

9 çantası / onun / çok pahalı
   ....

10 nerede / biletim / benim
   .... ?

A The genitive case is the case that marks a noun as being the possessor of another noun. In Turkish, both the possessor and the possessed carry markers to indicate a possessive relationship:

a) okul**un** ad**ı**

the possessor *(school's)* — the possessed *(name)*

b) Kerem'**in** kalem**i**

the possessor *(Kerem's)* — the possessed *(pencil)*

Kerem'in kalemi yerde.

Okulun adı Fatih İlköğretim Okulu.

As you can see from the example (b) above, in Turkish both the possessor (Kerem) and the posssessed (kalem) take genitive case markers. In English, only the possessor takes a case marker *('s)*.

B Remember:

Possessive Adjectives	Case markers after a consonant	Case markers after a vowel
benim	-im/-ım/-um/-üm	-m
senin	-in/-ın/-un/-ün	-n
onun	-i/-ı/-u/-ü	-si/-sı/-su/-sü
bizim	-imiz/-ımız/-umuz/-ümüz	-miz/-/-mız/-muz/-müz
sizin	-iniz/-ınız/-unuz/-ünüz	-niz/-nız/-nuz/-nüz
onların	-i/-ı/-u/-ü or -leri/-ları	-si/-sı/-su/-sü or -leri/-ları

C As you can see from the table presented above, if the word indicating the possessor ends in a consonant, then we add **-in/-ın/-un/-ün**.

Ahmet'**in** bisiklet**i** = *Ahmet's bicycle*
Umut'**un** araba**sı** = *Umut's car*

Pınar'**ın** elbise**si** = *Pınar's dress*
Betül'**ün** ev**i** = *Betül's house*

- Ahmet'**in** bisiklet**i** bozuk.
  (Ahmet's bicycle is broken.)

- Umut'**un** araba**sı** çok güzel.
  (Umut's car is so beautiful.)

Ahmet'in bisikleti bozuk.

- Pınar'**ın** elbise**si** muhteşem.
  (Pınar's dress is wonderful.)

- Betül'**ün** ev**i** Kadıköy'de.
  (Betül's house is in Kadıköy.)

Pınar'ın elbisesi muhteşem.

D With reference to the table above, if the word indicating the possessor ends in a vowel, then we add **-nin/-nın/-nun/-nün**. In other words, we insert the buffer letter **-n-** between the two vowels to create harmony:

Ali'**nin** kardeş**i**
(Ali's brother/sister)

Leyla'**nın** arkadaş**ı**
(Leyla's friend)

Duygu'**nun** yeni telefon**u**
(Duygu's new phone)

Ülkü'**nün** iş**i**
(Ülkü's job)

- Ali'**nin** kardeş**i** çok hasta.
  (Ali's brother is so poorly.)

- Leyla'**nın** arkadaş**ı** dışarıda bekliyor.
  (Leyla's friend is waiting outside.)

- Duygu'**nun** yeni telefon**u** çok pahalı.
  (Duygu's new phone is very expensive.)

- Ülkü'**nün** iş**i** çok sıkıcı.
  (Ülkü's job is so boring.)

E We use the question word **kimin** *(whose)* to ask who something belongs to:

A: Bu kimin arabası? *(Whose car is this?)*   B: Ahmet'in arabası. *(Ahmet's car.)*

ALIŞTIRMALAR

1 Add possessive case markers to the words below.

1 bilgisayar*ın* kablo*su*

2 Faruk'..... ayakkabı.....

3 amcam..... ev.....

4 Elif'..... baba.....

5 okul..... ad.....

6 Yaşar'..... kalem.....

7 kart..... şifre.....

8 ev..... adres.....

9 otel..... ad.....

10 Suzan'..... telefon.....

11 annem..... yemekler.....

12 İzmir'..... nüfus.....

13 Marmaris'..... hava.....

14 Melih'..... gitar.....

15 otel..... adres.....

16 Erdem'..... kardeş.....

17 çay..... koku.....

18 Elif'..... bisiklet.....

19 çocuklar..... okul.....

20 Kemal'..... ceket.....

2 Add possessive case markers to the words below.

1 Türkiye'*nin* nüfus*u*

2 İngiltere'..... hava.....

3 Ayşe'..... araba.....

4 Duygu'..... okul.....

5 cami..... minare.....

6 cadde..... ad.....

7 kapı..... şifre.....

8 araba..... yaş.....

9 Ali'..... Türkçe.....

10 telefon..... marka.....

11 Londra'..... nüfus.....

12 Hatice'..... saat.....

13 Arda'..... arkadaş.....

14 banka..... ad.....

15 Burcu'..... elbise.....

16 villa..... adres.....

17 mağaza..... ad.....

18 dünya..... nüfus.....

19 Berna'..... amca.....

20 daire..... fiyat.....

3 Fill in the blanks with possessive case markers.

1 Ayşe'*nin* arabası çok güzel.

2 Burcu'nun elbise........ muhteşem!

3 Marmaris'in hava........ harika!

4 Elif'........ bisikleti bozuk.

5 Yaşar'ın kalem........ çok güzel.

6 Suzan'ın telefon........ nerede?

7 Ev........ adresi aklımda değil.

8 Ali'nin kardeş........ çok çalışkan.

9 O okul........ adı ne?

10 Arkadaşının ev........ nerede?

11 Kerem'........ oyuncağı masanın üzerinde.

12 Otel........ adresi nedir?

A

için means *for* and follows the noun it indicates:

> Mehmet için = *for Mehmet*   çocuklar için = *for kids*
>
> annem için = *for my mother*   şirket için = *for the company*

Bu mağazada öğrenciler için indirim var.

- Mehmet için bir hediye aldım.
  (I bought a present for Mehmet.)

- Bu mağazada öğrenciler için indirim var.
  (There is a discount for students at this shop.)

- Bu oyun çocuklar için.
  (This game is for kids.)

- Şirket için çalışıyoruz.
  (We are working for the company.)

B

için follows the words **benim**, **senin**, **onun**, etc. to form the phrases below:

> benim için = *for me*   onun için = *for him/her/it*   sizin için = *for you*
>
> senin için = *for you*   bizim için = *for us*   onlar için = *for them*

- Ayşe bizim için kahve yapıyor.
  (Ayşe is making coffee for us.)

- Herkes onun için bekliyor.
  (Everybody is waiting for him/her.)

- Sizin için bir paket var.
  (There is a parcel for you.)

- Takımımız bugün oynuyor. Onlar için dua ediyoruz.
  (Our team is playing today. We are praying for them.)

C

We can make phrases like **bunun için** = *because of this, so* and **onun için** = *because of that, so*:

- Akü bitmiş. Onun/Bunun için araba çalışmıyor.
  (The battery has run out. So/Because of that, the car is not working.)

D

için also means *about*:

- Bu teklif için ne düşünüyorsun?
  (What do you think about this proposal?)

E

için after verbs is used to express purpose or intention. In this sense, it is translated as *to, in order to* or *so as to*:

- Et almak için kasaba gittim.
  (I went to the butcher's to buy meat.)

- Vaktinde kalkmak için saati kurdum.
  (I set the clock to get up on time.)

konuşmak için = *in order to speak*
öğrenmek için = *in order to learn*
oynamak için = *in order to play*
çalışmak için = *in order to work*

konuşmamak için = *so as not to speak*
öğrenmemek için = *so as not to learn*
oynamamak için = *so as not to play*
çalışmamak için = *so as not to work*

F

için can be used with the question word **kim**:

- Çocuk : O hediyeyi kim için aldın?
  (For whom did you buy that present?) or
  (Who did you buy that present for?)

  Baba : Senin için aldım.
  (I bought it for you.)

O hediyeyi kim için aldın?

Senin için aldım.

-için also combines with **ne** to form the question word **niçin** (ne+için) = *Why?/For what?*

- Niçin aradın? *(What did you call for?)*
  (Why did you call?)

ALIŞTIRMALAR

1 Put the words in the correct order.

1 ders / sınav / için / çalışıyoruz
Sınav için ders çalışıyoruz .

2 hazır / yarışma / için / değilim
....

3 bir / hediye / Ayşe / için / aldım
....

4 için / bu / akşam / ne / yapıyorsunuz
.... ?

5 çalışıyoruz / hepimiz / takım / için
....

6 bir sürprizim / Kerem / için / var
....

7 benim / bir / sinema / bileti / için / alır mısın
.... ?

8 değil / burası / çocuklar / için / güvenli
....

9 alışveriş / nereye / için / gidiyorsunuz
.... ?

10 önemli / para / mutluluk / için
....

11 minibüs / okul / yeni / için / bir / aldık
....

12 arkadaşım / için / yapıyoruz / bir / parti
....

13 evsizler / yardım / için / topluyorlar
....

14 çok / önemli / Fenerbahçe / için / bu / maç
....

15 yaptık / doğum / günü / partisi / kardeşim / için
....

16 elbiseler / bebek / aldım / için
....

17 tatil / Türkiye'ye / için / gidiyoruz
....

18 ekmek / ve / kahvaltı / için / yumurta / lazım
....

19 için / bir / düzenledik / aktivite / çocuklar
....

20 Tarık / 400 lira / ödedi / için / alışveriş
....

2 Fill in the blanks with the positive verbs below.

a) içmek	c) yapmak	e) öğrenmek
b) çalışmak	d) oynamak	

1 Kek ...*yapmak*... için un ve şeker lazım.
2 Türkçe .... için kursa gidiyor.
3 Çocuklar top .... için bahçeye indi.
4 Ders .... için kütüphaneye gittim.
5 Sigara .... için dışarı çıktı.

3 Fill in the blanks with the negative verbs below.

a) çalışmamak	c) üzmemek	e) harcamamak
b) etmemek	d) yapmamak	

1 Onu ...*üzmemek*... için partiye gideceğim.
2 Mithat, ders .... için bir bahane uydurdu.
3 Kaza .... için dikkatli gitmelisiniz.
4 Para .... için bizimle gelmiyor.
5 Onu rahatsız .... için ışığı açmadım.

4 Fill in the speech bubbles with the correct form of possive adjectives + için.

Baba, ... ne aldın?

.... çikolata aldım.

A We use the causative structure when we want to say that one thing or person causes another thing or person to do something. The causative verb in Turkish is formed by adding one of the following suffixes:

-dir/-dır/-dur/-dür	-ir/-ır/-ur/-ür	-er/-ar
-tir/-tır/-tur/-tür	-t	-it/-ıt/-ut/-üt

Arabayı yıkadım. → Arabayı yıkattım.
(I washed the car.) *(I got the car washed.)*

B **-dir-** is a commonly used causative suffix. Some of the verbs that can take suitable forms of **-dir-**:

sus-	to be quiet	sustur-	to make somebody/something quiet
dik-	to plant	diktir-	to get something planted
aç-	to open	açtır-	to get something opened
öl-	to die	öldür-	to kill
gül-	to laugh	güldür-	to make somebody laugh
dur-	to stop	durdur-	to make somebody/something stop
don-	to freeze	dondur-	to make somebody/something freeze
ye-	to eat	yedir-	to feed
kır-	to break	kırdır-	to get something broken
bin-	to get in/on	bindir-	to get somebody to get in/on a car, bus etc.

Polis arabayı durdurdu.

- Araba durdu. → • Polis arabayı durdurdu.
  (The car stopped.) *(Police stopped the car. or Police made the car stop.)*

- Kek yaptım. → • Kek yaptırdım.
  (I made a cake.) *(I got a cake made.)*

- Ağaç diktim. → • Ağaç diktirdim. • Herkes güldü. → • Kerem herkesi güldürdü.
  (I planted trees.) *(I got trees planted.)* *(Everybody laughed.)* *(Kerem made everybody laugh.)*

- Kadın öldü. → • Kadını öldürdüler. • Pencereyi açtım.→ • Pencereyi açtırdım.
  (The woman died.) *(They killed the woman.)* *(I opened the window.)* *(I got the window opened.)*

C **-t-** is added to polysyllabic verb stems ending in a vowel.

ağla-	to cry	ağlat-	to make somebody cry
boya-	to paint	boyat-	to get something painted
oku-	to read	okut-	to get somebody to read something
büyü-	to grow	büyüt-	to make somebody/something grow; to raise
bekle-	to wait	beklet-	to keep somebody/something waiting
temizle-	to clean	temizlet-	to get something cleaned
izle-	to watch	izlet-	to make/have somebody watch something

Kerem bebeği ağlattı.

D Polysyllabic verb stems ending in **l** or **r** can take **-t-** too:

ürper-	to shudder	ürpert-	to make somebody shudder
süpür-	to sweep	süpürt-	to have somebody sweep a place
bağır-	to shout	bağırt-	to make somebody shout
küçül-	to shrink	küçült-	to make something smaller; to humiliate

- O ses beni ürpertti.
  (That sound made me shudder.)

- Çocuklar beni yine bağırttılar!
  (The kids made me shout again!)

E **-ıt/-it/-ut/-üt-** is added to monosyllabic verb stems ending in **-k**:

ak-	*to flow*	akıt-	*to leak; to shed*
kork-	*to be scared*	korkut-	*to frighten*
kok-	*to smell*	kokut-	*to make smell*

Beni korkuttun!
Niçin içeri
sessizce girdin?

• Beni korkuttun! Niçin içeri sessizce girdin?
  (You scared me! Why did you come in quietly?)

F **-ır/-ir/-ur/-ür** also helps us create causative verbs. It is added to monosyllables:

aş-	*to surpass*	aşır-	*to cause to surpass*
bat-	*to sink*	batır-	*to make somebody/something sink*
duy-	*to hear*	duyur-	*to make something be heard; to announce*
doğ-	*to be born*	doğur-	*to give birth to*
düş-	*to fall*	düşür-	*to make somebody/something fall; to drop*

• Berna kitapları bilerek düşürdü.
  (Berna knowingly dropped the books.)

Berna kitapları bilerek düşürdü.

• Hatice bir kız doğurdu.
  (Hatice gave birth to a girl.)

G **-ar/-er-** also helps us create very few causative verbs:

çık-	*to go out; to go up; come off*	çıkar- *to take something away from somewhere or off something; to remove*

• Bu deterjan eski lekeleri bile çıkarıyor.
  (This detergent removes even old stains.)

A The meaning of the causative

We have covered all of the causative suffixes in the previous unit with plenty of example sentences. You should now be able to understand that the causative suffixes in Turkish are no different from any other verb-forming suffixes. These verbs show that somebody/something causes something to happen:

ağla-	*to cry*	→	ağlat-	*to make somebody cry*
yaz-	*to write*	→	yazdır-	*to have somebody write / to get somebody to write something*
yıka-	*to wash*	→	yıkat-	*to get something washed*

While the Turkish causative case occurs in the form of suffixes added to verb stems, English causative structure is formed through several structures as follows:

to make somebody do something : • She made me clean the whole house. *(Tüm evi bana temizletti.)*
to have somebody do something : • I had the secretary write a letter. *(Sekretere bir mektup yazdırdım.)*
                                  or (I got the secretary to write a letter.)
to get something done : • I got the car washed. *(Arabayı yıkattım.)*

B The syntax* of the causative

Causative structure-1: subject + accusative object + agent in the dative form + verb + causative suffix
                              (i.e. -i/-ı/-u/-ü)   (i.e. -e/-a)   (i.e. -dir, -ir, -t, -it,-er)

Ben   ev-i   Filiz'e   temizle-t-tim.   *(I had Filiz clean the house.)*

subject object accusative agent dative causative
              suffix   suffix suffix

I arranged for Filiz to clean the house. The agent is **Filiz** and in this case it must take a dative case suffix (**-e/-a**). The object (**ev**) takes the accusative suffix (**-i**) as we know which house the subject is talking about.

If the object (**ev**) is not a specific one, then we should say: Ben Filiz'e ev temizlettim. *(I had Filiz clean a house.)* In this case, the object (**ev**) follows the agent (**Filiz**).

Causative structure-2: subject + accusative object + verb + causative suffix
                              (i.e. -i/-ı/-u/-ü)   (i.e. -dir, -ir, -t, -it,-er)

Ben   ev-i   temizle-t-tim.   *(I had/got the house cleaned.)*

subject object accusative causative
              suffix   suffix

I arranged for somebody to clean the house. We don't know who the agent is. The object (**ev**) takes the accusative suffix (**-i**) as we know which house the subject is talking about. Otherwise we would say:

• Ben ev temizlettim. *(I had/got a house cleaned.)*

* The grammatical arrangement of words in a sentence

ALIŞTIRMALAR

1 Write the causative forms of the verbs below by adding the correct form of -dir.

1 beğen- (to like)   → _beğendir-_ (to make somebody like something)
2 çalış- (to work)   → .... (to make somebody/something work; employ)
3 bul- (to find)   → .... (to get somebody to find somebody/something)
4 aç- (to open)   → .... (to get something opened)
5 inan- (to believe)   → .... (to make somebody believe; to persuade)
6 barış- (to make peace)   → .... (to make people become friends again; to reconcile)
7 kes- (to cut)   → .... (to make somebody cut something, to get something cut)
8 sus- (to be quiet)   → .... (to make somebody/something quiet)
9 kapat- (to close)   → .... (to make somebody close something; to get something closed)
10 sat- (to sell)   → .... (to get something sold)
11 hisset- (to feel)   → .... (to make somebody feel something; to get something felt)
12 düşün- (to think)   → .... (to make somebody think about something)
13 sön- (fire - to die down ; light - to go out) → .... (to extinguish; to turn off)
14 gül- (to laugh)   → .... (to make somebody laugh)
15 öp- (to kiss)   → .... (to make somebody kiss)

2 Complete 1-7 with appropriate verbs in a-g.

1 Dedem bir mektup ..._yazdırdı_ .   a) sattırdı
2 Çocuklar beni çok ....   b) ~~yazdırdı~~
3 Annem tüm ışıkları ....   c) durdurdu
4 Kocam yeni arabamı ....   d) kızdırdılar
5 Polis her arabayı ....   e) kapattırdı
6 Ben hediye paketini ....   f) giydirdim
7 Çocuğa yeni bir elbise ....   g) açtırdım

3 Complete 1-6 with appropriate verbs in a-f.

1 Kavgayı Selim ....   a) ~~büyüttü~~
2 Annem bütün oyuncakları ....   b) beklettiniz
3 Annem ve babam öldü. Beni amcam _büyüttü_... .   c) izletti
4 Neredesiniz? Bizi çok ....   d) boyatacağım
5 Saçımı yeni bir renge ....   e) başlattı
6 Öğretmen bize güzel bir belgesel ....   f) toplattı

4 Write the causative forms of the verbs by adding the correct form of -ir.

1 doy- (to be full)   → ..._doyur-_.... (to satiate hunger; to feed; to fill up)
2 iç- (to drink)   → .... (to make somebody/something drink)
3 yat- (to go to bed)   → .... (to put somebody to bed)
4 duy- (to hear)   → .... (to get something heard; to announce)
5 bat- (to sink)   → .... (to cause somebody/something to sink; to immerse)

5 Fill in the blanks with the accusative form of the words in brackets.

1 _Arabayı_.............. yıkattım. Şimdi tertemiz. (araba)
2 İtfaiye .... söndürdü. (yangın)
3 Leyla .... boyattı. Bu renk ona yakıştı. (saç)
4 Pilot .... uçurdu. (uçak)
5 Annem .... kapattırdı. (bilgisayar)

A **ve** is a conjunction which corresponds in meaning to the English word *and*. It co-ordinates words, phrases and clauses:

* Elif ve Ahmet bahçedeler.
  (Elif and Ahmet are in the garden.)

* İstanbul ve Bursa çok güzeldir.
  (İstanbul and Bursa are so beautiful.)

* Hızlı ve Öfkeli benim favori filmimdir.
  (Fast and Furious is my favourite film.)

* Masada iki kitap ve bir kalem var.
  (There are two books and an eraser on the table.)

Masada iki kitap ve bir kalem var.

B In most situations, we can use **ile/-(y)le** instead of **ve**:

Menüde ne var?

Tavuk ile pilav var.

* Elif ile Ahmet bahçedeler.
  (Elif and Ahmet are in the garden.)

* Müşteri: Menüde ne var?
      (What is on the menu?)

  Garson: Tavuk ile pilav var.
      (There is chicken and rice.)

* Tezcan : Kahvaltıda ne yedin?
      (What did you have for breakfast?)

  Rıfat   : Peynirle zeytin.
      (Cheese and olives)

See Ünite-69 for
further details on **ile**.

C **ve** also co-ordinates clauses:

* Süpermarkete gittim ve elma aldım.
  (I went to the supermarket and bought apples.)

* Babam odaya girdi ve bilgisayarı kapattı.
  (My father entered the room and shut down the computer.)

D We can also connect clauses by adding **-ip/-ıp/-up/-üp** to the verb. In this case, we don't need **ve**:

* Süpermarkete gidip elma aldım.
  (I went to the supermarket and bought apples.)

* Babam odaya girip bilgisayarı kapattı.
  (My father entered the room and shut down the computer.)

* Dedemi görüp döneceğim.
  (I will see my grandfather and come back.)

* Çocuk bana vurup kaçtı.
  (The child hit me and ran away.)

E **de/da** is a conjunction which means *also, too, as well, and*. It co-ordinates words and clauses. It is not a suffix. It is a separate word which comes after the word it modifies:

Ben de dondurma istiyorum.   Funda da partiye geliyor.
(I want ice-cream too.)   *(Funda is coming to the party too.)*

The position of **de/da** may change the meaning of the sentence:

a) Nuray da dondurma yiyecek. *(Nuray too will eat ice-cream.)*

b) Nuray dondurma da yiyecek. *(Nuray will eat ice-cream as well.)*

In (a), **da** modifies Nuray, so we understand that Nuray is one of those people who want to eat ice-cream.
In (b), **da** modifies dondurma. Therefore, it is clear that Nuray will eat ice-cream as well as other things.

More examples:

• Ali de sinemaya gelecek. *(Ali will come to the cinema too.)*
• Annem de geliyor. *(My mother is coming too.)*
• Yarın da yağmur yağacak. *(It will rain tomorrow too.)*
• Salata da çok lezzetli. *(The salad is so delicious too.)*
• Ekmek de bitti. *(The bread has run out too.)*
• Gömlek de çok şık. *(The shirt is so smart too.)*
• Kitap da yerde. *(The book is on the floor too.)*

F Note that **te/ta** are not conjunctions and should never be used as **de/da**. You may see this error is commonly made even by native Turkish speakers:

✓ Kitap da yerde.   ✗ Kitap ta yerde.   ✓ Ekmek de bitti.   ✗ Ekmek te bitti.
 (The book is on the floor too.)   *(The bread has run out too.)*

G You may also see that **de/da** is written at the end of proper nouns with an apostrophe. This is wrong:

✓ Leyla da aç.   ✗ Leyla'da aç.   ✓ Ahmet de geliyor.   ✗ Ahmet'te geliyor.
 (Leyla is hungry too.)   *(Ahmet is coming too.)*

H Remember that the locative case marker **-de/-da/-te/-ta,** which is added to the end of a word is a suffix. It cannot be used as a conjunction:

✓ Çocuklar da geliyor.   ✗ Çocuklarda geliyor.
 *(The kids **are coming** too.)*

I When **de/da** is repeated, it means **both ... and**:

• Kalem de defter de yerde. or Kalem de yerde defter de.   • Fatma da Ayşe de haklı. or Fatma da haklı Ayşe de.
 (Both the pencil and the notebook are on the floor.)   *(Both Fatma and Ayşe are right.)*

A

hem ... hem (de) is a conjunction which means *both ... and*. It can also be translated as *on the one hand, ... on the other hand ...* . It is optional to use **de** after the second **hem**.

- Berk hem güneşleniyor hem (de) kitap okuyor.
  (Berk is both sunbathing and reading a book.)

- Hasan hem araba kullanıyor hem (de) telefonla konuşuyor.
  (Hasan is both driving and talking on the phone.)

- Arif hem zeki hem (de) çalışkandır.
  (Arif is both clever and hard-working.)

- Sana hem iyi hem (de) kötü bir haberim var.
  (I have both good and bad news for you.)

Berk hem güneşleniyor hem de kitap okuyor.

- Hem bana 'Sakin ol' diyorsun, hem (de) kendin telaşlanıyorsun.
  (On the one hand, you are saying to me, "Calm down". On the other hand, you are yourself making a fuss.)

- Hem bana "Çok açım." diyorsun, hem (de) masaya gelmiyorsun.
  (On the one hand, you are saying to me, "I am so hungry." On the other hand, you are not coming to the table.)

- Hem çalışmıyor hem (de) yakınıyorsun.
  (You are both not working and complaining.) or
  (On the one hand, you are not working. On the other hand, you are complaining.)

B

It is commonly used in adverts:

- Hem eğlen hem para kazan!
  (Both) Have fun and earn money!

- Hem çok konuş, hem az öde!
  (Both) Talk more and pay less!

- Hem dil öğren hem tatil yap!
  (Both) Learn a language and have a holiday!

Hem çok konuş

Hem az öde!

UCUZCELL

C

It is used to make the following expressions which are common in spoken Turkish:

- Hem suçlu, hem güçlü. (*He's guilty himself, yet he acts innocent.*)
- Hem ziyaret, hem ticaret. (*Both pilgrimage and trade*) or (*Combining business and pleasure*)

D

hem (de) can be used on its own to say '*moreover*'; '*and indeed*':

- Feyza çok çalışıyor, hem de sabahtan geceye kadar.
  (Feyza is working too much; and indeed, from morning till night.)

- Sen delisin, hem de zır deli!
  (You are mad; and indeed, barking mad!)

E

Hem can also mean '*by the way*':

- Hem sen onu nereden tanıyorsun? *(By the way, how do you know him/her?)*

ALIŞTIRMALAR

1 Write what you see in each picture. Use the words in the box.

| ~~inek~~ atkı tavşan ~~koyun~~ kedi çizme deve kaplumbağa köpek eldiven eşek şemsiye |

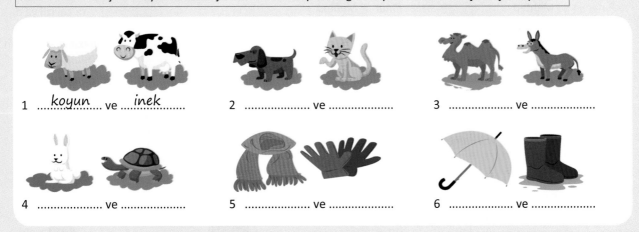

1 ....*koyun*.... ve ....*inek*....   2 .... ve ....   3 .... ve ....

4 .... ve ....   5 .... ve ....   6 .... ve ....

2 Answer the questions using the words in brackets. Connect them with **ile/-(y)le**.

Dialogue-1

A: Kim evleniyor?

B: *Sedef'le Kemal* .... (Sedef, Kemal)

Dialogue-2

A: Kahvaltıda ne yedin?

B: .... (yumurta, börek)

Dialogue-3

A: Bu akşam kim oynuyor?

B: .... (Galatasaray, Beşiktaş)

Dialogue-4

A: Partiye kim gelmedi?

B: .... (Berrin, Nazlı)

3 Make one sentence from the two sentences in each question by adding the correct form of **-ip** to the first verb.

1 Supermarkete gittim. Süt aldım.

    Süpermarkete gidip süt aldım .

2 Evi süpüreceğim. Ütü yapacağım.

    ....

3 Biraz dinleneceğim. Ders çalışacağım.

    ....

4 Restorantı aradım. Sipariş verdim.

    ....

5 Çay içeceğim. Tatlı yiyeceğim.

    ....

6 Kitap okuyacağım. Yatacağım.

    ....

4 Fill in the blanks with **de/da**.

1 Sinemaya gidiyoruz. Sen ...*de*... geliyor musun?

2 Yemek .... tatlı .... çok nefis.

3 Yarın .... yağmur yağacak.

4 Atkın .... eldivenin .... çok şık.

5 Babam .... kardeşim .... hasta.

6 Elif .... Berna .... burada.

5 Fill in the blanks with **hem ... hem de**.

1 Çocuk ...*hem*... hasta ...*hem de*... çok yaramaz.

2 Meltem .... kitap okuyor .... müzik dinliyor.

3 .... çalışıyorum .... eğleniyorum.

4 .... senaryo .... oyuncular harikaydı.

5 Mithat .... zengin .... mutlu bir adamdır.

6 Bu araç .... denizde .... karada gider.

A ya ... ya (da) is used for showing two or more possibilities or choices. It means *either ... or*:

ya Pınar ya da Mehtap	= *either Pınar or Mehtap*
ya evet ya da hayır	= *either yes or no*
ya şimdi ya da asla	= *either now or never*
ya Galatasaray ya da Beşiktaş	= *either Galatasaray or Beşikaş*
ya cevizli ya da fıstıklı baklava	= *either walnut or pistachio baklava*
ya trenle ya da otobüsle	= *either by train or by bus*

Ya cevizli ya da fıstıklı baklava istiyorum.

• Yarın ya Pınar ya da Mehtap gelecek.
  (Either Pınar or Mehtap will come tomorrow.)

• O kadın ya İngiliz ya da Amerikalı.
  (That woman is either English or American.)

• Ya bir laptop ya da bir tablet bilgisayar alacağım.
  (I am going to buy either a laptop or a tablet PC.)

• Ya Galatasaray ya da Beşiktaş şampiyon olacak.
  (Either Galatasaray or Beşikaş will be champion.)

Ankara'ya ne zaman gideceksin?

Ya çarşamba ya da perşembe.

Peki nasıl gideceksin?

Ya trenle ya da otobüsle.

• Ya cevizli ya da fıstıklı baklava istiyorum.
  (I want either walnut or pistachio baklava.)

• A: Ankara'ya ne zaman gideceksin?
    (When will you go to Ankara?)

  B: Ya çarşamba ya da perşembe.
    (Either Wednesday or Thursday.)

  A: Peki nasıl gideceksin?
    (OK, how will you go?)

  B: Ya trenle ya da otobüsle.
    (Either by train or by bus.)

B In most cases, ya ... ya da can also be replaced by veya, ya da, yahut *(or)*:

• ya çarşamba ya da perşembe   **or**   çarşamba veya/ya da/yahut perşembe
  (either Wednesday or Thursday)   *(Wednesday or Thursday)*

C veya, ya da, yahut, veyahut all mean *or*.
ya da and veya are more common than yahut and veyahut.
They are used to introduce another possibility:

• Satış elemanı : Hangi renk araba alacaksınız?
(What colour car will you buy?)

   Müşteri   : Mavi veya/ya da/yahut/veyahut kırmızı renk bir araba alacağım.
   (I will buy a blue or a red car.)

• A: Oraya nasıl gideceğiz?
   (How are we going to go there?)

   B: Oraya otobüs veya/ya da/yahut/veyahut trenle gideceğiz.
   (We will go there by bus or by train.)

• A: Kahvaltıda ne istiyorsun?
   (What would you like for breakfast?)

   B: Kahvaltıda omlet veya/ya da/yahut/veyahut sosis istiyorum.
   (I would like omlette or sausage.)

• A: Partiye kiminle gideceksin?
   (Who will you go to the party with?)

   B: Partiye Fırat veya/ya da/yahut/veyahut Murat'la gideceğim.
   (I will go to the party with Fırat or Murat.)

• A: Sence bu gömlek ne kadar eder?
   (In your opinion, how much does this shirt cost?)
   (How much do you think this shirt costs?)

   B: Bence o gömlek 60 ya da 80 lira eder.
   (In my opinion, that shirt costs 60 or 80 liras.)
   (I think that shirt costs 60 or 80 liras.)

D You may encounter veya written as ve ya and ya da written as yada. Both of them are wrong uses:

✓ bugün veya yarın   ✗ bugün ve ya yarın

✓ bugün ya da yarın   ✗ bugün yada yarın

You may be interested to know that **veya**, **ya da**, **yahut** and **veyahut** all come from either Persian or Arabic. For example, **ve** is an Arabic word while **yahut** is a Persian one. Turkish combines the two quite nicely to form the word **veyahut**. Similarly, **ve** is Arabic and **ya** is Persian. They both combine to create the word **veya** in Turkish. These four words, **veya**, **ya da**, **yahut** and **veyahut** are testament to the fact that the Turkish language has had a welcoming approach to words and even grammatical structures of other languages.

A   ne ... ne (de) is a conjunction which means *neither ... nor*. The words connected with ne ... ne (de) can be either the subject, the object or the verbs of the sentence.

Ne ekmek ne de süt aldım. Çünkü ikisi de taze değildi.
(I bought neither bread nor milk, for both of them were not fresh.)

B   ne ... ne (de) connects words. The verb is positive although the meaning of the sentence is negative:

Ne laptop ne de tablet bilgisayar çalışıyor.

- Ne laptop ne de tablet bilgisayar çalışıyor.
  (Neither the laptop nor the tablet PC is working.)

- Bugün ne Trabzonspor ne de Beşiktaş gol attı.
  (Today, neither Trabzonspor nor Beşiktaş scored a goal.)

✓ Ne Selin ne de Petek adresi biliyor.
  (Neither Selin nor Petek knows the address.)

✗ Ne Selin ne de Petek adresi ~~bilmiyor.~~

* When ne ... ne (de) funtions as the subject, the verb is singular as in the examples above.

C   ne ... ne (de) connects clauses. The verb is positive although the meaning of the sentence is negative:

Sentence a) <u>Oyun oynamıyor.</u>

                → Ne oyun oynuyor ne de televizyon seyrediyor.

Sentence b) <u>Televizyon seyretmiyor.</u>   *(S/he is neither playing games nor watching the telly.)*

D   Ne can also be used before adjectives to intensify them:

Ne güzel bir gün!

- Ne kötü bir adamsin!
  (What a bad man you are!)

- Ne güzel bir gün!
  (What a beautiful day!)

See Grammar Essentials Ünite-7/B on page 248.

ALIŞTIRMALAR

1 Complete 1-8 with a-h.

1 Bu oyunda ..... .   [c]   a) ya Sema ya da Aylin
2 Parti ..... .   ☐   b) ya İspanya'ya ya da Fransa'ya
3 Ya kitap okuyacaksın ..... .   ☐   c) ~~ya kazanırsın ya da kaybedersin~~
4 Bu restoranda ..... yerim.   ☐   d) ya bir Audi ya da bir BMW
5 Raporu ..... yazacak.   ☐   e) ya sinemaya ya da tiyatroya
6 Ahmet ..... alacak.   ☐   f) ya evde ya da kafede olacak
7 Haftasonu ..... gideceğiz.   ☐   g) ya kebap ya da iskender
8 Tatil için ..... gidecekler.   ☐   h) ya da yazı yazacaksın

2 Write what forms of transport Güzel family may take for their holiday. Use veya/ya da as a conjunction.

1 Tatile .... ile gidecekler.

2 Tatile .... ile gidecekler.

3 Tatile .... ile gidecekler.

3 Complete 1-8 with a-h.

1 Ne Tekin ne de Cemal iyi top oynuyor. ..... .   [e]   a) Çok zor bir soru
2 Ne annem ne de babam okuma biliyor. ..... .   ☐   b) İkisi de bozuk
3 Ne Ferda ne de Tülin İngilizce biliyor. ..... . ☐   c) Dün evimi taşıdım
4 Bu soruyu ne Sefa ne de Yılmaz anladı. ..... . ☐   d) Orta büyüklükte
5 ..... . Ne arkadaşlar ne de akrabalar yardım etti. ☐   e) ~~İkisi de kötü~~
6 Ev ne büyük ne de küçük. ..... .   ☐   f) Uyuyorduk
7 Ne TV ne de laptop çalışıyor.   ☐   g) Onlar sadece Türkçe biliyorlar
8 Kapıyı ne ben ne de eşim duyduk. ..... .   ☐   h) İkisi de okuyamaz

4 Connect the two sentences in each question by using ne ... ne de.

1 Yemek yemedik. Çay içmedik.
   Ne yemek yedik ne de çay içtik .

2 Gülmedik. Ağlamadık.
   ....

3 Gülmedim. Ağlamadım.
   ....

4 Tülay gelmedi. Aramadı.
   ....

5 Use the conjunctions in brackets to complete the sentences.

1 *Hem.* balık *hem de* tavuk çok lezzetli. (hem ... hem de)
2 .... yemekler .... içecekler hazır. (ne ... ne de)
3 .... Salih .... Akif çok iyi İngilizce bilir. (hem ... hem de)
4 .... balık .... tavuk ısmarlayacağız. (ya ... ya da)
5 .... Pınar .... Nazan vejetaryendir. (hem ... hem de)
6 Alışverişe .... annemle .... babamla gideceğim. (ya ... ya da)

A ile is a postposition which means *with* or *by*. It may be suffixed as **-le/-la** after a consonant and as **-yle/-yla** after a vowel. As a conjunction, **ile** means *and*:

uçak-la *by plane* **kalem-le** *with pencil* **telefon-la** *by phone* **Kerem ile Aslı** *Kerem and Aslı*

B It denotes the instrument:

otobüs-**le** araba-**yla**

↓ ↓ ↓ ↓

bus by car by

(by bus) *(by car)*

Sinemaya nasıl gidelim?

Sinemaya arabayla gidelim.

• Ankara'ya otobüsle gittik.
  (We went to Ankara by bus.)

• Sinemaya arabayla gidelim.
  (Let's go to the cinema by car.)

We can also use **ile** instead of **-le/-la** in the examples above.
(... otobüs ile ..., ... araba ile ...)

C It is used with the question word **kim** *(who)*, followed by the genitive case *(-in)* to indicate that an action happened/happens in the company of a person:

• Berna : Pazara kiminle gittin?
    (Who did you go to the market with?)

Funda : Pazara annemle gittim.
    (I went to the market with my mother.)

D It indicates the manner of an action:

• Haberi üzüntüyle dinledik.
  (We listened to the news with sorrow.)

• Sizi yanlışlıkla aradım.
  (I called you by mistake.)

E It also means *and* like **ve**:

• Pelin'le Murat birbirini seviyor.
  (Pelin and Murat love each other.)

• Ahmet ile Metin buraya geliyor.
  (Ahmet and Metin are coming here.)

F It is used with the word arasında *(between)*, to make the construction *between A and B*:

• Evle garajın arasında bir ağaç var.
  (There is a tree between the house and the garage.)

G It also helps us form the words below:

benimle = *with me*   **onunla** = *with him/her/it*   **sizinle** = *with you*
seninle = *with you*   **bizimle** = *with us*   **onlarla** = *with them*

• Filiz benimle tiyatroya geliyor. *(Filiz is coming to the theatre with me.)*

It is common to hear people say **benle** instead of **benimle**, **senle** instead of **seninle**, **onla** instead of **onunla**, **bizle** instead of **bizimle** and **sizle** instead of **sizinle** in colloquial Turkish.

ALIŞTIRMALAR

1 Add -(y)le/-(y)la to the following words.

1 kalem*le*......
2 posta ....
3 otobüs ....
4 tren ....
5 kargo ....
6 bisiklet ....
7 telefon ....
8 minibüs ....
9 gemi ....
10 internet..........

11 soba..........
12 kömür..........
13 benzin..........
14 gaz..........
15 sebze..........
16 uçak..........
17 araba ....
18 kamyon..........
19 at..........
20 eşek..........

2 Complete the sentences by adding -(y)le/-(y)la to the following words.

a) deterjan	b) soba	c) internet	d) bardak	e) uçak
f) benzin	g) bisiklet	h) kargo	i) ~~otobüs~~	j) kalem

1 Tatile ..*otobüsle*... gitti. Çünkü uçaktan korkar.
2 Bu araba .... çalışır. Mazotla çalışmaz.
3 Bu evde .... ısınıyorlar.
4 Her gün işe .... gider.
5 Ankara'dan İstanbul'a .... 1 saat sürer.

6 Küçük .... çay içtim.
7 Tabakları .... temizledim.
8 Paketi .... gönderdim. Yarın ulaşır.
9 Formu .... doldurdum.
10 .... alışveriş daha kolay. Bir çok sanal mağaza var.

3 Answer the questions adding -(y)le/-(y)la to the words in brackets.

Dialogue-1
A: Alışverişe kiminle gidiyorsun?
B: *Alışverişe annemle gidiyorum*. (annem)

Dialogue-2
A: Yarın kiminle buluşacaksın?
B: .... (Fırat)

Dialogue-3
A: Kiminle oyun oynuyorsun?
B: .... (kardeşim)

Dialogue-4
A: Cengiz kiminle evlendi?
B: .... (Berna)

Dialogue-5
A: Kiminle kavga ettin?
B: .... (Ayşe)

Dialogue-6
A: Telefonda kiminle konuşuyorsun?
B: .... (arkadaşım)

4 -(y)le/-(y)la helps us create many idiomatic expressions in Turkish. Look up the words below in your dictionary and write their meanings in your language.

1 yanlışlıkla = ...*by mistake*............
2 dikkatle = ...
3 itinayla = ...
4 aceleyle = ...
5 süratle = ...
6 korkuyla = ...
7 güvenle = ...

8 şaşkınlıkla = ...
9 sabırla = ...
10 heyecanla = ...
11 sevgiyle = ...
12 nefretle = ...
13 sırayla = ...
14 zamanla = ...

A   **ama**, **fakat** and **lakin** all mean *but*. **ama** is the most popular of the three.

zengin ama mutsuz = *rich but unhappy*

güneşli ama çok soğuk = *sunny but very cold*

B   **ama**, **fakat** and **lakin** are used to introduce a word or phrase that contrasts with what was said before:

- Mithat zengin ama mutsuz.
  (Mithat is rich but unhappy.)

- Telefon çaldı ama kimse cevap vermedi.
  (The phone rang but no one answered it.)

- Bugün hava güneşli ama çok soğuk.
  (Today the weather is sunny but very cold.)

- Zeynep çok çalıştı ama başarısız oldu.
  (Zeynep worked hard but failed.)

C   **ama** is also used to say we are sorry about something.
It generally occurs with **Üzgünüm** *(I am sorry)* at the beginning of the sentence:

- Üzgünüm ama partiye gelemem. Ders çalışmalıyım.
  (I am sorry but I cannot come to the party. I have to study.)

- Üzgünüm ama bunu ödemelisiniz.
  (I am sorry but you have to pay for this.)

- Üzgünüm ama daha fazla indirim yapamam.
  (I am sorry but I cannot offer you more discount.)

- Üzgünüm ama size ceza kesmeliyim.
  (I am sorry but I have to give you a ticket.)

Ben milletvekiliyim.

Üzgünüm ama size ceza kesmeliyim.

D   It is quite common to hear/see the word ama pronounced/written as amma in such expressions as:

- Amma da yaptın ha! or Amma yaptın!
  (Do you really expect me to believe this?)

This is used to indicate that you don't believe what s/he has just said because they are either exaggerating or lying.

E ancak and yalnız can be used as conjunctions like ama, fakat and lakin to say *but*. Both are used to introduce a word or a phrase that contrasts with what was said before:

- Ona üç defa seslendim ancak beni duymadı.
  (*I shouted across to her three times but she didn't hear me.*)

- Onu çok uyardım ancak beni dinlemedi.
  (*I warned her so much, but she didn't listen to me.*)

- Bu yemek lezzetli yalnız biraz tuzlu.
  (*This dish is delicious, only it is a bit salty.*)

Ona üç defa seslendim ancak beni duymadı.

F ancak and yalnız are also used as an adverb like English *only*:

- Bugün ancak/yalnız on sayfa kitap okudum.
  (*Today I have read only 10 pages of a book.*)

- Bu yakıtla ancak/yalnız 30 kilometre daha gidebiliriz.
  (*We can go only 30 kilometres more with this fuel.*)

- Bu kutuyu ancak/yalnız Rıfat kaldırabilir.
  (*Only Rıfat can lift this box.*)

G ancak also refers to the time before which something cannot happen:

- Projeyi ancak yarın tamamlayabilirim.
  (*I can complete the project only tomorrow.* or
  (*I can complete the project tomorrow at the earliest.*)

H ancak also means *barely*, and *not more than*:

- *Konserde ancak 100 kişi vardı.*
  (*There were only/not more than 100 people at the concert.*)

I ancak also means *a while ago, just, yet*:

- İki saat önce yola çıktım. Eve ancak ulaştım.
  (*I set off two hours ago. I have just arrived at home.*)

- Yağmur ancak dindi.
  (*The rain has just stopped.*)

J yalnız can also be used to say *alone* or *lonely*:

✓ Ahmet yalnız yaşıyor.   X Adam ~~ancak~~ yaşıyor.   ✓ Filiz çok yalnız.   X Filiz çok ~~ancak~~.
  (*Ahmet lives alone.*)   (*Filiz is so lonely.*)

A We can also use **buna rağmen** to say **despite this/in spite of this:**

- Hava çok soğuk. Buna rağmen, çocuklar dışarıda oynuyorlar.
  (The weather is so cold. Despite this/In spite of this, the kids are playing outside.)

- Benzin fiyatları çok yükseldi. Buna rağmen, insanlar araba kullanıyorlar.
  (Petrol prices have gone up so much. Despite this/In spite of this, people are (still) driving.)

- Ferda, ayda sadece 1000 TL kazanıyor. Buna rağmen, mutlu.
  (Ferda earns 1000 TL a month. Despite this/In spite of this, she is happy.)

- İbrahim ders çalışmıyor. Buna rağmen iyi notlar alıyor.
  (Ahmet doesn't study. Despite this/In spite of this, he gets good grades.)

- Onu partiye davet etmediler. Buna rağmen partiye gitti.
  (They didn't invite him. *Despite this/In spite of this,* he went to the party.)

- Beni çok üzdüler. Buna rağmen onları affettim.
  (They upset me so much. Despite this/In spite of this, I forgave them.)

B We may also use **(ama) bununla birlikte** or **(ama) bununla beraber** to say despite a fact or idea that has just been mentioned:

- Bu küçük (ama) bununla birlikte önemli bir değişiklik.
  (This is a small (but) nevertheless an important change.)

- İbrahim ders çalışmıyor (ama) bununla birlikte iyi notlar alıyor.
  (İbrahim doesn't study (but) nevertheless gets good grades.)

ALIŞTIRMALAR

1 Combine 1-5 with a-e to make a meaningful phrase.

1 pahalı ..... . [b]
2 yorgun ..... . ☐
3 zeki ..... . ☐
4 acı ..... . ☐
5 yeni ..... . ☐

a) ama tembel
b) ~~ama kaliteli~~
c) ama bozuk
d) ama mutlu
e) ama lezzetli

2 Complete 1-5 with a-e.

1 Bu adam güçlü ..... . [d]
2 Günün sonunda yorgundum ..... . ☐
3 Soru kolaydı ..... . ☐
4 Uğur futboldan hoşlanır ..... . ☐
5 Acele ettim ..... . ☐

a) ama yapamadım
b) ama basketboldan hoşlanmaz.
c) ama geç kaldım
d) ~~ama korkak~~
e) ama mutluydum

3 Fill in the blanks with ve or ama/fakat.

1 Araba durdu ...ve... bir adam indi.
2 Dondurma almak istiyorum .... param yok.
3 Evde oturduk .... film seyrettik.
4 Arabam var .... yürümek istiyorum.
5 Televizyon açık .... kimse seyretmiyor.

6 Açım .... yemek istemiyorum.
7 Restoranı aradım .... yemek ısmarladım.
8 Belkız müzikten hoşlanır .... dans edemez.
9 Birlikte parka gittik .... koştuk.
10 Hava bulutlu .... soğuktu .... kar yağmadı.

4 Complete 1-5 with a-e.

1 Stadyumda ..... . [e]
2 Mert çok az maaş alır. Ayda ..... . ☐
3 Aylin fit değildir. Haftada ..... . ☐
4 Serkan beni yılda ..... . ☐
5 Biz yılda ..... . ☐

a) ancak/yalnız bir kere tatil yaparız
b) ancak/yalnız bir kere arar
c) ancak/yalnız bir kere spor yapar
d) ancak/yalnız 1000 TL kazanır
e) ~~ancak/yalnız bin seyirci var~~

5 In some of the sentences below, the conjunction ancak has been used incorrectly. Find it and replace it by yalnız.

1 Adam ancak yaşıyor. Kimsesi yok. ....
2 Elbise güzel ancak çok pahalı. ....
3 Mine partiye ancak gitti. Arkadaşı gelmedi. ....
4 Arif ancak oynuyor. Kardeşleri televizyon seyrediyor. ....

6 Complete 1-5 with a-e.

1 Kerem çok çalıştı. [c]
2 Çok hastaydım. ☐
3 Bu elbise çok pahalı. ☐
4 Çok aç değildim. ☐
5 Çok erken kalktık. ☐

a) Buna rağmen işe gittim.
b) Buna rağmen satın alacağım.
c) ~~Buna rağmen başarısız oldu.~~
d) Buna rağmen geç kaldık.
e) Buna rağmen bir pizzayı bitirdim.

A Ne var ki and Gelgelelim have the same meaning as ama *(but)* and they are used to introduce a sentence that contrasts with what was said before. However, unlike ama they indicate some hopelessness:

• Hasan arkadaşıyla çok iyi oynuyor. Ne var ki/Gelgelelim kardeşiyle hep kavga ediyor.
(Hasan plays with his friend very well. However, he always fights with his brother.)

• Yunus çok güzel okuyor. Ne var ki/Gelgelelim yazısı çok kötü.
(Yunus reads very well. However, his writing is very bad.)

• Her şeyi denedim. Ne var ki/Gelgelelim, onu ikna edemedim.
(I tried everything. However, I couldn't persuade him/her.)

• Her gün egzersiz yapıyorum. Ne var ki/Gelgelelim kilom hep aynı.
(I do excercise every day. However, my weight is always the same.)

Hasan arkadaşıyla çok iyi oynuyor.
Gelgelelim kardeşiyle hep kavga ediyor.

B Ne yazık ki and Maalesef are closest in meaning to *Unfortunately*. They are used to say that something is sad or disappointing:

• Aslı   : Bu akşam partiye geliyor musunuz?
                (Are you coming to the party tonight?)

  Meltem   : Ne yazık ki/Maalesef gelemiyorum.
                (Unfortunately, I am unable to come.)

• Burak   : Kim kazandı?
                (Who won?)

  Selim   : Ne yazık ki/Maalesef kaybettik.
                (Unfortunately, we lost.)

• Ne yazık ki/Maalesef Nevzat şirketten ayrılıyor.
(Unfortunately, Nevzat is leaving the company.)

• Ne yazık ki/Maalesef yarın evi boşaltmalısınız.
(Unfortunately, you must evacuate the house tomorrow.)

Kim kazandı?

Maalesef kaybettik.

C **halbuki** and **oysaki** are used to compare or contrast two facts. They both mean *whereas* or *though*. It is optional to add **-ki** to **oysa**:

Salon çok dağınık. Halbuki bu sabah toparlamıştım.

• Salon çok dağınık, halbuki/oysaki bu sabah toparlamıştım.
(The living room is so untidy, though I had tidied it up this morning.)

• Ahmet çok geç kaldı, halbuki/oysaki evden çok erken çıkmıştı.
(Ahmet is too late. He had left home so early, though.)

• Nesrin sınavı geçemedi. Halbuki/Oysaki çok iyi hazırlanmıştı.
(Nesrin couldn't pass the exam, though she had prepared very well.)

• Her yerde benzin fiyatları düştü, halbuki/oysaki Türkiye'de hep artıyor.
(Petrol prices have fallen everywhere, though they are increasing in Turkey.)

• Ertuğrul benden borç para aldı. Halbuki/Oysaki çok zengin.
(Ertuğrul has borrowed money from me, though he is very rich.)

D **güya** means *supposedly* or *you would think that ...* . We use it when we want to say what people believe or say, although we may not agree with it. It usually occurs at the beginning of a sentence:

• Güya bugün beni sinemaya götürecektin!
(Supposedly, you were going to take me to the cinema today!)

• Güya bugün hava güneşli olacaktı.
(Supposedly, it was going to be sunny today.)

Güya sadece bizi davet etmişlerdi ama herkes burada.

• Güya sadece bizi davet etmişlerdi ama herkes burada.
(Supposedly, they had invited us only but everybody is here.)

• Aydın güya çok hastaymış. Bugün işe gelmeyecek.
(Supposedly, Aydın is so ill. He won't come to work today.)

A   ise is used to compare two things, people or situations, etc. According to context, it is translated as *where as, as for, however*. It can be suffixed to the preceding word as **-(y)se/-(y)sa**:

- Adnan gazete okuyor. Çocuklar**sa** televizyon seyrediyorlar.
  (Adnan is reading a newspaper. <u>As for</u> the kids, they are watching television.)

- a) Faruk 35 yaşında. Ben**se** 33 yaşındayım.
  (Faruk is 35 years old, <u>whereas</u> I am 33 years old.)

- b) Annem bana bir saat aldı. Babam**sa** bir çanta aldı.
  (My mother bought me a watch, <u>whereas</u> my father bought me a bag.)

- In **(a)** the word **ise** *(whereas)* is suffixed to the word **Ben** *(I)* to form the phrase **Bense** *(whereas I)*.

- In **(b)** the word **ise** *(whereas)* is suffixed to the word **Babam** *(my father)* to form **Babamsa** *(whereas my father)*.

B   ise is suffixed as **-(y)se** after words ending in a syllable that has a front vowel *(e.g. trense, çilekse, İngiltere'yse)* and **-(y)sa** after words ending in a syllable that has a back vowel *(e.g. ablamsa, Faruk'sa, arabaysa)*:

- Arabalar çevreyi kirletiyor. Bisikletler**se** çevre dostudur.
  (Cars pollute the environmet, whereas bicycles are environment-friendly.)

- Somali çok sıcak. İngiltere'**yse** çok yağışlı.
  (Somalia is very hot, whereas England is very rainy.)

- Berk genelde çok aceleci. Sen**se** çok ihtiyatlısın.
  (Berk is usually so impulsive, whereas you are so cautious.)

- Konya kışın çok soğuk, yazın**sa** çok sıcaktır.
  (Konya is very cold in the winter; however, it is very hot in the summer.)

C   ise should not be written separately from the preceding word when the subject is **O** *(he, she, it)*. We should add **-(y)sa** to **O** to say **Oysa** *(As for him/her/it)*:

√ Ben çok heyecanlıyım. Oysa çok sakin.   X O ise çok sakin.
  (I am so nervous. As for him, he is so calm.)

* Note that -(y)se/-(y)sa used instead of **ise** in this unit is different from the conditional suffix used in **Ünite 107-108**.

ALIŞTIRMALAR

1 Fill in the blanks with maalesef or halbuki.

Dialogue-1

A: Tren saat kaçta kalkıyor?

B: _Maalesef_........ az önce kalktı.

Dialogue-2

A: Derya sınavı geçti mi?

B: Hayır geçmedi. .... çok çalışmıştı.

Dialogue-3

A: Maç nasıldı?

B: .... kaybettik.

Dialogue-4

A: Yemek geldi mi?

B: Hayır gelmedi. .... bir saat önce ısmarlamıştım.

Dialogue-5

A: Program nasıl geçti?

B: .... çok kötü geçti.

Dialogue-6

A: Erol ile Tuğba bugün ayrıldılar.

B: .... çok mutluydular.

2 Fill in the blanks with güya or ne yazık ki.

1 _Güya_............ çok eğlenecektik ama sıkıldık.

2 .... bana yardım edecektin.

3 .... param bitti. Borç veremem.

4 .... yağmur yağacaktı ama yağmadı.

5 Kazada .... iki kişi öldü.

6 .... otel beş yıldızlı. Servisi çok kötü.

7 .... uçak geç kalkıyor.

8 .... beni dinlemedi ve hasta oldu.

9 .... müsait değildim. Toplantıdaydım.

10 .... saat onda varacaktık. Saat on iki oldu.

3 Match 1-8 to a-h.

1 Rusya çok soğuktur. _e_....

2 Türkan 23 yaşındadır. .....

3 Tarih çok kolaydır. .....

4 Ben korku filmlerini severim. .....

5 Ben şekerli çay içerim. .....

6 Esra çok çalışkandır. .....

7 Arif çok yaramazdır. .....

8 Dilek'in saçı kıvırcıktır. .....

a) Arkadaşımsa sevmez.

b) Betül'se çok tembeldir.

c) Bülent'se çok akıllıdır.

d) Suzan'sa şekersiz çay içer.

e) Etyopya'ysa çok sıcaktır.

f) Benim saçımsa düzdür.

g) Matematikse çok zordur.

h) Aylin'se 25 yaşındadır.

A We use **meğer** or **meğerse** to say 'according to what we have heard or read'. It corresponds to the English *apparently, it seems that ..., I realize that...* :

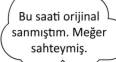

Bu saati orijinal sanmıştım. Meğer sahteymiş.

- Bu saati orijinal sanmıştım; meğer/meğerse sahteymiş.
  (I thought this watch was original; I realize that it is fake.)

- A: Merhaba aşkım. Nasılsın?
  (Hello my love. How are you?)

  B: Merhaba aşkım. İyiyim. Ya sen?
  (Hello my love. I am fine. What about you?)

  A: Ben de iyiyim ama seni çok özledim.
  (I am fine too but I miss you so much.)

  B: Ben de seni çok özledim. Meğer/Meğerse senden uzak kalmak çok zormuş.
  (I miss you so much too. I realize that staying away from you is so hard.)

Merhaba aşkım. Nasılsın?

Merhaba aşkım. İyiyim. Ya sen?

Ben de iyiyim ama seni çok özledim.

Ben de seni çok özledim. Meğer senden uzak kalmak çok zormuş.

As seen above, the inferential suffix **imiş/ımış** or **-ymiş/-ymış** is commonly used in sentences that have **meğer/meğerse**. For the speaker is making inferences that the real situation is different from what s/he thought it was. *See Ünite 113-114.*

B **meğer** may also end a sentence:

- Arabası bozulmuş meğer.
  (His car has broken down, apparently.)
- Seni çok seviyormuş meğer.
  (She loves you so much, apparently.)

C **yoksa** is used for saying that if one thing does not happen, something else will happen, usually something bad. The verb is usually either in the present simple *(e.g. gelirim, düşersin)* or the future tense *(e.g. gidecekler, başlayacak)*:

- Dikkat et! Yoksa düşersin.
  (Be careful! Otherwise, you (may) fall.)

- Acele et! Yoksa geç kalacağız.
  (Hurry up! Otherwise, we'll be late.)

In this sense, it has the same meaning as **aksi takdirde** or **aksi halde**:

- Umarım hava düzelir. Aksi takdirde/Yoksa, geziyi iptal edeceğiz.
  (I hope the weather improves. Otherwise, we will cancel the trip.)

Dikkat et! Yoksa düşersin.

D **yoksa** is also used in double questions. In this case it means *or*:

- Bugün mü yoksa yarın mı uçacaksın?
  (Is it today or tomorrow you are flying?)

E We can also use **yoksa** to indicate anxiety, concern or hope:

- A: Bu akşam ders çalışmam gerek.
     (I have to study tonight.)

  B: Yoksa partiye gelmeyecek misin?
     (I wonder if you wouldn't come to the party?)

ALIŞTIRMALAR

1 Complete 1-8 with a-g.

1 Acele etmeliyiz. *C*....
2 Kapıyı kapat. .....
3 Not almalıyım. .....
4 İlacını almalısın. .....
5 Evi aramalısın. .....
6 Doğruyu söylemeliyim. .....
7 Çok çalışmalısın. .....

a) Yoksa unuturum.
b) Yoksa babam bana çok kızar.
c) Yoksa otobüsü kaçıracağız.
d) Yoksa oda soğuyacak.
e) Yoksa sınavı geçemezsin.
f) Yoksa annen merak eder.
g) Yoksa iyileşmezsin.

2 Complete the dialogues with the questions.

a) Yoksa sınavı geçti mi?
b) Yoksa bir şey mi oldu?
c) ~~Yoksa hasta mı?~~
d) Yoksa maça mı gittiler?

Dialogue-1
A: Faruk bugün işe gelmeyecek.
B: *Yoksa hasta mı?* .....

Dialogue-3
A: Metin çok üzgün.
B: .....

Dialogue-2
A: Mine bugün çok mutluydu.
B: .....

Dialogue-4
A: Dün konsere gelmediler.
B: .....

3 Match 1-4 to a-d.

1 Bu çantayı orijinal sanmıştım. ☐
2 Ona çok güvenmiştim . ☐
3 Ali programa geç kaldı. ☐
4 Ablası gibi göründü. ☐

a) Meğer sahtekarmış.
b) Meğer annesiymiş.
c) Meğer sahteymiş.
d) Arabası bozulmuş meğer.

4 Put the following words in the correct order.

1 bir / meğer / haftadır / hastaymış / Pelin

....

2 Özcan / meğer / haklıymış

....

3 adam / aldattı mı / yoksa / bizi

.... ?

4 sevmiyor musun / yoksa / beni

.... ?

A **çünkü** is used to introduce the reason for something mentioned in the previous statement. The conjunction *for* in English is the closest in meaning and structure to **çünkü**:

• Hemen çıkmalıyım çünkü otobüse yetişmeliyim.
  (I have to leave now, for I have to catch the bus.)

• Pikniğe gitmedim çünkü hava aşırı sıcaktı.
  (I didn't go to the picnic, for it was extremely hot.)

Çok mutluyum çünkü sınavı geçtim.

Ben yatıyorum çünkü çok yorgunum.

• İlaç alıyorum çünkü hastayım.
  (I am taking medicine, for I am ill.)

• Çok mutluyum çünkü sınavı geçtim.
  (I am so happy, for I passed the exam.)

B **zira*** has the same meaning as **çünkü**. It is more common to begin the second sentence with **zira**:

• Amcamın yemekleri çok lezzetlidir. Zira o kabiliyetli bir şeftir.
  (My uncle's dishes are so delicious, for he is a talented chef.)

• Serkan İstanbul'da olmalı. Zira bu sabah onunla görüştüm.
  (Serkan must be in İstanbul, for I spoke to him this morning.)

• A: Kimden yardım isteyelim?
  (Who should we ask for help?)

• B: Mehmet'ten yardım isteyelim. Zira en iyi o bilir.
  (Let's ask Mehmet for help, for he knows best.)

***zira** and **çünkü** are both borrowed from Persian.

C We use **bu yüzden, bu nedenle, bu sebeple, bundan dolayı** to introduce the result of an action. These phrases are translated as *for this reason, as a result, so, therefore, thus*:

Compare:

çünkü (indicating reason)	**bu yüzden** (indicating result)
• Babam erken yattı çünkü çok yorgundu. *(My father went to bed early, for he was so tired.)*	• Babam çok yorgundu. Bu yüzden erken yattı. *(My father was so tired. Therefore, he went to bed early.)*
• Çok mutluyum çünkü bugün benim doğum günüm. *(I am so happy, for today is my birthday.)*	• Bugün benim doğum günüm. Bu yüzden çok mutluyum. *(Today is my birthday. Therefore, I am so happy.)*
• Şemsiyeyi aldım çünkü yağmur yağıyordu. *(I took the umbrella, for it was raining.)*	• Yağmur yağıyordu. Bu yüzden şemsiyeyi aldım. *(It was raining. Therefore, I took the umbrella.)*

ALIŞTIRMALAR

1 Complete 1-10 with a-j.

1 Pencereyi kapat ....._f_   a) çünkü yağmur yağıyordu.

2 Araba çalışmıyor .....   a) çünkü dürüst değil.

3 Remzi bugün okula gelmedi .....   c) çünkü dün az uyudum.

4 Onu sevmiyorum .....   d) çünkü iş yemeğine gideceğim.

5 Taksiye bindik .....   e) çünkü piyangoyu kazandı.

6 Bugün çok yorgunum .....   f) çünkü hava soğuk.

7 Eve yürüdük .....h g) çünkü hasta.

8 Bugün eve geç geleceğim .....   h) çünkü hiçbir otobüs yoktu.

9 Yeni bir araba aldı .....   i) çünkü benzini bitti.

10 Nilgün et yemez .....   j) çünkü vejetaryendir.

2 Fill in the blanks with the statements in the box.

a) Zira çok süratli gidiyordu.	d) Zira hava çok güzel.
b) Zira hava çok kötüydü.	e) Zira çok trafik vardı.
c) Zira çok çalışkan.	f) Zira çok yorgundu.

1 Özür dilerim. Geç kaldım. _Zira çok trafik vardı._ ....

2 Polat kaza yaptı. ....

3 Melisa bugün erken ayrıldı. ....

4 Pikniğe gitmedik. ....

5 Sami çok başarılı. ....

6 Denize gidiyoruz. ....

3 Match 1-7 to a-h.

1 Kahvaltı yapmadım. ....._d_   a) Bu yüzden maçta oynamıyor.

2 Yağmur yağacak. .....   b) Bu yüzden şemsiyeyi al.

3 Emre'nin ayağı kırık. .....   c) Bu yüzden kaybolduk.

4 Dişim ağrıyor. .....   d) Bu yüzden çok açım.

5 Türkiye'de yaşayacağım. ..... e) Bu yüzden otobüsü kaçırdı.

6 Çok geç kalktı. .....   f) Bu yüzden Türkçe öğreniyorum.

7 Harita almadık. .....   g) Bu yüzden dişçiye gideceğim.

4 Put the following words in the correct order.

1 yorgunum / çok / çünkü / erken / yatıyorum / bugün
   Bugün erken yatıyorum çünkü çok yorgunum .

2 elbiseyi / çok / almadım / çünkü / pahalıydı
   ....

3 yerler / çünkü / kaygandı / düştüm / çok
   ....

4 açım / yemek / çünkü / yemedim
   ....

A   hani is used to draw attention to a failure to carry out a promise.

• Çocuk : Hani bana oyuncak alacaktın?
    (Child : You promised that you would buy me a toy?)

Baba   : A, unuttum!
(Father: Oh, I forgot!)

• Arif   : Hani saat 8'de burada olacaktın?
    (You promised that you would be here at 8 o'clock.)

Berk   : Özür dilerim. Çok trafik vardı.
(I am sorry. There was too much traffic.)

B   hani is also used to remind the listener of something s/he knew before. In this sense, it means **you know ...** .
We can reinforce it with **ya**:

• A   : Sizin ev hangisi? *(Which one is your house?)*

  B   : Hani parkın yanındaki ev var ya, işte o.
    (You know there is a house next to the park, that's it.)

  A   : Tamam anladım.
    (OK, I understand.)

C   hani is used when we want to draw attention to a fact:

• Hani adam haklı. Her gün on bir saat çalışıyor. İyi bir maaş hakediyor.
(Actually/To tell the truth, the man is right. He works eleven hours a day. He deserves a good salary.)

D   hani can also be used like **bari** *(at least)*:

• Hani/Bari ona bir hediye alsan. Çok mutlu olacak.
(At least buy her a present. S/he will be so happy.)

E   hani means *where* or *what happened to* when it is used as an adverb in questions.
It can also come at the end of the question:

• Anne   : Hani çantan? *(Where is your bag?)*
        Çantan hani?

Çocuk : Okulda unuttum. *(I forgot it at school.)*

F   **hele** means *especially/in particular*.

• İstanbul çok güzel. Hele Sultan Ahmet harika!
(Istanbul is so beautiful. Especially the Blue Mosque is wonderful!)

• Antalya yazın çok sıcak. Hele Ağustos'ta kavurucu sıcak oluyor.
(Antalya is hot in the summer. It becomes boiling hot especially in August.)

-In this sense, **hele** has the same meaning as **özellikle** *(especially)*:

• Hele/Özellikle Ağustos'ta kavurucu sıcak oluyor.
(It becomes boiling hot especially in August.)

G   **hele** also means *at last/finally*:

• Hele yağmur dindi. Şimdi yürüyebiliriz.
(At last, it has stopped raining. We can walk now.)

H   We can also use **hele** with a verb in the imperative or the subjunctive. It means **just** and it is used for emphasis when you are telling someone to do something:

• Hele biraz dinlen. Bulaşıkları sonra yıkayabilirsin.
(Just relax a bit. You can then do the washing-up.)

• Hele vazoyu kırsın, onu döverim.
(Just let him break the vase, I'll give him a good hiding.)

I   **hele hele** is used when we urge somebody to do something:

• Hele hele anlat bana! Ne oldu?
(Come on, tell me! What happened?)

J   **hele hele** also means *most particularly*:

• Hele hele hafta sonu bu alışveriş merkezi çok kalabalıktır.
(This shopping centre is too busy, most particulary, at the weekend.)

A   **nitekim** means *just so/just as/likewise*:

- Ben sizi yanlış anladım, nitekim arkadaşım da yanlış anladı.
  (I misunderstood you, just as my friend misunderstood you.)

- Biz hata yaptık, nitekim onlar da hata yaptı.
  (We made a mistake, just as they made a mistake.)

B   **nitekim** also means *as a matter of fact*:

- Çok çalıştı, nitekim son ana kadar vazgeçmedi.
  (He worked very hard. As a matter of fact, he did not give up until the last minute.)

- Yazar çok zor bir çocukluk geçirmiştir. Nitekim bunu eserlerinde görebiliriz.
  (The author had a very difficult childhood. As a matter of fact, we can see this in his works.)

C   **sakın** is used to tell somebody strongly not to do something. The verb is always in the negative form:

Sakın bizi takip etme!

- Sakın bizi takip etme!
  (Don't you dare follow us!)

In the example above, **bizi takip etme** already means *don't follow us*. When we add **sakın**, we emphasise that we don't want them to do the action in question.

More examples:

- Sakın beni bir daha arama!
  (Don't you dare call me again!)

- Sakın bir daha karşıma çıkma!
  (Don't you dare get in my way again!)

Sakın beni bir daha arama!

D   **sakın** also means *never*:

- Elimi sakın bırakma!   or   Sakın elimi bırakma!
  (Never let go of my hand!)

- Sakın benim için üzülme!
  (Don't you ever feel sorry for me!)

Sakın elimi bırakma!

E   We can also use **Sakın ha!** on its own to say *Don't you dare!*:

- A: Bunu Tarık'a göstereceğim.   B: Sakın ha!
  (I will show this to Tarık.)   *(Don't you dare!)*

ALIŞTIRMALAR

1 Complete the dialogues with an appropriate sentence in the box.

a) Hani onu çok seviyordun?	c) Hani yağmur yağacaktı?
b) Hani kolayca kazanacaktınız?	d) Hani ders çalışacaktın?

Dialogue-1

A: ....

B: Bilmiyorum ama hava durumu öyle diyordu.

Dialogue-2

A: Tülay'dan ayrılıyorum.

B: ....

Dialogue-3

A: Dün maçı kaybettik.

B: ....

Dialogue-4

A: Bu akşam sinemaya gidiyorum.

B: ....

2 Match 1-5 to a-e.

1 Kuşadası çok güzel. ..C..

2 Tatlıyı çok severim. .....

3 İstanbul çok kalabalık bir şehirdir. .....

4 Bu havayolu şirketi çok iyi. .....

5 Türk mutfağını çok severim. .....

a) Hele yemek servisi müthiş.

b) Hele İskender Kebap benim favorimdir.

c) Hele denizi harika.

d) Hele baklavaya bayılırım.

e) Hele trafiği korkunç!

3 Use the sentences in the box to complete the statements.

a) Nitekim çok neşeliydi.	c) Nitekim yirmi işçiyi daha çıkaracak.
b) Nitekim hiç memnun kalmadık.	d) Nitekim hayatını yardıma adamıştır.

1 Hiç üzgün değildi. ....

2 Elif Hanım çok yardımsever biridir. ....

3 Bugün bu otelden ayrılıyoruz. ....

4 Şirket bugün on işçiyi çıkardı. ....

4 Use the sentences in the box to complete the statements.

a) Sakın bensiz gitmeyin!	c) Sakın bitirmeyin! Bana da bırakın.
b) Sakın yaklaşmayın!	d) Sakın anneme söyleme!

1 Ben de sinemaya gitmek istiyorum. ....

2 Ben pastayı çok severim. ....

3 Vazoyu kazayla kırdım. ....

4 Bu köpek çok tehlikeli. ....

A

As a verb, **demek** or **demektir** is equivalent to '...*means*' in English. It usually occurs as follows:

> ... ne demek(tir)?   = *What does ... mean?*
> ... demek(tir).   = *... means ...*

- Çocuk : Anne, 'WC' ne demek(tir)?
  (Mom, what does WC mean?)

  Anne : WC 'tuvalet' demek(tir).
  *(WC means **toilet**.)*

- A   : İngilizce'de 'baba' ne demek(tir)?
  *(What does '**baba**' mean in English?*

  B   : İngilizce'de 'baba' father demek(tir).
  *(Baba means **father** in English.)*

B

When used at the beginning of a clause, **Demek ki** means *That is to say* or *Then*:

- Yunus : Sınavı geçemedim.
  (I couldn't pass the test.)

  Talha : Demek ki daha çok çalışmalısın.
  (That is to say/Then, you need to study harder.)

- Nuray : Elif'i partiye üç defa davet ettim. Ama gelmedi.
  (I invited Elif to the party three times, but she didn't come.)

  Canan : Demek ki gelmek istemedi.
  (That is to say/Then, she didn't want to come.)

- **Demek oluyor ki** can be used instead of **Demek ki**:

Demek oluyor ki/Demek ki Aslı seni sevmiyor.
(That is to say, Aslı doesn't love you.)

C

demek is also used when we want information to support our impression:

- Arkadaşın yok demek? *or* Demek arkadaşın yok?
  (So you have no friends?)

- Demek bir daha buraya gelmeyeceksin?
  (That means you won't come here again?)

ALIŞTIRMALAR

1 Look at the pictures and fill in the blanks.

1

A: Bu Türkçe'de ne demektir?

B: Bu Türkçe'de ....*havuç*.......... demektir.

2

A: Bu Türkçe'de ne demektir?

B: Bu Türkçe'de .... demektir.

3

A: Bu Türkçe'de ne demektir?

B: Bu Türkçe'de .... demektir.

4

A: Bu Türkçe'de ne demektir?

B: Bu Türkçe'de .... demektir.

5

A: Bu Türkçe'de ne demektir?

B: Bu Türkçe'de .... demektir.

6

A: Bu Türkçe'de ne demektir?

B: Bu Türkçe'de .... demektir.

2 Complete the dialogues with an appropriate sentence given in the box below.

a) Demek ki yol çalışması var.
b) Demek ki karnı tok.

c) Demek ki çok yorgun.
d) Demek ki üşüttün.

Dialogue-1

A: Ferit bugün erken yattı.

B: ....

Dialogue-3

A: Boğazım ağrıyor.

B: ....

Dialogue-2

A: Bu yol kapalı.

B: ....

Dialogue-4

A: Müge yemek yemek istemiyor.

B: ....

3 Complete the dialogues with the questions.

a) Demek karnın tok?
b) Demek bana inanmıyorsun?

c) Demek yarın tatile gidiyorsunuz?
d) Demek bu tatlıyı sevmiyorsun?

Dialogue-1

A: ....

B: Hayır, sevmiyorum.

Dialogue-3

A: ....

B: Hayır, sana inanmıyorum.

Dialogue-2

A: ....

B: Evet, yarın tatile gidiyoruz.

Dialogue-4

A: ....

B: Evet, az önce yemek yedim.

A **diye** expresses 'purpose' and means *in order to* or *so that*. It is used at the end of the subordinate clause. Now, let's study a '**diye**' clause in detail as follows:

• Ben kazanayım diye çok gayret ediyor.
  (She is trying hard so that I win.)

subordinate clause	main clause
Ben kazanayım diye	çok gayret ediyor.
↓	↓
so that I win	*She is trying hard*

See the table below for the inflection of the verb **gel-** *to come* for all persons/subjects:

Person	gel- *to come* in the subjunctive mood	diye *so that*	in English
Ben	geleyim		*... so that I come*
Sen	gelesin		*... so that you come*
O	gelsin	diye ...	*... so that s/he/it comes*
Biz	gelelim		*... so that we come*
Siz	gelesiniz		*... so that you come*
Onlar	gelsinler		*... so that they come*

• Bebek uyusun diye ışıkları söndürdüm.
  (I turned off the lights so that the baby could sleep.)

• Okula zamanında yetişelim diye koştuk.
  (We ran so that we could get to school on time.)

B **diye** is also used to express 'reason' and it is translated as *saying that, thinking that* or *as*:

• Babam kızar diye eve erken geldim.
  (I came home early, thinking that my father might get angry with me.)

• Çocuklar sever diye kek yaptım.
  (I made a cake, thinking that the kids would like it.)

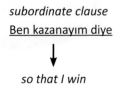

Çocuklar sever diye kek yaptım.

C **diye** also means *in case*. It expresses a preparation for something that may happen:

• Yağmur yağar diye bir şemsiye aldım.
  (I took an umbrella in case it rained.)

D **diye** is also used after nouns to say '...called ...':

• Nuray diye bir öğrenci ile tanıştım.
  (I met a student called Nuray.)

E We can also use **diye biri** to say 'Someone called/by the name of ...' :

• A: Ahmet diye biri sizi arıyor.
  (Someone called Ahmet is calling you/on the phone.)

B: Tamam. Bağlayabilirsin.
  (OK. You may put him through.)

Ahmet diye biri sizi arıyor.

Tamam. Bağlayabilirsin.

ALIŞTIRMALAR

1 Add the personal suffixes to the verbs, followed by the optative mood suffix.

Person	1 ol- to be/become	diye so that
Ben	ol..................	
Sen	ol..................	
O	ol..................	diye ...
Biz	ol..................	
Siz	ol..................	
Onlar	ol..................	

Person	2 öğren- to learn	diye so that
Ben	öğren...............	
Sen	öğren...............	
O	öğren...............	diye ...
Biz	öğren...............	
Siz	öğren...............	
Onlar	öğren...............	

Person	3 çalış- to work	diye so that
Ben	çalış...............	
Sen	çalış...............	
O	çalış...............	diye ...
Biz	çalış...............	
Siz	çalış...............	
Onlar	çalış...............	

Person	4 yakala- to catch	diye so that
Ben	yakala............	
Sen	yakala............	
O	yakala............	diye ...
Biz	yakala............	
Siz	yakala............	
Onlar	yakala............	

Person	5 al- to take; to buy	diye so that
Ben	al...............	
Sen	al...............	
O	al...............	diye ...
Biz	al...............	
Siz	al...............	
Onlar	al...............	

Person	6 konuş- to talk	diye so that
Ben	konuş..............	
Sen	konuş..............	
O	konuş..............	diye ...
Biz	konuş..............	
Siz	konuş..............	
Onlar	konuş..............	

2 Complete 1-6 with a-f.

1 Otobüsü yakalayalım diye ...d......
2 Ekmek alsın diye ....
3 Oğlum mutlu olsun diye ....
4 Rahat konuşalım diye ....
5 Eğlenelim diye ....
6 Türkçe öğreneyim diye ....

a) Bekir'e telefon ettim.
b) ona bir bisiklet aldım.
c) müzik açtık.
d) koştuk.
e) diğer odaya geçtik.
f) bir kursa gittim.

3 Complete the dialogues with the questions.

> a) Hangi tatlıyı aldınız?
> b) Öncü Bilgisayar diye bir yer biliyor musun?
> c) Papaya diye bir meyve yedin mi?
> d) Rauf nerede yaşıyor?

Dialogue-1

A: ....

B: Çardaklı diye bir köyde yaşıyor.

Dialogue-2

A: ....

B: Künefe diye bir tatlı aldık.

Dialogue-3

A: ....

B: Evet, biliyorum. İleride, sağda.

Dialogue-4

A: ....

B: Hayır, yemedim.

-dığında *(when)*

A **-dığında** is added to verb stems to say what happens at the time that something else happens. It corresponds to the English *when*:

• Yağmur başladığında içeri girdik.
  (When the rain started, we went inside.)

-dığında connects two clauses:

1) Yağmur başladı.   2) İçeri girdik.
   (The rain started.)   *(We went inside.)*

Now let us use **-dığında** to say what happened when. The sentence **-dığında** attaches to is always the subordinate clause while the sentence without **-dığında** is always the main clause.

Yağmur başla<u>dığında</u>   <u>içeri girdik.</u>
(When the rain started, we went inside.)

↓   ↓
subordinate clause   main clause

B Forms of **-dığında**:

Person	after vowels and b, c, d, g, ğ, j, l, m, n, r, v, y, z	after ç, f, h, k, p, s, ş, t
Ben	-dığımda/-diğimde/-duğumda/-düğümde	-tığımda/-tiğimde/-tuğumda/-tüğümde
Sen	-dığında/-diğinde/-duğunda/-düğünde	-tığında/-tiğinde/-tuğunda/-tüğünde
O	-dığında/-diğinde/-duğunda/-düğünde	-tığında/-tiğinde/-tuğunda/-tüğünde
Biz	-dığımızda/-diğimizde/-duğumuzda/-düğümüzde	-tığımızda/-tiğimizde/-tuğumuzda/-tüğümüzde
Siz	-dığınızda/-diğinizde/-duğunuzda/-düğünüzde	-tığınızda/-tiğinizde/-tuğunuzda/-tüğünüzde
Onlar	-dıklarında/-diklerinde/-duklarında/-düklerinde *or* -dığında/-diğinde/-duğunda/-düğünde	-tıklarında/-tiklerinde/-tuklarında/-tüklerinde -tığında/-tiğinde/-tuğunda/-tüğünde

You don't need to be daunted by the table above. It is a good example of sound harmony.

> See Ünite-2,3,4,5 and 6 for sound harmony.

The verb with **-dığında** never changes, regardless of the tense of the verb in the main clause.

a)   İstanbul'a vardığımda onu arayacağım.
          (When I arrive in İstanbul, I will call him/her.)

b)   İstanbul'a vardığımda onu aradım.
          (When I arrived in İstanbul, I called him/her.)

Note that the verb in the subordinate clause in both (a) and (b) is in the same form (i.e. **vardığımda**). However, while (a) translates as *When I arrive in İstanbul*, (b) translates as *When I arrived in İstanbul*.

C **-dığı zaman** has the same meaning as **-dığında**:

• Serdar beni aradığında televizyon seyrediyordum. *(I was watching the telly when Serdar called me.)*
or Serdar beni aradığı zaman televizyon seyrediyordum.

ALIŞTIRMALAR

1 Add the correct form of -dığında to the verbs below.

Person	1 gel- to come	2 dur- to stop	3 sat- to sell	4 git- to go	5 başla- to start
Ben	gel*diğimde*......	dur.....................	sat.....................	git.....................	başla....................
Sen	gel*diğinde*.......	dur.....................	sat.....................	git.....................	başla....................
O	gel*diğinde*.......	dur.....................	sat.....................	git.....................	başla....................
Biz	gel*diğimizde*....	dur.....................	sat.....................	git.....................	başla....................
Siz	gel*diğinizde*....	dur.....................	sat.....................	git.....................	başla....................
Onlar	gel*diklerinde*..	dur.....................	sat.....................	git.....................	başla....................

Person	6 var- to arrive	7 duy- to hear	8 gör- to see	9 ara- to call; to search	10 anlat- to tell
Ben	var.....................	duy.....................	gör.....................	ara.....................	anlat.....................
Sen	var.....................	duy.....................	gör.....................	ara.....................	anlat.....................
O	var.....................	duy.....................	gör.....................	ara.....................	anlat.....................
Biz	var.....................	duy.....................	gör.....................	ara.....................	anlat.....................
Siz	var.....................	duy.....................	gör.....................	ara.....................	anlat.....................
Onlar	var.....................	duy.....................	gör.....................	ara.....................	anlat.....................

Person	11 iste- to want	12 söyle- to say/tell	13 bitir- to finish	14 iç- to drink	15 düş- to fall
Ben	iste.....................	söyle.....................	bitir.....................	iç.....................	düş.....................
Sen	iste.....................	söyle.....................	bitir.....................	iç.....................	düş.....................
O	iste.....................	söyle.....................	bitir.....................	iç.....................	düş.....................
Biz	iste.....................	söyle.....................	bitir.....................	iç.....................	düş.....................
Siz	iste.....................	söyle.....................	bitir.....................	iç.....................	düş.....................
Onlar	iste.....................	söyle.....................	bitir.....................	iç.....................	düş.....................

2 Complete the sentences by adding the correct form of -dığında to the the verbs in brackets.

1 Onu *gördüğümde*...................... her şeyi anlatacağım. (gör-)

2 Annem içeri .... biz televizyon seyrediyorduk. (gir-)

3 İstanbul'a .... seni arayacağım. (var-)

4 O beni .... toplantıdaydım. Bu yüzden telefonu açmadım. (ara-)

5 Kardeşim .... ben 6 yaşındaydım. (doğ-)

6 Arabamı .... yeni bir ev alacağım. (sat-)

7 Zil .... kapıyı açtım. (çal-)

8 Sevtap ödevini .... televizyon seyretti. (bitir-)

9 Onlar .... saat 10'du. (gel-)

10 Siz .... Ali aradı. (git)

A -(y)ince is used to indicate that an event is followed immediately by another event. It is the same for all subjects.

Taksi gelince kalkarız.

• A: Kalkalım mı?
  (Shall we move?)

  B: Taksi gelince kalkarız.
  (We'll get up when the taxi comes.)

Çok meşgulüm. İşim bitince gelirim.

• A: Neredesin?
  (Where are you?)

  B: Çok meşgulüm. İşim bitince gelirim.
  (I am so busy. I will come when my work finishes.)

Neredesin?

Structure:

after **e** or **i**	: **-(y)ince** gelince *upon coming*
after **a** or **ı**	: **-(y)ınca** bakınca *upon looking*
after **o** or **u**	: **-(y)unca** sorunca *upon asking*
after **ö** or **ü**	: **-(y)ünce** gülünce *upon laughing*

The buffer letter **-y-** is inserted when the verb ends in a vowel. e.g. başlayınca *(upon starting)*

B -(y)ince is added directly to the stem of the verb and does not combine with personal suffixes. However, the meaning of the subordinate clause is determined by the tense marker in the main clause:

a)   Yağmur yağınca her yer ıslanır.
     (When it rains, everywhere gets wet.)

b)   Yağmur yağınca her yer ıslandı.
     (When it rained, everywhere got wet.)

Note that (a) tells us of a general event and (b) of a past event. However, the subordinate clause (**Yağmur yağınca**) is in the same form, but its English translation is different for each clause. This is because of the tense of the main verb (i.e. ıslanır = *gets wet* and ıslandı = *got wet*). That is, it is the tense of the main verb that helps us decide how to translate the whole sentence.

• Parti başlayınca tüm ışıklar gitti.
  (When the party started, all the lights went off.)

• Film bitince seni arayacağım.
  (I will call you when the movie ends.)

• Babam uyanınca saat sekizdi.
  (It was 8 o'clock when my father woke up.)

• Bahar gelince karlar erir.
  (The snow melts when spring comes.)

C -(y)ince can sometimes be used interchangeably with -dığında or -dığı zaman which also means *when*:

• Araba bozulunca yardım çağırdılar.
  Araba bozulduğunda yardım çağırdılar.
  Araba bozulduğu zaman yardım çağırdılar.
  (They called for help when the car broke down.)

Araba bozulunca yardım çağırdılar.

ALIŞTIRMALAR

1 Add the correct form of -(y)ince to the verbs below.

1- gel- *to come* *gelince*	2- al- *to take; to buy*	3- dön- *to return*	4- git- *to go*	5- kalk- *to stand up*

6- söyle- *to say*	7- bit- *to finish; to end*	8- düş- *to fall*	9- ara- *to call; to search*	10- otur- *to sit*

11- başla- *to say*	12- ol- *to be / become*	13- kapat- *to close*	14- aç- *to open*	15- in- *to get off*

2 Fill in the blanks with the statements in the box.

a) Selim tatilden dönünce	~~d) Maç bitince~~	g) çok şaşırdım
b) ev soğudu	e) Kış gelince	h) Kapıyı açınca
c) Üniversite bitince	f) Bahar gelince	i) tatile gideriz

1 *Maç bitince* .... restorana gidelim.

2 .... her yer yemyeşil olur.

3 Kaloriferi kapatınca ....

4 .... bizi ziyaret edecek.

5 .... bu göl donar.

6 .... kedi içeri girdi.

7 Yaz gelince ....

8 .... dünyayı dolaşacağım.

9 Sevgi'yi partide görünce ....

3 Put the following words in the correct order.

1 görünce / çok / adamı / korktum
   Adamı görünce çok korktum .

2 benzin / araba / çalışmaz / bitince

   ....

3 inince / seni / uçaktan / arayacağım

   ....

4 gelince / eve / oynarız / oyun

   ....

5 yaparım / fiyatlar / alışveriş / düşünce

   ....

A

iken is used to tell us 'during the time that something is happening' or 'at the same time as something else is happening.'

Forms of iken		
iken as a separate word	**-ken** as suffixed to the verb ending in a consonant	**-yken** as suffixed to the word ending in a vowel
geliyor **iken** = *while coming*	geliyor**ken** = *while coming*	evde**yken** = while at home
It is more common to use **-(y)ken** as suffixed to the word.		
-ken is usually suffixed to present simple and present continuous verbs. geli<u>r</u>ken or geli<u>yor</u>ken		
-ken is not suffixed to past simple or past continuous verbs. ✓ geliyorken ✗ ~~geliyorduken~~		
Vowel harmony rules don't apply to **iken** or **-(y)ken**. ✓ koşar iken ✗ koşar ~~ikan~~ ✓ koşarken ✗ ~~koşarkan~~		

- Ben kitap oku<u>r</u>ken müzik dinlerim.
  (<u>*While reading a book*</u>, *I listen to music*) or
  (<u>*While I read a book*</u>, *I listen to music.*)

Parkta koşarken müzik dinlerim.

The translation of the the verb with **-ken** depends on the tense of the main verb:

a) Parkta koşar<u>ken</u> müzik dinlerim.
   (While I run in the park, I listen to music.)

b) Parkta koşar<u>ken</u> müzik dinledim.
   (While I was running in the park, I listened to music.)

In (a) the tense of the main verb is in present simple (**müzik dinlerim** = *I listen to music*). It tells us of a specific habitual action. Hence the verb with **-ken** is translated as *While I run*, whereas in (b) the main verb is in past simple tense (**müzik dinledim** = *I listened to music*). Therefore, we have translated the verb with **-ken** accordingly. It's also possible to translate **parkta koşarken** as *while running in the park*.

B

-yken follows case markers like **-de/-da/-te/-ta** *(in, on, at)*:

- Bursa'da<u>yken</u> İskender Kebap yedim.
  (While in Bursa, I ate İskender Kebap.)

- Tatilde<u>yken</u> çok kitap okudum.
  (While on holiday, I read a lot of books.)

C

-(y)ken also attaches directly to nouns and adjectives:

- Çocuk<u>ken</u> çok yaramazdım.
  (I was very naughty when I was a child.)

- Pınar hâlâ hasta<u>yken</u> işe gitti.
  (Pınar went to work while she was still ill.)

D

The main clause in English can either precede or follow the subordinate clause while in Turkish the main clause always follows the subordinate clause:

- Futbol oynar<u>ken</u> ayağımı kırdım.
  (While I was playing football, I broke my leg.) or
  (I broke my leg while I was playing football.)

ALIŞTIRMALAR

1 Fill in the blanks with the verbs below.

toplarken	içerken	dinlerken	seyrederken	kullanırken
yaparken (x2)	~~yerken~~	koşarken	beklerken	oynarken
uyurken (x2)	kaçarken	binerken	okurken	inerken
konuşurken	yaşarken			

1   Parkta .... bir tilki gördüm.

2   Selin müzik .... ders çalışır.

3   Araba .... telefonda konuşmamalısın.

4   Nedim top .... ayağını kırdı.

5   Otobüse .... Ayşe'yi gördüm.

6   Yemek ..... *yerken* .... çok konuşuyorsun.

7   Annem alışveriş .... ben kardeşime baktım.

8   Yemek .... elimi yaktım.

9   Babam televizyon .... uyuyakaldı.

10 Bebek .... sessiz olmalıyız.

11 Ben telefonda .... arkadaşım kitap okuyordu.

12 Çilek .... kelebek gördüm.

13 Otobüsten .... düştüm.

14 Ben arabada .... o bankaya gitti.

15 Gazete .... telefon çaldı.

16 Türkiye'de .... Türkçe öğrendi.

17 Onlar .... eve hırsız girdi.

18 Köpekten .... yere düştüm.

19 Su .... öksürdüm.

2 Add -de/-da/-te/-ta followed by -yken.

1   okul.*dayken*.. (while at school)

2   sıra................ (while in the queue)

3   maç................ (while in the match)

4   konser................ (while in the concert)

5   sinema................ (while in the cinema)

6   tiyatro................ (while in the theatre)

7   Marmaris'................ (while in Marmaris)

8   İstanbul'................ (while in İstanbul)

9   banka................ (while in the bank)

10 banyo................ (while in the bathroom)

11 cami................ (while in the mosque)

12 kilise................ (while in the church)

13 müze................ (while in the museum)

14 festival................ (while in the festival)

15 araba................ (while in the car)

16 uçak................ (while on the plane)

17 tren................ (while on the train)

18 otobüs................ (while on the bus)

19 bahçe................ (while in the garden)

20 kolej .... (while at college)

3 Put the word into the correct order.

1   ~~banyodayken / telefon / ben / çaldı~~

Ben banyodayken telefon çaldı.

....

2   Mehmet / dinler / koşarken / müzik

....

3   eve / ben / giderken / köpek / bir / gördüm

....

4   çok / eğlendik / tatildeyken

....

5   Londra'dayken / yaptınız / ne

.... ?

175

A ki, like the conjunction *that* in English, is used after some verbs, adjectives and nouns to introduce a new part of a sentence:

Korkarım ki benzinimiz bitti.

• Korkarım ki benzinimiz bitti.
   (I am afraid that our petrol has run out.)

As seen in the example above, **ki** connects two clauses:

a) **Korkarım.** *(I am afraid.)* and
b) **Benzinimiz bitti.** *(Our petrol has run out).*

• Eminim ki kazanacağız.
   (I am sure that we will win.)

• Biliyorum ki bu yol çok daha kısa.
   (I know that this road is much shorter.)

B When we are upset or anxious about something, we use **ki** at the end of the sentence to say *I don't think ...!* The verb is usually in the present simple negative tense:

• Bana inanmazlar ki!
   (I don't think they will believe me!)

• Bana güvenmez ki!
   (I don't think s/he will trust me!)

C We use **ki** to form expressions like **o kadar ... ki** and **öyle ... ki**. They mean *such ... that, so ... that, so many/much ... that.* This structure helps us to express cause and effect relationship.

Example-1		
Cause :	Berrin çok üzgün.	*(Berrin is so upset.)*
Effect :	Odasından çıkmıyor.	*(She is not leaving her room.)*

• Berrin o kadar üzgün ki odasından çıkmıyor.
   (Berrin is so upset that she is not leaving her room.)

Seni o kadar seviyorum ki!

Example-2		
Cause :	Çok yorgunum.	*(I am so tired.)*
Effect :	Partiye gitmeyeceğim.	*(I won't go to the party.)*

• O kadar yorgunum ki partiye gitmeyeceğim.
   (I am so tired that I won't go to the party.)

In colloquial Turkish, we may end the sentence with **ki** to express surprise or anxiety. We may omit *that* in the English translation:

• Seni o kadar seviyorum ki! *(I love you so much!)*

See **Ünite-35** for the use of **-ki** as an adjectival suffix.

ALIŞTIRMALAR

1 Use ki to combine the sentences into one sentence.

1 Sandım. Sadece ben davetliyim. ....*Sandım ki sadece ben davetliyim.*........................ .

2 Düşündüm. Bu akşam evde bir film seyredebiliriz. ....

3 Görüyorum. Hala oyun oynuyorsunuz. ....

4 Korkarım. Bu ilacı almalısınız. ....

5 Anladım. Beni hiç sevmiyor. ....

6 Eminim. O her şeyi biliyor. ....

7 Bakıyorum. Hepiniz buradasınız. ....

8 Biliyorum. Her şey güzel olacak. ....

9 Duydum. Hala aynı yerde çalışıyorsun. ....

2 Use the o kadar ... ki structure to rewrite the sentences into one sentence.

1 Film güzeldi. Üç kere seyrettim. ....*Film o kadar güzeldi ki üç kere seyrettim*................ .

2 Döner nefisti. 2 porsiyon yedim. ....

3 Açım. Bütün yemekleri bitirebilirim. ....

4 Elbiseler ucuz. 5 gömlek ve 4 pantolon aldım. ....

5 Kek nefisti. Hemen bitti. ....

6 Yunus yorgundu. Hemen uyudu. ....

7 Susamışım. İki litre su içebilirim. ....

8 Cem'in parası var. Bir Ferrari alabilir. ....

9 Bankada insan vardı. İki saat bekledim. ....

10 Dün soğuktu. İki ceket giydim. ....

A We use **ki** to introduce a sentence expressing surprise.
In this sense, **ki** translates as *...and found ...*:

Eve girdim ki her yer darmadağın!

• Eve girdim ki her yer darmadağın.
  (I entered the house and found everywhere was in a real mess.)

• Geldim ki herkes gitmiş.
  (I came and found everyone had gone.)

B **ki** is also used to express purpose like *so that* in English. The main clause is in the subjunctive mood*:

• Çok çalış ki başarılı olasın.
  (Study hard so that you become successful.)

Koşmalıyız ki otobüse yetişelim.

• Özür dilemelisin ki seni affetsin.
  (You should apologise so that s/he forgives you.)

• Koşmalıyız ki otobüse yetişelim.
  (We should run so that we catch the bus.)

C **ki** is also used for saying that something had only just happened when something else happened. It corresponds to *hardly ... when*. We may optionally use **tam** before the first verb:

• Kahvaltıya (tam) başlamışlardı ki zil çaldı.
  (They had hardly started the breakfast when the bell rang.)

• Telefonu (tam) kapatmıştım ki Ferda içeri girdi.
  (I had hardly hung up when Ferda came in.)

• Mesut tam oturmuştu ki telefon çaldı.
  (Mesut had hardly sat down when the phone rang.)

Kahvaltıya tam başlamışlardı ki zil çaldı.

D In questions, we may end the sentence with **ki** when we are asking questions for information we are not sure about. In this sense, **ki** may translate as *I wonder if ...* :

• Telefonu buldu mu?   →   Telefonu buldu mu ki?
  (Has s/he found the phone?)   *(I wonder if s/he found the phone?)*

• Zeynep burayı tek başına bulabilir mi?   →   Zeynep burayı tek başına bulabilir mi ki?
  (Can Zeynep find here on her own?)   *(I wonder if Zeynep can find here on her own?)*

*The form of a verb that expresses wishes, possibility or uncertainty. For example: Geleyim. *Let me come.* See **Ünite-79/A**

ALIŞTIRMALAR

1 Complete 1-4 with a-d.

1 Dolabın kapısını açtım ki ..*d*. .
2 Polis eve girdi ki ..... .
3 Arkamı döndüm ki ..... .
4 Televizyonu açtım ki ..... .

a) eski arkadaşımı gördüm
b) program bitmiş
c) her yer kan içindeydi
d) bir fare gördüm

2 Complete the sentences with the statements in the box.

a) annen sana kek versin	c) bebek uyanmasın	e) çürümesinler
b) sana yardımcı olayım	d) unutmasın	f) para kazanalım

1 Dişlerini fırçala ki *çürümesinler* .
2 Çalışmalıyız ki ....
3 Ona hatırlatmalısın ki ....
4 Bana anlatmalısın ki ....
5 Yemeğini bitirmelisin ki ....
6 Sessiz olmalıyız ki ....

3 Complete the sentences with the statements in the box.

a) Dışarı tam çıkmıştım ki	d) hırsızlar kaçtı
b) İstasyona tam varmıştım ki	e) Akşam yemeğine tam oturmuştuk ki
c) elektrikler gitti	

1 *Dışarı tam çıkmıştım ki* .... yağmur yağmaya başladı.
2 .... zil çaldı.
3 Polis tam gelmişti ki ....
4 .... tren kalktı.
5 Yemeği tam hazırlamıştım ki ....

4 Translate the following sentences into English.

1 Ahmet eve geldi mi ki?
I wonder if Ahmet has come home? ?

2 Suzan doktoru aradı mı ki?
.... ?

3 Öğretmen okula geldi mi ki?
.... ?

4 Babam uyandı mı ki?
.... ?

5 Çocuklar yattı mı ki?
.... ?

6 Uçak indi mi ki?
.... ?

7 Maç başladı mı ki?
.... ?

8 Yemek hazır mı ki?
.... ?

A -ki is added to the genitive case of a noun or pronoun:

• Senin araban Audi. Benim<u>ki</u> Mercedes.
 (Your car is Audi. Mine is Mercedes.)

In the example above, -ki represents **araba**. It is added to **benim** (*my*) to avoid saying **benim arabam** (*my araba*), for the speaker has already mentioned **araba** in the previous sentence. Therefore, it would be unnecessary to repeat it in the second sentence. More examples:

> Senin araban Audi. Benimki Mercedes.

• Benim oyuncağım burada. Seninki orada.
 (My toy is here. Yours is there.)

• Benimki mavi. Seninki yeşil.
 (Mine is blue. Yours is green.)

> • Aslı : Benim kitabım burada. Seninki nerede?
> *(My book is here. Where is yours?)*
>
> Pınar : Benimki çantamda.
> *(Mine is in my bag.)*

B -ki is added to possessive adejctives to make them possessive pronouns:

Possessive Adjectives		Possessive Pronouns	
benim	*my*	benimki	*mine*
senin	*your*	seninki	*yours*
onun	*his/her/its*	onunki	*his/hers/its*
bizim	*our*	bizimki	*ours*
sizin	*your*	sizinki	*yours*
onların	*their*	onlarınki	*theirs*

benim kalemim = *my pencil* → benimki = *mine*
senin kalemin = *your pencil* → seninki = *yours*
onun kalemi = *his/her/its pencil* → onunki = *his/hers/its*
bizim kalemimiz = *our pencil* → bizimki = *ours*
sizin kaleminiz = *your pencil* → sizinki = *yours*
onların kalemi = *their pencil* → onlarınki = *theirs*

C -ki is also added to proper nouns which are in the genitive case *(Ayşe'nin, Mehmet'in, Istanbul'un, etc.)*:

• A : Benim bisikletim çok güzel.
 (My bicycle is so good.)

 B : Ama Mehmet'inki daha güzel.
 (But Mehmet's is better.)

D **benimki** or **bizimki** may refer to a spouse (husband or wife), a child or a friend:

> Eve çok geç kaldım. Benimki şimdi fena kızacak.

• Eve çok geç kaldım. Benimki/Bizimki şimdi fena kızacak.
 (I am too late for home. Mine (my husband) will be so angry now.)

• Bizimki bahçede top oynuyor.
 (Ours (Our child) is playing in the garden.)

E We use the question word **kiminki** particularly when comparing things:

A: Benim arabam daha güzel. *(My car is better.)*
B: Peki kiminki daha ekonomik? *(Ok, whose (car) is more economical?)*
A: Seninki daha ekonomik. *(Yours is more economical.)*

ALIŞTIRMALAR

1 Fill in the blanks by adding -ki to the possessive adjectives in brackets.

1 Benim babam doktor. _Seninki_ avukat. (Senin)

2 Bizim evimiz yakın. .... çok uzak. (Sizin)

3 Onun çantası yeşil. .... kırmızı. (Benim)

4 Bizim arabamız Volkswagen. .... BMW. (Onların)

5 Senin telefonun masada. .... yerde. (Onun)

6 Onların bahçesi küçük. .... büyük. (Bizim)

7 Benim şapkam mavi. .... sarı. (Sedat'ın)

2 Fill in the speech bubbles with the following statements.

| a) Benimki çantamda | b) Ama Mehmet'inki daha güzel | c) Seninki yeşil |

A   **madem (ki)** is closest in meaning to *seeing that, now that or considering that.* It is used when we are saying that something happens because of something else. It is generally used at the beginning of the sentence:

• A   : Çok üşüyorum.
           (I am so cold.)

  B   : Madem çok üşüyorsun, ceketini giy.
           (Seeing that you are so cold, put your jacket on.)

• Madem yağmur yağıyor, pikniğe gitmeyelim.
  (Seeing that it is raining, let us not go for a picnic.)

• Madem taksi daha gelmedi, biraz daha oturabiliriz.
  (Seeing that the taxi hasn't come yet, we can sit a bit more.)

• Madem yorgunsun, biraz dinlen.
  (Seeing that you are tired, have some rest.)

• Madem yemek yemiyorsun, sana şeker vermeyeceğim.
  (Seeing that you are not eating, I am not going to give you sweets.)

• Madem dinliyorsunuz, soruyu tekrar edeceğim.
  (Seeing that you are listening, I will repeat the question.)

• Madem maaşın arttı, yeni bir araba alabilirsin.
  (Seeing that your salary has increased, you can buy a new car.)

- You can start the second sentence (main clause) with **o zaman** *(then)*, which is optional.

• Madem yemek yemiyorsun, (o zaman) sana şeker vermiyorum.
  (Seeing that you are not eating, (then) I am not giving you sweets.)

B   Although not commonly used, we may replace **madem** by **değil mi ki**:

• Değil mi ki biz arkadaşız, birbirimizi üzmemeliyiz.
  (Now that we are friends, we shouldn't upset each other.)

ALIŞTIRMALAR

1 Complete the sentences with the statements in the box.

a) güzel bir araba alabilirsin	d) bugün sinemaya gitme	g) bir taksi çağıralım
b) sana biraz tatlı vereceğim	e) Madem elektrikler gitti	h) Madem ödevini bitirdin
c) Madem yarın senin doğum günün	f) pencereyi kapat	

1 Madem hava soğuk, *pencereyi kapat* .

2 Madem otobüsü kaçırdık, ...

3 Madem zenginsin, ...

4 Madem yemeğini bitirdin, ...

5 ...., oyun oynayabilirsin.

6 ...., mum yakalım.

7 ...., bir parti yapalım.

8 Madem yarın sınavın var, ...

2 Put the following words in the correct order.

1 yorgunsun / erken / madem / yat .... *Madem yorgunsun erken yat.* ....

2 evde / film / madem / yağmur yağıyor / seyredelim ....

3 madem / kaçırdık / otobüsü / yürüyelim / eve ....

4 Türkçe / anlıyorsun / madem / yardım edebilirsin / ona ....

5 hasta / eve / gitsin / madem ....

6 kırdınız / vazoyu / madem / burayı / süpürün / hemen ....

7 seni / madem / affedeceğim / özür diledin ....

8 burası / pahalı / madem / başka / gidelim / mağazaya ....

9 sıcak / yarın / olacak / madem / denize / gidelim ....

3 Translate the following sentences into English.

1 Madem suyu döktün, hemen sil.

....

2 Madem beni sevmiyorsun, o zaman ayrılalım.

....

3 Madem özür diledin, o zaman seni affediyorum.

....

4 Madem bugün güneşli olacak, pikniğe gidebiliriz.

....

5 Madem çay yaptın, o zaman bana da getir.

....

6 Madem yarın sınavın var, ders çalışmalısın.

....

7 Madem açız, o zaman bir restorana gidelim.

....

8 Madem Türkiye'de yaşayacaklar, o zaman Türkçe öğrenmeliler.

....

A **-den beri** is a postposition which corresponds in meaning to English *since, for,* or *from the time of*.

Forms of **-den beri**	
after vowels and b, c, d, g, ğ, j, l, m, n, r, v, y, z	**-den beri** or **-dan beri**
after ç, f, h, k, p, s, ş, t	**-ten beri** or **-tan beri**

dün<u>den beri</u>   = *since yesterday*
sabah<u>tan beri</u>   = *since morning*

B **-den beri** has the sense of *since* when used with a noun phrase to express the time at which the state of process began:

- Cuma<u>dan beri</u> Londra'dayım.
  (I have been in London since Friday.)

- Temmuz<u>dan beri</u> bu proje üzerinde çalışıyorum.
  (I have been working on this project since July.)

- Sabah<u>tan beri</u> kar yağıyor.
  (It's been snowing since morning.)

C **-den beri** has the sense of *for* when used with a noun phrase to express the time that has/had elapsed since the start of the process or the onset of the state:

- Emre iki yıl<u>dan beri</u> Fenerbahçe'de oynuyor.
  (Emre has been playing for Fenerbahçe for two years.)

- Leyla on yıl<u>dan beri</u> bu okulda çalışıyordu.
  (Leyla had been working at this school for ten years.)

-We can use the suffix **-dır/-dir/-dur/-dür** instead of **-den beri**:

- Emre iki yıl<u>dır</u> Fenerbahçe'de oynuyor.
  (Emre has been playing for Fenerbahçe for two years.)

D **-den beri** is used to form expressions like **o zamandan beri** *(since then)*, **yıllardan beri** *(for years)*, **uzun zamandan beri** *(for a long time)*:

- Beş yıl önce buradan ayrıldı. O zamandan beri ondan haber almadım.
  (He left here five years ago. I haven't heard from him since then.)

- Mithat yıllardan beri aynı arabayı kullanıyor.
  (Mithat has been driving the same car for years.)

- Uzun zamandan beri bu köyde yaşıyoruz.
  (We have been living in this village for a long time.)

E We use **Ne zamandan beri ... ?** to say *Since when ... ?*:

- A: Bu şirkette ne zamandan beri çalışıyorsunuz?
  (Since when have you been working at this company?)

  B: Bu şirkette altı aydan beri çalışıyorum.
  (I have been working at this company for six months.)

ALIŞTIRMALAR

1 Add the correct form of -den beri.

1 geçen hafta*dan beri*..... (since last week)

2 bayram...................... (since the eid)

3 düğün...................... (since the wedding)

4 salı...................... (since Tuesday)

5 ağustos...................... (since August)

6 maç...................... (since the match)

7 2001'...................... (since 2001)

8 kasım...................... (since November)

2 Complete the sentences by adding the correct form of -den beri to the words in brackets.

1 *Geçen haftadan beri* .... hastayım. (geçen hafta)

2 Nedim .... bizim evde yaşıyor. (temmuz)

3 .... Ali'yi görmedim. (maç)

4 .... beni aramadı. (düğün)

5 .... Türkiye'de yaşıyoruz. (2013)

6 .... tatildeler. (cumartesi)

7 .... İngiltere'ye gitmedim. (geçen yıl)

8 .... bu üniversitede okuyor. (eylül)

9 .... hiçbir şey yemedim. (sabah)

10 Saat .... seni bekliyorum. (10)

3 Complete the dialogues using the information given in brackets.

Dialogue-1

A: Kaç yıldan beri İstanbul'da yaşıyorsunuz?

B: .... (beş)

Dialogue-2

A: Kaç haftadan beri Türkçe kursuna gidiyorsunuz?

B: .... (sekiz)

Dialogue-3

A: Kaç aydan beri bu şirkette çalışıyorsunuz?

B: .... (altı)

Dialogue-4

A: Kaç günden beri elektrik yok?

B: .... (iki)

4 Translate the following sentences into English.

1 Dünden beri Ali'yi görmedim.
   I haven't seen Ali since yesterday.

2 Geçen yıldan beri Marmaris'te yaşıyorlar.
   ....

3 Cuma'dan beri hastayım.
   ....

4 Eylülden beri bu şirkette çalışıyorum.
   ....

5 Geçen haftadan beri tatildeler.
   ....

6 Uzun zamandan beri burada yaşıyoruz.
   ....

7 Yıllardan beri arkadaşız.
   ....

8 Aynur'u o zamandan beri görmedim.
   ....

9 Geçen aydan beri dedemi ziyaret etmedim.
   ....

10 Temmuz'dan beri Türkçe öğreniyorum.
   ....

-den dolayı/ötürü *(because of, due to, thanks to)*

A

-den dolayı/ötürü is a postposition which means *because of, due to* or *thanks to*. It can be added to nouns only:

Forms of -den dolayı	
after vowels and b, c, d, g, ğ, j, l, m, n, r, v, y, z	**-den dolayı** or **-dan dolayı**
after ç, f, h, k, p, s, ş, t	**-ten dolayı** or **-tan dolayı**

ka**rdan dolayı**	= *because of snow*
tati**lden dolayı**	= *because of holiday*
trafi**kten dolayı**	= *because of traffic*
açlı**ktan dolayı**	= *because of hunger*

Examples:

- Sis**ten dolayı** kaza yaptılar.
  (They had an accident because of fog.)

- Selim, parasızlık**tan dolayı** dileniyor.
  (Selim is begging because of moneylessness.)

- Ka**rdan dolayı** maçı ertelediler.
  (They postponed the match because of snow.)

- Yoğun trafik**ten dolayı** geç kaldık.
  (We're late because of heavy traffic.)

- Maraton**dan dolayı** köprü trafiğe kapalı.
  (The bridge is closed to traffic because of the marathon.)

Sisten dolayı kaza yaptılar.

- In colloquial Turkish, **dolayı/ötürü** can be omitted without causing any change in meaning.

B

We can make phrases like **Bundan dolayı/ötürü** and **Bu yüzden** to say *because of this, therefore* or *thus*:

- Hava çok soğuktu. Bundan dolayı/Bu yüzden, geziyi iptal ettik.
  (The weather was very cold. Because of this/Therefore, we cancelled the trip.)

C

We can also use **yüzünden, nedeniyle, sebebiyle** or **dolayısıyla** to say *because of* or *due to*:

- Olaylar yüzünden her yer kapalı. *or* Olaylar**dan dolayı** her yer kapalı.
  (Everywhere is closed because of the incidents.)

- Salgın yüzünden 1000 kişi öldü. *or* Salgın**dan dolayı** 1000 kişi öldü.
  (1000 people died because of the epidemic.)

- Cenaze yüzünden kapalıyız. *or* Cenaze**den dolayı** kapalıyız.
  (We are closed because of the funeral.)

ALIŞTIRMALAR

1 Add the correct form of -den dolayı to the words below.

1 kuraklık*tan dolayı* (because of drought)

2 parasızlık...................... (because of moneylessness)

3 gürültü...................... (because of the noise)

4 yağmur...................... (because of the rain)

5 festival .... (because of the festival)

6 problemler .... (because of the problems)

7 yardımlar...................... (thanks to the help)

8 dikkatsizlik...................... (due to carelessness)

9 yoğun destek .... (thanks to the massive support)

10 bir hata...................... (because of an error)

11 fırtına.................... (due to the storm)

12 yoğun kar...................... (due to heavy snow)

13 aşırı ihmal...................... (due to gross negligence)

14 hastalık...................... (due to illness)

15 cehalet...................... (due to ignorance)

16 baskı...................... (due to pressure)

17 fakirlik...................... (due to poverty)

18 soğuk...................... (due to cold)

19 deprem .... (due to earthquake)

20 sel...................... (due to flood)

2 Complete 1-11 with a-k.

a) Gürültüden dolayı	e) tüm sistem çöktü	i) yanlış yaptı
b) Yoğun kardan dolayı	f) fabrikayı kapattı	j) çok teşekkür ederiz
c) ~~yüzlerce insan öldü~~	g) ağaçlar kurudu	k) ~~Fırtınadan dolayı~~
d) Yoğun destekten dolayı	h) okula gidemedi	

1 *Fırtınadan dolayı*........... uçaklar kalkmadı.

2 .... uyuyamadım.

3 Birsen, dikkatsizlikten dolayı ....

4 .... bütün yollar kapalı.

5 Selden dolayı *yüzlerce insan öldü* .

6 Kuraklıktan dolayı ....

7 Yardımlardan dolayı .... !

8 Bir hatadan dolayı ....

9 .... maçı kazandık.

10 Sevim, hastalıktan dolayı ....

11 Patron, bazı problemlerden dolayı ....

3 Fill in the blanks with yüzünden or dolayı.

1 Yoğun kar ....*yüzünden*............ uçaklar kalkmıyor.

2 Dilek, soğuktan .... üşüttü.

3 Festivalden .... yollar kapalı.

4 Gazeteciler, aşırı baskı .... ülkeyi terketti.

5 Parasızlıktan .... üniversiteye gitmedi.

6 Tülay ve Aslı, birkaç problem .... kavga etti.

A -dığından dolayı is a postposition which means *because, since* or *as*. It can be added to verbs only:

Forms of -dığından dolayı

	after vowels and b, c, d, g, ğ, j, l, m, n, r, v, y, z	after ç, f, h, k, p, s, ş, t
Ben	-dığımdan / -diğimden dolayı -duğumdan / -düğümden dolayı	-tığımdan / -tiğimden dolayı -tuğumdan / -tüğümden dolayı
Sen		
O	-dığından / -diğinden dolayı -duğundan / -düğünden dolayı	-tığından / -tiğinden dolayı -tuğundan / -tüğünden dolayı
Biz	-dığımızdan / -diğimizden dolayı -duğumuzdan / -düğümüzden dolayı	-tığımızdan / -tiğimizden dolayı -tuğumuzdan / -tüğümüzden dolayı
Siz	-dığınızdan / -diğinizden dolayı -duğunuzdan / -düğünüzden dolayı	-tığınızdan / -tiğinizden dolayı -tuğunuzdan / -tüğünüzden dolayı
Onlar	-dıklarından / -diklerinden dolayı -duklarından / -düklerinden dolayı	-tıklarından / -tiklerinden dolayı -tuklarından / -tüklerinden dolayı

-The main clause always follows **-dığından dolayı/-dığı için**:

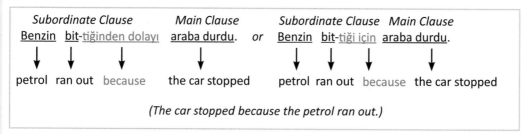

Subordinate Clause			Main Clause		Subordinate Clause		Main Clause
Benzin	bit-<u>tiğinden dolayı</u>		araba durdu.	*or*	Benzin	bit-<u>tiği için</u>	araba durdu.
↓	↓	↓	↓		↓	↓	↓
petrol	ran out	because	the car stopped		petrol ran out	because	the car stopped

(The car stopped because the petrol ran out.)

• Geç uyan<u>dığımdan dolayı</u> otobüsü kaçırdım. *or*   Geç uyan<u>dığım için</u> otobüsü kaçırdım.
(I missed the bus because I woke up late.)

• Yağmur yağ<u>dığından dolayı</u> pikniğe gitmedik. *or*   Yağmur yağ<u>dığı için</u> pikniğe gitmedik.
(We didn't go for a picnic because it rained.)

-We can make negative sentences by inserting **-me/-ma** between the verb and **-dığından dolayı** or **-dığı için**:

• Erken kalk<u>madığımdan dolayı</u> otobüsü kaçırdım. *or* Erken kalk<u>madığım için</u> otobüsü kaçırdım.
(I missed the bus as I didn't get up early.)

B To indicate a reason in the future we add **-acağından/-eceğinden dolayı** or **-acağı/-eceği için** to the verb:

Ben	-acağımdan/-eceğimden dolayı
Sen	-acağından/-eceğinden dolayı
O	
Biz	-acağımızdan/-eceğimizden dolayı
Siz	-acağınızdan/-eceğinizden dolayı
Onlar	-acaklarından/-eceklerinden dolayı

Erken kalkacağımdan dolayı şimdi yatmalıyım.

• Erken kalk<u>acağımdan dolayı</u> şimdi yatmalıyım.
(I need to go to bed now because I will wake up early.)
or
Erken kalk<u>acağım için</u> şimdi yatmalıyım.

ALIŞTIRMALAR

1 Add the correct form of -dığından dolayı to the verbs below.

Person	1 yap- to do / to make	2 dur- to stop	3 sat- to sell
Ben	yaptığımdan dolayı............	dur.........................	sat...........................
Sen	yaptığından dolayı............	dur.........................	sat...........................
O	yaptığından dolayı............	dur.........................	sat...........................
Biz	yaptığımızdan dolayı........	dur.........................	sat...........................
Siz	yaptığınızdan dolayı..........	dur.........................	sat...........................
Onlar	yaptıklarından dolayı.........	dur.........................	sat...........................

Person	4 gel- to come	5 bitir- to finish / to end	6 iç- to drink
Ben	gel............................	bit.........................	iç...........................
Sen	gel............................	bit.........................	iç...........................
O	gel............................	bit.........................	iç...........................
Biz	gel............................	bit.........................	iç...........................
Siz	gel............................	bit.........................	iç...........................
Onlar	gel............................	bit.........................	iç...........................

2 Add the correct form of -dığından dolayı to complete the sentences.

1 Benzin bittiğinden dolayı........ araba durdu.

2 Demet alkol al.................................... sarhoş oldu.

3 Sami geç gel..................................... öğretmen kızdı.

4 Yağmur yağ...................................... denize gitmedik.

5 Leyla ders çalış................................. başarılı oldu.

6 Sen hızlı konuş................................. seni anlamadım.

3 Complete the sentences by adding -madığından/-mediğinden dolayı to the verbs.

1 Nilgün erken kalkmadığından dolayı..... geç kaldı.

2 Sinan spor yap .... kilo aldı.

3 Sigara iç... çok sağlıklısın.

4 Herkes gel...................................... çok üzgünüm.

5 Nilay dikkat et.................................. düştü.

6 Ben ders çalış .... başarısız oldum.

4 Add the correct form of -dığı için to complete the sentences.

1 Benzin bittiği için...................... araba durdu.

2 Demet alkol al.................................... sarhoş oldu.

3 Sami geç gel..................................... öğretmen kızdı.

4 Yağmur yağ...................................... denize gitmedik.

5 Leyla ders çalış................................. başarılı oldu.

6 Sen hızlı konuş................................. seni anlamadım.

5 Complete the sentences by adding -madığı/-mediği için to the verbs.

1 Nilgün erken kalkmadığı için................... geç kaldı.

2 Sinan spor yap... kilo aldı.

3 Sigara iç... çok sağlıklısın.

4 Herkes gel... çok üzgünüm.

5 Nilay dikkat et.. düştü.

6 Ben ders çalış .... başarısız oldum.

A

-den yana means *as regards*:

Forms of **-den yana**	
after vowels and b, c, d, g, ğ, j, l, m, n, r, v, y, z	**-den yana** or **-dan yana**
after ç, f, h, k, p, s, ş, t	**-ten yana** or **-tan yana**

- Selim arkadaştan yana şanslı değil.
  (Selim is not lucky as regards friends.)

- Paradan yana bir problemimiz yok.
  (We have no problem as regards money.)

- Aşktan yana çok şanslısın.
  (You are so lucky as regards love.)

Note that **-den yana ol-** is a phrase which means *to be in favour of*:

Selim arkadaştan yana şanslı değil.

- Sansürden yana değilim.
  (I am not in favour of censorship.)

- Sansürden yanayım.
  (I am in favour of censorship.)

B

-den başka means *apart from, except for, other than*:

Forms of **-den başka**	
after vowels and b, c, d, g, ğ, j, l, m, n, r, v, y, z	**-den başka** or **-dan başka**
after ç, f, h, k, p, s, ş, t	**-ten başka** or **-tan başka**

- Selin'den başka arkadaşım yok.
  (I have no friends apart from Selin.)

- Benden başka sana kimse yardım edemez.
  (No one can help you apart from me.)

- Sınıfta Ali'den başka beş öğrenci daha var.
  (There are five more students apart from Ali in the class.)

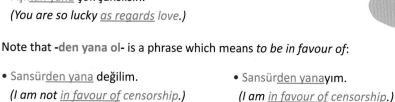

benden başka = *apart from* **me**   ondan başka = *apart from* **him/her/it**   sizden başka = *apart from* **you**
senden başka = *apart from* **you**   bizden başka = *apart from* **us**   onlardan başka = *apart from* **them**

C

We also use **-den başka bir şey yok** to say *"There isn't anything else other than ..."*

- Sofrada pilavdan başka bir şey yok.
  (There isn't anything else other than rice on the table.)

- Çantada çöpten başka bir şey yok.
  (There isn't anything else other than rubbish in the bag.)

D

-den itibaren means *with effect from*:

Forms of **-den itibaren**	
after vowels and b, c, d, g, ğ, j, l, m, n, r, v, y, z	**-den itibaren** or **-dan itibaren**
after ç, f, h, k, p, s, ş, t	**-ten itibaren** or **-tan itibaren**

- 1 Eylül'den itibaren otobüs bileti 3 lira olacak.
  (Bus tickets will be 3 liras, with effect from 1st September.)

- Yarından itibaren kamu alanlarında sigara içmek yasak olacak.
  (Smoking will be forbidden in public places, with effect from tomorrow.)

ALIŞTIRMALAR

1 Add the correct form of -den yana to the words below.

1 Murat, arkadaş*tan yana*..................... şanslı değil.

2 Nedim, futbol..................................... başarılı değil.

3 Bu marka kalite................................... çok iyi.

4 Ferit aşk.............................. çok şanslı.

5 Ben iş.................................. mutlu değilim.

6 Öğretmenler grev....................................... değil.

7 Gazeteciler sansür....................................... değil.

8 Ben idam........................... değilim.

9 Polis suçlu........................... değil.

10 Bazı insanlar eşitlik.. değil.

2 Add the correct form of -den başka to the words below.

1 Salih'*ten başka*.................. (except for Salih)

2 Ali'.. (except for Ali)

3 Suzan'..................................... (except for Suzan)

4 Burak'..................................... (except for Burak)

5 annem....................................... (except for my mother)

6 çay....................................... (other than tea)

7 babam................................ (except for my father)

8 ben....................................... (except for me)

9 sen................................... (except for you)

10 o.................................. (except for him/her)

11 kebap................................ (other than kebab)

12 yumurta................................... (other than eggs)

3 Complete the sentences by adding the correct form of -den başka to the words below.

1 Kuyrukta, ben*den başka*.................. üç kişi var.

2 Odada, televizyon....................................... iki bilgisayar var.

3 Ofiste, masa... dört sandalye var.

4 Arabada, Kerem'....................................... iki kişi var.

5 Havuzda, Birol'... altı kişi var.

6 Çocuk, süt...................................... bir şey içmiyor.

4 Complete the sentences by adding the correct form of -den başka bir şey yok to the words below.

1 Buzdolabında yumurta*dan başka bir şey yok*............ .

2 Bu caddede mağaza... .

3 Bu restoranda kebap.. .

4 Televizyonda haber.. .

5 Kahvaltıda peynir ve zeytin.. .

5 Add the correct form of -den itibaren to the words below.

1 gelecek yıl*dan itibaren*............. (with effect from next year)

2 pazartesi.. (with effect from Monday)

3 gelecek hafta.................................... (with effect from next week)

4 gelecek ay..................................... (with effect from next month)

5 ocak....................................... (with effect from January)

6 mart....................................... (with effect from March)

A **-(y)a/-(y)e doğru** is used for saying in which direction somebody/something is going or looking:

işe doğru	= *towards* work	İstanbul'a doğru	= *towards* İstanbul
eve doğru	= *towards* home	postaneye doğru	= *towards* the post office

• Köpek bize doğru geliyor.
  (The dog is coming towards us.)

• Ferit: Parka doğru yürüyelim mi?
  (Shall we walk towards the park?)

  Ayten: Elbette.
  (Certainly.)

bana doğru = *towards me*	**bize doğru** = *towards us*
sana doğru = *towards you*	**size doğru** = *towards you*
ona doğru = *towards him/her/it*	**onlara doğru** = *towards them*

-a/-e doğru or **-a/-e karşı** is also used for saying something happens close to a particular point in time:

• Misafirler sabaha doğru/karşı burada olacaklar. *(The guests will be here towards/around morning.)*

B **-(y)a/-(y)e karşı** can be used to express all senses of *against*:

Galatasaray yarın Arsenal'a karşı oynayacak.

HABERLER

• Galatasaray yarın Arsenal'a karşı oynayacak.
  (Galatasaray will play against Arsenal.)

• Bu fikre karşı değilim.
  (I am not against this idea.)

• Irkçılığa karşı mücadele ediyorlar.
  (They are fighting against racism.)

C **-a/-e karşı** also means *opposite*:

• Sezen denize karşı bir villada yaşıyor.
  (Sezen lives in a villa facing/opposite the sea.)

• Göle karşı bir restoranda yemek yiyorlar.
  (They are eating in a restaurant facing/opposite the lake.)

D **-a/-e karşı** can also be used to indicate attitude:

• Öğretmene karşı büyük saygım var.
  (I have great respect for the teacher.)

• Anne ve babana karşı saygılı olmalısın.
  (You must be respectful for your parents.)

denize karşı bir villa

ALIŞTIRMALAR

1 Add -(y)e/-(y)a doğru to the words below.

1 banka*ya doğru* (towards the bank)
2 okul..................... (towards the school)
3 araba..................... (towards the car)
4 top..................... (towards the ball)
5 kafe..................... (towards the cafe)
6 sinema..................... (towards the cinema)
7 otobüs..................... (towards the bus)
8 ofis..................... (towards the office)
9 bisiklet..................... (towards the bicycle)
10 hastane..................... (towards the hospital)

11 mağaza..................... (towards the shop/store)
12 üniversite..................... (towards the university)
13 istasyon..................... (towards the station)
14 kale..................... (towards the castle)
15 müze..................... (towards the museum)
16 restoran..................... (towards the restaurant)
17 İzmir'..................... (towards İzmir)
18 Marmaris'..................... (towards Marmaris)
19 Ankara'..................... (towards Ankara)
20 akşam..................... (towards/around evening)

2 Complete the sentences by adding -(y)e/-(y)a doğru to the words below.

1 Onlar şimdi Marmaris'*e doğru*........... gidiyorlar.
2 Ahmet üniversite.......................... yürüyor.
3 Adam otobüs.......................... koşuyor.
4 Polis araba.......................... yaklaşıyor.
5 Çocuklar akşam.......................... varacaklar.
6 Şimdi okul.......................... geliyorum.
7 Banka.......................... yürüyorum.
8 Göl.......................... yürüyelim mi?
9 Kerem saat 5'.......................... burada olacak.
10 Köpek Yunus'.......................... koşuyor.

3 Add -(y)e/-(y)a karşı to the words below.

1 sansür*e karşı*........ (against censorship)
2 teklif..................... (against the proposal)
3 barış..................... (against peace)
4 düşman..................... (against the enemy)
5 enfeksiyon..................... (against infection)

6 idam..................... (against capital punishment)
7 Portekiz'..................... (against Portugal)
8 Fenerbahçe'..................... (against Fenerbahçe)
9 terör..................... (against terror)
10 saldırı..................... (against the attack)

4 Complete the sentences by adding -(y)e/-(y)a karşı to the words below.

1 Yeni teklif*e karşı*............. değilim.
2 Bu adam demokrasi.......................... bir insandır.
3 Saldırı.......................... hazırlık yapıyorlar.
4 Düşman.......................... zafer kazandık.
5 Bizim takım Beşiktaş'.......................... oynuyor.

A kadar is used to indicate that something is close to a particular number or amount:

bir yıl kadar = *about a year*   **iki kilo kadar** = *about two kilos*   **on gün kadar** = *about ten days*

- Hakan bir yıl kadar bu şirkette çalıştı.
  (Hakan has worked at this company for about a year.)

- On gün kadar İstanbul'da kalacağız.
  (We'll stay in İstanbul for about ten days.)

- Betül : Pazardan ne aldın?
    (What did you buy from the market?)

  Tarık : İki kilo kadar elma ve 1 kilo kadar da erik aldım.
    (I bought about two kilos of apples and about one kilo of plums.)

> Pazardan ne aldın?

> İki kilo kadar elma ve 1 kilo kadar da erik aldım.

B kadar is used to show comparison and corresponds in meaning to *as ... as*:

- Bu bıçak kılıç kadar keskindir.
  (This knife is as sharp as a sword.)

- Koray, aslan kadar güçlüdür.
  (Koray is as strong as a lion.)

- Fikret, Ali kadar uzun değil.
  (Fikret isn't as tall as Ali.)
  Ali, Fikret'ten daha uzun.
  (Ali is taller than Fikret.)

> Bu bıçak kılıç kadar keskindir.

Fikret   Ali

Fikret, Ali kadar uzun değil.
(Ali, Fikret'ten daha uzun.)

C kadar follows words like **benim**, **senin**, etc. to form the phrases below:

benim kadar = *as ... as me*   **onun kadar** = *as ... as him/her/it*   **sizin kadar** = *as ... as you*
senin kadar = *as ... as you*   **bizim kadar** = *as ... as us*   **onlar kadar** = *as ... as them*

- Sami benim kadar uzundur.
  (Sami is as tall as me.)
  (Sami is as talll as I am.)

- Onun kadar sabırlı değilim.
  (I am not as patient as him/her.)
  (I am not as patient as he/she is.)

D **-(y)e/-(y)a kadar** means *until/till, by, as far as* or *in (an hour, a few days, etc.)*:

- *Sabaha kadar ders çalıştık.*
  (We studied till morning.)

- *Pazar'a kadar projeyi bitireceğim.*
  (I will finish the project by Sunday.)

- Göle kadar yürüdük.
  (We walked as far as the lake.)

- Bir saate kadar döneceğim.
  (I will be back in an hour.)

E kadar can be used with **bu/şu/o** to form the quantifiers below:

bu kadar = *this much*   **şu kadar** = *that much*   **o kadar** = *so much*

- Annemi o kadar seviyorum ki ...
  (I love my mother so much that ...)

- Bu kadar oyun yeter! Şimdi yatma vakti.
  (This much playing is enough. It is bedtime now.)

ALIŞTIRMALAR

1 Complete the sentences with an appropriate statement given in the box.

a) yirmi yıl kadar	c) 10 bardak kadar	e) üç kilo kadar	g) ~~Bir hafta kadar~~
b) Altı sayfa kadar	d) beş bin kadar	f) üç saat kadar	

1 *Bir hafta kadar* .... tatil yapacağız.

2 Her gün .... çay içerim.

3 .... mektup yazdım.

4 Dün .... televizyon seyrettim.

5 Rıza, ... tavuk aldı.

6 Dilek, ... İstanbul'da yaşadı.

7 Maçta .... seyirci vardı.

2 Translate the following sentences into English.

1 Sinem, Aslı kadar çalışkan değildir.
Sinem is not as hard-working as Aslı .

5 Tarih, coğrafya kadar zordur.
....

2 Tevfik, Kenan kadar akıllı değildir.
....

6 Temmuz, ağustos kadar sıcaktır.
....

3 Basketbol, futbol kadar popüler değildir.
....

7 Bülent, Sedat kadar hızlıdır.
....

4 Paris, Londra kadar güzeldir.

8 Necla, Aslı kadar çalışkandır.

3 Fill in the speech bubbles with an appropriate statement below.

a) Mehmet, benim kadar uzundur.	b) Bir saate kadar döneceğim.	c) Bu kadar oyun yeter! Şimdi yatma vakti.

A -(n)in **altında** means *under* or *below*. Its opposite is -(n)in **üstünde** which means *on*:

after consonants (b, c, ç, d, f, g, ğ, h, j, k, l, m, n, p, r, s, ş, t, v, y, z)	-in/-ın/-un/-ün altında	-in/-ın/-un/-ün üstünde
after vowels (a, ı, o, u, e, i, ö, ü)	-nin/-nın/-nun/-nün altında	-nin/-nın/-nun/-nün üstünde

araba**nın altında**
(under the car)

araba**nın üstünde**
(on the car)

defter**in altında**
(under the notebook)

defter**in üstünde**
(on the notebook)

Kalem defterin altında.   *Kalem defterin üstünde.*

Arabanın
altında
bir kedi var.

• A: Kedi nerede?
    (Where is the cat?)

B: Kedi araba**nın altında**.
    (The cat is under the car.)

Arabanın
üstünde bir kedi var.

• A: Kedi nerede?
    (Where is the cat?)

B: Kedi araba**nın üstünde**.
    (The cat is on the car.)

• Araba**nın altında** bir kedi var.
  (There is a cat under the car.)

• Araba**nın üstünde** bir kedi var.
  (There is a cat on the car.)

We can replace üstünde by üzerinde:
masa**nın üstünde/üzerinde** = *on the table*

B The words **alt** *(underneath of something)* and **üst** *(the top of something)* can be used in any case to form the phrases below:

benim altımda   = *under me*
benim üstümde = *on me*

bizim altımızda   = *under us*
bizim üstümüzde = *on us*

senin altında   = *under you*
senin üstünde = *on you*

sizin altınızda   = *under you*
sizin üstünüzde = *on you*

onun altında   = *under him/her/it*
onun üstünde = *on him/her/it*

onların altında   = *under them*
onların üstünde = *on them*

C If something is experiencing a process, then we don't need to add a possessive case marker:

✓ Çocuk yoğun bakım altında.   ✗ Çocuk yoğun bakım~~ın~~ altında.
(The child is under intensive care.)

D **üstünde/üzerinde** is also used to say *about something* or *in connection with*. In this case, we don't need to use a possessive case marker:

• Proje üstünde/üzerinde çalışıyoruz.   • En iyi reklam metodu üstünde/üzerinde konuşuyorlar.
  (We are working over/on the project.)   *(They are talking over the best advertisement method.)*

E You can hear the following idiomatic expressions:

heyheyleri üstünde olmak = *to be in a bad temper*   **diken üstünde olmak**   = *to be on pins and needles*
üzerinde durmak   = *to elaborate on something*

ALIŞTIRMALAR

1 Add -(n)in/-(n)ın altında and -(n)in/-(n)ın üstünde to the words below. Pay attention to sound harmony.

1. halının altında............. (under the carpet)
   halı.................................. (on the carpet)

2. sehpa................................ (under the coffee table)
   sehpa................................ (on the coffee table)

3. sandalye............................ (under the chair)
   sandalye............................ (on the chair)

4. örtü.................................. (under the blanket/cloth)
   örtü.................................. (on the blanket/cloth)

5. yatak................................ (under the bed)
   yatak................................ (on the bed)

6. ağaç.................................. (under the tree)
   ağaç.................................. (on the tree)

7. ev.................................... (under the house)
   ev.................................... (on the house)

8. kanepe................................ (under the sofa)
   kanepe................................ (on the sofa)

9. çanta................................ (under the bag)
   çanta................................ (on the bag)

10. ayakkabı.............................. (under the shoe)
    ayakkabı.............................. (on the shoe)

11. defter................................ (under the notebook)
    defter................................ (on the notebook)

12. sepet................................ (under the basket)
    sepet................................ (on the basket)

13. laptop................................ (under the laptop)
    laptop................................ (on the laptop)

14. masa.................................. (under the table)
    masa.................................. (on the table)

2 Look at the pictures and answer the questions.

1. Çanta nerede?
   Çanta masanın üstünde
   ....

3. Top nerede?
   ....

5. Telefon nerede?
   ....

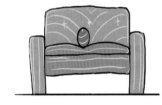

2. Çanta nerede?
   ....

4. Top nerede?
   ....

5. Telefon nerede?
   ....

3 Translate the following sentences into English. You may use your dictionary.

1. Bütün yeni ürünler denetim altında.
   ....

2. Şüpheliler gözetim altında.
   ....

3. Bütün belgeler inceleme altında.
   ....

4. Adam şüphe altında.
   ....

A　-(n)in **önünde** means *in front of.* Its opposite is -(n)in **arkasında** which means *behind*:

after consonants (b, c, ç, d, f, g, ğ, h, j, k, l, m, n, p, r, s, ş, t, v, y, z)	-in/-ın/-un/-ün önünde	-in/-ın/-un/-ün arkasında
after vowels (a, ı, o, u, e, i, ö, ü)	-(n)in/-(n)ın/-(n)un/-(n)ün önünde	-(n)in/-(n)ın/-(n)un/-(n)ün arkasında

araba<u>nın önünde</u>
(in front of the car)

araba<u>nın arkasında</u>
(behind the car)

ev<u>in önünde</u>
(in front of the house)

ev<u>in arkasında</u>
(behind the house)

Neredesin?

Postanenin
önündeyim.

- Araba<u>nın önünde</u> bir kedi var.
  (There is a cat in front of the car.)

- Araba<u>nın arkasında</u> bir kedi var.
  (There is a cat behind the car.)

- A: Neredesin?
  (Where are you?)

  B: Postane<u>nin önünde</u>yim.
  (I am in front of the post office.)

B　The words **ön** *(front)* and **arka** *(back)* can be used in any case to form the phrases below:

benim önümde = *in front of me*　　**bizim önümüzde** = *in front of us*
benim arkamda = *behind me*　　　**bizim arkamızda** = *behind us*

senin önünde = *in front of you*　　**sizin önünüzde** = *in front of you*
senin arkanda = *behind you*　　　**sizin arkanızda** = *behind you*

onun önünde = *in front of him/her/it*　**onların önünde** = *in front of them*
onun arkasında = *behind him/her/it*　**onların arkasında** = *behind them*

Salih benim
önümde
oturuyor.

- Salih benim önümde oturuyor.
  (Salih is sitting in front of me.)

- Bizim arkamızda bir araba var.
  (There is a car behind us.)

It is more common to omit **benim**, **senin**, **onun**, etc. thanks
to the case marker on **ön** and **arka**.

- Salih (benim) önümde oturuyor.

- (Bizim) arkamızda bir araba var.

Arkamızda
bir araba var.

ALIŞTIRMALAR

1 Add -(n)in/-(n)ın/-(n)un/-(n)ün önünde and -(n)in/-(n)ın/-(n)un/-(n)ün arkasında to the words below.

1. kapı*nın önünde* .... (in front of the door)
   kapı................... (behind the door)

2. otobüs................... (in front of the bus)
   otobüs................... (behind the bus)

3. adam................... (in front of the man)
   adam................... (behind the man)

4. kadın................... (in front of the woman)
   kadın................... (behind the woman)

5. yatak................... (in front of the bed)
   yatak................... (behind the bed)

6. banka................... (in front of the bank)
   banka................... (behind the bank)

7. araba................... (in front of the car)
   araba................... (behind the car)

8. duvar................... (in front of the wall)
   duvar................... (behind the wall)

9. televizyon................... (in front of the TV)
   televizyon................... (behind the TV)

10. koltuk................... (in front of the couch)
    koltuk................... (behind the couch)

11. ev................... (in front of the house)
    ev................... (behind the house)

12. okul................... (in front of the school)
    okul................... (behind the school)

13. bina................... (in front of the building)
    bina................... (behind the building)

14. mağaza................... (in front of the store)
    mağaza................... (behind the store)

2 Complete the sentences using the words below .

a) arkamızda	c) arkanızda	e) arkasında (x2)
~~b) arkamda~~	d) arkanda	

1. Benim *arkamda* .... polis var.
2. Onun .... duvar var.
3. Onların .... bir köpek var.
4. Bizim .... iki kişi var.
5. Senin .... bir böcek var.
6. Sizin .... bir kedi var.

3 Look at the pictures and answer the questions.

1 Çalar saat nerede?

....

2 Çalar saat nerede?

....

3 Bisiklet nerede?

....

4 Bisiklet nerede?

....

yanında (beside, next to)

A

yanında means *beside, next to*:

after consonants (b, c, ç, d, f, g, ğ, h, j, k, l, m, n, p, r, s, ş, t, v, y, z)	**-in/-ın/-un/-ün yanında**
after vowels (a, ı, o, u, e, i, ö, ü)	**-nin/-nın/-nun/-nün yanında**

ev<u>in</u> yanında
(<u>beside</u> the house)

bilgisayar<u>ın</u> yanında
(<u>beside</u> the computer)

okul<u>un</u> yanında
(<u>beside</u> the school)

otobüs<u>ün</u> yanında
(<u>beside</u> the bus)

araba<u>nın</u> yanında
(<u>beside</u> the car)

silgi<u>nin</u> yanında
(<u>beside</u> the eraser)

kutu<u>nun</u> yanında
(<u>beside</u> the box)

ütü<u>nün</u> yanında
(<u>beside</u> the iron)

- Ev<u>in yanında</u> bir nehir var.
  (*There is a river <u>beside</u> the house.*)

- Okul<u>un yanında</u> bir park var.
  (*There is a park <u>beside</u> the school.*)

- Silgi<u>nin yanında</u> bir kalem var.
  (*There is a pencil <u>beside</u> the eraser.*)

- Pencere<u>nin yanında</u> oturabilir miyim?
  (*Can I sit <u>next to</u> the window?*)

- A: Banka nerede?
  (*Where is the bank?*)

  B: Postane<u>nin yanında</u>.
  (<u>Next to</u> *the post office.*)

Okulun yanında bir park var.

B

The word **yan** means *side* and it can be used in any case to form the phrases below:

benim yanımda	= *beside me*	**bizim yanımızda**	= *beside us*
senin yanında	= *beside you*	**sizin yanınızda**	= *beside you*
onun yanında	= *beside him/her/it*	**onların yanında**	= *beside them*

- Ayşe (benim) yanımda oturuyor.
  (*Ayşe is sitting beside me.*)

- Çocuk (bizim) yanımızda duruyor.
  (*The child is standing beside us.*)

-It's optional to use **benim**, **senin**, **onun**, etc as seen in the examples above.

C

yanında can also be used for saying *in addition to* somebody/something:

- Kebab<u>ın yanında</u> salata yedim.
  (*I ate salad <u>besides</u> kebab.*)

- Çay<u>ın yanında</u> biraz kek ikram ettiler.
  (*They offered some cake <u>besides</u> tea.*)

D

yanında is also used for saying we are in the company of somebody:

- A: Aşkım neredesin? *(Where are you, darling?)*
  B: Annem<u>in</u> yanındayım. *(I am at my mother's or I am with my mother.)*

E

yakınında means *near* and is used in the same way as **yanında**:

- Okul<u>un yakınında/yanında</u> bir süpermarket var. *(There is a supermarket <u>near</u> the school.)*

ALIŞTIRMALAR

1 Add -(n)in/-(n)ın/-(n)un/-(n)ün yanında to the words below.

1 televizyon*un yanında*......... (beside/next to the TV)

2 okul................................. (beside/next to the school)

3 kadın.............................. (beside/next to the woman)

4 ev.................................... (beside/next to the house)

5 restoran............................... (beside/next to the restaurant)

6 postane............................. (beside/next to the post office)

7 banka............................... (beside/next to the bank)

8 dükkan............................. (beside/next to the shop)

9 yatak............................... (beside/next to the bed)

10 masa............................... (beside/next to the table)

11 araba................................. (beside/next to the car)

12 fırın................................ (beside/next to the bakery)

13 laptop................................ (beside/next to the laptop)

14 kutu................................ (beside/next to the box)

15 sokak................................ (beside/next to the street)

16 istasyon.............................. (beside/next to the station)

17 kitabevi.............................. (beside/next to the bookstore)

18 sınıf................................ (beside/next to the classroom)

19 kanepe................................ (beside/next to the sofa)

20 sehpa............................. (beside/next to the coffee table)

2 Look at the pictures and answer the questions.

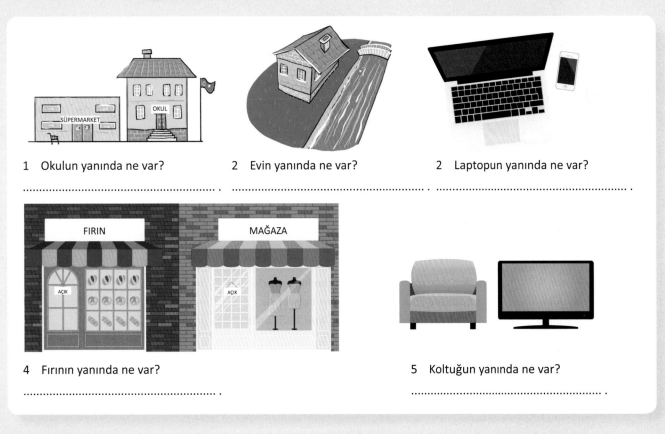

1 Okulun yanında ne var?

....

2 Evin yanında ne var?

....

2 Laptopun yanında ne var?

....

4 Fırının yanında ne var?

....

5 Koltuğun yanında ne var?

....

3 Complete the sentences by adding -(n)in/-(n)ın/-(n)un/-(n)ün yanında to the words below.

1 Omlet*in yanında*.......... peynir istiyorum.

2 Çay................................ biraz bisküvi istiyorum.

3 Lahmacun................................ ayran istiyorum.

4 Tatlı................................ dondurma istiyorum.

5 İskender................................ pilav istiyorum.

6 Kahve................................ su istiyorum.

A

karşısında means *opposite*:

after consonants (b, c, ç, d, f, g, ğ, h, j, k, l, m, n, p, r, s, ş, t, v, y, z)	-in/-ın/-un/-ün karşısında
after vowels (a, ı, o, u, e, i, ö, ü)	-nin/-nın/-nun/-nün karşısında

Pastane nerede?

Pastane sinemanın karşısında.

evin karşısında
(opposite the house)

parkın karşısında
(opposite the park)

okulun karşısında
(opposite the school)

sinemanın karşısında
(opposite the cinema)

Ali'nin karşısında
(opposite Ali)

bankanın karşısında
(opposite the bank)

Caminin karşısında bir müze var.

• Pastane sinemanın karşısında.
   (The patisserie is opposite the cinema.)

• Caminin karşısında bir müze var.
   (There is a museum opposite the mosque.)

B

The word **karşı** means *the opposite side* and can be used to form the phrases below. It is optional to use **benim, senin, onun**, etc.:

benim karşımda	= *opposite me*	**bizim karşımızda**	= *opposite us*
senin karşında	= *opposite you*	**sizin karşınızda**	= *opposite you*
onun karşısında	= *opposite him/her/it*	**onların karşısında**	= *opposite them*

• A: Tuvaletler nerede?
   (Where are the toilets?)

   B: Tuvaletler (sizin) karşınızda.
   (The toilets are opposite you.)

C

karşısında is also commonly used to say *in relation to/confronted with/vis-a-vis*. In this case, we don't need to use possessive markers in the preceding word:

• Başbakan, son gelişmeler karşısında bir açıklama yaptı.
   (The Prime Minister made an explanation in relation to the recent developments.)

   𝑥 ...gelişmelerin karşısında...

• Sibel, kötü haber karşısında bayıldı.
   (Confronted with the bad news, Sibel fainted.)

   𝑥 ...haberin karşısında...

ALIŞTIRMALAR

1 Add -(n)in/-(n)ın/-(n)un/-(n)ün karşısında to the words below.

1 televizyon*un karşısında* (opposite the TV)

2 stadyum................................ (opposite the stadium)

3 banka................................ (opposite the bank)

4 cami................................ (opposite the mosque)

5 bina................................ (opposite the building)

6 postane................................ (opposite the post office)

7 villa................................ (opposite the villa)

8 istasyon................................ (opposite the station)

9 okul................................ (opposite the school)

10 mutfak................................ (opposite the kitchen)

11 bar................................ (opposite the pub)

12 kafe................................ (opposite the cafe)

13 kütüphane................................ (opposite the library)

14 hastane................................ (opposite the hospital)

15 sinema................................ (opposite the cinema)

16 tiyatro................................ (opposite the theatre)

17 kilise................................ (opposite the church)

18 havra................................ (opposite the synagogue)

19 mağaza................................ (opposite the store)

20 saray................................ (opposite the palace)

2 Complete the sentences by adding -(n)in/-(n)ın/-(n)un/-(n)ün karşısında to the words in brackets.

1 *Bankanın karşısında* .... güzel bir restoran var. (banka)

2 .... bir kafe var. (tiyatro)

3 .... bir pastane var. (cami)

4 .... bir kebap salonu var. (kütüphane)

5 .... bir çöp kutusu var. (bina)

6 .... bir kanepe var. (televizyon)

7 .... bir göl var. (villa)

8 .... bir futbol sahası var. (okul)

9 .... bir restoran var. (kilise)

10 .... bir sinema var. (mağaza)

11 .... bir eczane var. (hastane)

12 .... geniş bir yol var. (saray)

13 .... bir mağaza var. (istasyon)

3 Complete the sentences with the words in the box below.

a) karşımda	c) karşısında (x2)	e) karşınızda
b) karşında	d) karşımızda	

1 Fikret, benim .... oturuyor.

2 Fikret, sizin .... oturuyor.

3 Fikret, onların .... oturuyor.

4 Fikret, senin .... oturuyor.

5 Fikret, onun *karşısında* oturuyor.

6 Fikret, bizim .... oturuyor.

A **içinde** means *inside/in*. Its opposite is **dışında**, which means *outside*:

after consonants (b, c, ç, d, f, g, ğ, h, j, k, l, m, n, p, r, s, ş, t, v, y, z)	-in/-ın/-un/-ün içinde/dışında
after vowels (a, ı, o, u, e, i, ö, ü)	-nin/-nın/-nun/-nün içinde/dışında

evin içinde   bankanın içinde   ofisin içinde   kutunun içinde
(*inside* the house) (*inside* the bank) (*inside* the office) (*inside* the box)

evin dışında   bankanın dışında   ofisin dışında   kutunun dışında
(*outside* the house) (*outside* the bank) (*outside* the office) (*outside* the box)

Bankanın dışında polisler var.

- Bankanın içinde üç soyguncu var.
  (*There are three robbers inside the bank.*)

- Kutunun içinde elmas bir yüzük var.
  (*There is a diamond ring in the box.*)

- Bankanın dışında polisler var.
  (*There are policemen outside the bank.*)

- Okulun dışında park etmek yasak.
  (*It is forbidden to park outside the school.*)

Kutunun içinde elmas bir yüzük var.   *Okulun dışında park etmek yasak.*

B **dışında** also means *except for/other than*. In this case, the previous word does not take any possessive markers:

✓ Bir ceket dışında hiç elbise almadım.
  (*Except for a jacket, I did not buy any clothes.*)

✗ Bir ceketin dışında hiç elbise almadım.

Nasılsın Pelin?

Biraz boyun ağrım var ama onun dışında iyiyim.

- A: Oğlum, salatalık dışında hiçbir şey yemedin.
    (*Son, you haven't eaten anything other than cucumber.*)

  B: Ama anne, biraz da yoğurt yedim.
    (*But mum, I have eaten some yoghurt too.*)

- We can use **onun dışında** to say *other than that*:

- A: Nasılsın Pelin?
    (*How are you, Pelin?*)

  B: Biraz boyun ağrım var ama onun dışında iyiyim.
    (*I have some neck pain, but other than that I am fine.*)

C **dışında** is used to form the phrases below. It is optional to use **benim, senin, onun**, etc.:

benim dışımda = *except for me*   **bizim dışımızda** = *except for us*
senin dışında = *except for you*   **sizin dışınızda** = *except for you*
onun dışında   = *except for him/her/it*   **onların dışında** = *except for them*

- Senin dışında herkes maça gidiyor.   - Bizim dışımızda kimse yoktu.
  (*Everyone is going to the match except for you.*)   (*There was no one except for us.*)

ALIŞTIRMALAR

1 Add -(n)in/-(n)ın/-(n)un/-(n)ün içinde **or** -(n)in/-(n)ın/-(n)un/-(n)ün dışında **to the words below.**

1 kutu*nun içinde*.............. (inside the box)
   kutu.................................. (outside the box)

2 çanta................................. (inside the bag)
   çanta................................. (outside the bag)

3 bina.................................. (inside the building)
   bina.................................. (outside the building)

4 banka................................ (inside the bank)
   banka................................ (outside the bank)

5 ev...................................... (inside the house)
   ev...................................... (outside the house)

6 oda.................................... (inside the room)
   oda.................................... (outside the room)

7 kafe.................................. (inside the cafe)
   kafe.................................. (outside the cafe)

8 araba................................ (inside the car)
   araba................................ (outside the car)

9 banyo................................ (inside the bathroom)
   banyo................................ (outside the bathroom)

10 cüzdan............................. (inside the wallet)
    cüzdan............................. (outside the wallet)

11 okul.................................. (inside the school)
    okul.................................. (outside the school)

12 cami................................. (inside the mosque)
    cami................................. (outside the mosque)

2 Use -(n)in/-(n)ın/-(n)un/-(n)ün içinde **or** -(n)in/-(n)ın/-(n)un/-(n)ün dışında **to answer the questions.**

1 Fare nerede?
   Fare kutunun içinde ....

3 Ekmek nerede?
   ....

5 Para nerede?
   ....

2 Fare nerede?
   ....

4 Ekmek nerede?
   ....

6 Para nerede?
   ....

3 Complete the sentences with the words in brackets and dışında.

Dialogue-1

A: *Baklava dışında* .... bir şey istiyor musunuz? (baklava)

B: Evet. Dondurma istiyorum.

Dialogue-2

A: .... kim geldi? (Ahmet)

B: Tarık ve Cemil geldi.

Dialogue-3

A: .... ne içtin? (su)

B: Bir bardak çay içtim.

Dialogue-4

A: .... ne pişirdin? (pilav)

B: Tavuk sote pişirdim.

A The phrase **hoşuna git-** means *to like*. The verb **git-** can be used in any tense (e.g. present, past, future).

Benim	hoşuma		I like.
Senin	hoşuna	gidiyor.	You like.
Onun			He/She/It likes.
Bizim	hoşumuza		We like.
Sizin	hoşunuza		You like.
Onların	hoşuna/ hoşlarına		They like.

- Bu kravat hoşuma gidiyor.
  (I like this tie.)

- Bu elbise çok hoşuma gidiyor.
  (I like this dress so much.)

- Bu yer hoşumuza gidiyor.
  (We like this place.)

Bu elbise çok hoşuma gidiyor.

- It is optional to use **benim, senin, onun,** etc. before **hoşuna git-**:

- Bu araba (benim) hoşuma gidiyor.
  (I like this car.)

- Bu çanta (onun) hoşuna gidiyor.
  (He/She likes this bag.)

- If we know the name of the person, then we add **-(n)in/-(n)ın/-(n)un/-(n)ün** to it:

- Bu çanta Serap'ın hoşuna gidiyor.
  (Serap likes this bag.)

- Kuşadası Ann'in hoşuna gidiyor.
  (Ann likes Kuşadası.)

See Ünite-18 for further details on the use of the non-action verbs in the present continuous tense.

B The negative form of **hoşuna git-** is made as follows:

Benim	hoşuma		I don't like.
Senin	hoşuna	gitmiyor.	You don't like.
Onun			He/She/It doesn't like.
Bizim	hoşumuza		We don't like.
Sizin	hoşunuza		You don't like.
Onların	hoşuna/ hoşlarına		They don't like.

Bu yemek hoşuma gitmiyor.

- Bu yemek hoşuma gitmiyor.
  (I don't like this food.)

- Bu şehir hoşumuza gitmiyor.
  (We don't like this city.)

- Bu ders Nalan'ın hoşuna gitmiyor.
  (Nalan doesn't like this lesson.)

- Bu kahve hoşuma gitmiyor.
  (I don't like this coffee.)

C The question form of **hoşuna git-** is made as follows:

- Bu elbise hoşunuza gidiyor mu?
  (Do you like this dress?)

Benim	hoşuma		Do I like?
Senin	hoşuna	gidiyor mu?	Do you like?
Onun			Does he/she/it like?
Bizim	hoşumuza		Do we like?
Sizin	hoşunuza		Do you like?
Onların	hoşuna/ hoşlarına		Do they like?

- Bu hediyeler onun hoşuna gidiyor mu?
  (Does he/she like these presents?)

- Bu ev onların hoşuna gidiyor mu?
  (Do they like this house?)

- İstanbul Ali'nin hoşuna gidiyor mu?
  (Does Ali like İstanbul?)

D We can use **hoşuna git-** in any tense.

Past tense examples:

- Yemek çok hoşuma gitti.
  (I liked the food so much.)

- Film hoşuma gitti.
  (I liked the film.)

- A: Parti hoşuna gitti mi?
  (Did you like the party?)

  B: Evet, parti çok hoşuma gitti
  (Yes, I liked the party.)

Future tense examples:

- Antalya çok hoşunuza gidecek.
  (You will like Antalya so much.)

- Kitap çok hoşuna gidecek.
  (You will like the book so much.)

Parti hoşuna gitti mi?

Evet, parti çok hoşuma gitti.

E We use infinitive verb (-mek/-mak) + **hoşuna git-** to say that we like doing something.
benim, **senin**, **onun**, etc. can be omitted:

	benim	hoşuma		*I like swimming.*
	senin	hoşuna		*You like swimming.*
	onun			*He/She/It likes swimming.*
Yüzmek (to swim)	bizim	hoşumuza	gidiyor.	*We like swimming.*
	sizin	hoşunuza		*You like swimming.*
	onların	hoşuna/ hoşlarına		*They like swimming.*

- Piyano çalmak (benim) hoşuma gidiyor.
  (I like playing the piano.)

- Yürümek (sizin) hoşunuza gidiyor.
  (You like walking.)

- Bahçede koşmak (onların) hoşlarına gidiyor.
  (They like running in the garden.)

ALIŞTIRMALAR

1 Write the negative form of the sentences below.

1 Top oynamak hoşuma gidiyor.
  Top oynamak hoşuma gitmiyor............ .

2 Şarkı söylemek hoşuma gidiyor.
  ....

3 Müzik dinlemek onun hoşuna gidiyor.
  ....

4 Gezmek bizim hoşumuza gidiyor.
  ....

5 Türkçe öğrenmek hoşuma gidiyor.
  ....

6 Yüzmek onların hoşuna gidiyor.
  ....

2 Write the question form of the sentences below.

1 Yemek hoşunuza gitti mi?................ .
  Evet, yemek hoşumuza gitti.

2 ....?
  Evet, hediye hoşuma gitti.

3 ....?
  Hayır, film hoşuma gitmedi.

4 ....?
  Hayır, kitap hoşuma gitmedi.

5 ....?
  Evet, festival hoşumuza gitti.

6 ....?
  Hayır, program hoşumuza gitmedi.

-meli/-malı (must, should, have to)

A We add **-meli/-malı** to the verb to express necessity or obligation in the present. It corresponds to the English *must*, *should* or *have to*:

Dolapta hiçbir şey yok! Alışveriş yapmalıyız.

Person	giy- *to wear*		koş- *to run*	
Ben	giy-meli-yim.	*I should wear.*	koş-malı-yım.	*I should run.*
Sen	giy-meli-sin.	*You should wear.*	koş-malı-sın.	*You should run.*
O	giy-meli.	*He/She/It should wear.*	koş-malı.	*He/She/It should run.*
Biz	giy-meli-yiz.	*We should wear.*	koş-malı-yız.	*We should run.*
Siz	giy-meli-siniz.	*You should wear.*	koş-malı-sınız.	*You should run.*
Onlar	giy-meli-ler.	*They should wear.*	koş-malı-lar.	*They should run.*

- Yarın sınav var. Ders çalışmalıyım.
  (There is an exam tomorrow. I have to study.)

- Hava çok soğuk. Paltonu giymelisin.
  (The weather is very cold. You should wear your coat.)

- Ekmek bitti. Ekmek almalıyız.
  (The bread has run out. We should buy bread.)

- Dolapta hiçbir şey yok! Alışveriş yapmalıyız.
  (There is nothing in the fridge! We should do (some) shopping.)

B We insert **-me/-ma** between the stem of the verb and **-meli/-malı** followed by the personal suffix to make negative sentences:

Burada sigara içmemelisiniz.

Person	giy- *to wear*		koş- *to run*	
Ben	giy-me-meli-yim.	*I shouldn't wear.*	koş-ma-malı-yım.	*I shouldn't run.*
Sen	giy-me-meli-sin.	*You shouldn't wear.*	koş-ma-malı-sın.	*You shouldn't run.*
O	giy-me-meli.	*He/She/It shouldn't wear.*	koş-ma-malı.	*He/She/It shouldn't run.*
Biz	giy-me-meli-yiz.	*We shouldn't wear.*	koş-ma-malı-yız	*We shouldn't run.*
Siz	giy-me-meli-siniz.	*You shouldn't wear.*	koş-ma-malı-sınız.	*You shouldn't run.*
Onlar	giy-me-meli-ler.	*They shouldn't wear.*	koş-ma-malı-lar.	*They shouldn't run.*

- Burada sigara içmemelisiniz.
  (You mustn't smoke here.)

- Kapıyı açık bırakmamalıyız.
  (We shouldn't leave the door open.)

C We add **-meli mi?/-malı mı?** to the verb to make questions:

Person	giy- *to wear*		koş- *to run*	
Ben	giy-meli miyim?	*Should I wear?*	koş-malı mıyım?	*Should I run?*
Sen	giy-meli misin?	*Should you wear?*	koş-malı mısın?	*Should you run?*
O	giy-meli mi?	*Should he/she/it wear?*	koş-malı mı?	*Should he/she/it run?*
Biz	giy-meli miyiz?	*Should we wear?*	koş-malı mıyız?	*Should we run?*
Siz	giy-meli misiniz?	*Should you wear?*	koş-malı mısınız?	*Should you run?*
Onlar	giy-meliler mi?	*Should they wear?*	koş-malılar mı?	*Should they run?*

- Burada beklemeli miyiz?
  (Should we wait here?)

- Yemeği bitirmeli miyim?
  (Should I finish the food?)

ALIŞTIRMALAR

1 Add -meli/-malı to the verbs below.

	1 konuş- *to speak*	2 git- *to go*	3 gel- *to come*	4 yat- *to go to bed*
Ben	konuşmalıyım			
Sen	konuşmalısın			
O	konuşmalı			
Biz	konuşmalıyız			
Siz	konuşmalısınız			
Onlar	konuşmalılar			

	5 temizle- *to clean*	6 bitir- *to finish*	7 al- *to take*	8 acele et- *to hurry up*
Ben				
Sen				
O				
Biz				
Siz				
Onlar				

2 Complete the sentences with the -meli/-malı verbs in the box.

a) düzeltmeliyim   c) temizlemeliyim   e) yatmalıyım
b) almalı   d) konuşmalısınız   f) etmeliyiz

1 Ofis çok kirli. Ofisi temizlemeliyim .
2 Ev çok dağınık. Evi ....
3 Tren biraz sonra kalkıyor. Acele ....

4 Çok yorgunum. Erken ....
5 Burada İngilizce ....
6 Tülay hasta. İlaç ....

3 Write the question form of the sentences below.

1 Ders çalışmalı mıyım?
   Evet, ders çalışmalısın.

2 .... ?
   Hayır, erken kalkmamalısın.

3 .... ?
   Evet, ceket giymelisin.

4 .... ?
   Evet, kitap okumalısın.

5 .... ?
   Hayır, dışarıda beklememelisin.

6 ....
   Evet, acele etmelisin.

A -meliydi/-malıydı is added to the verb followed by the personal suffix to say what would have been right or sensible, but was not done:

Person	giy- *to wear*		koş- *to run*	
Ben	giy-meliydi-m.	*I should have worn.*	koş-malıydı-m.	*I should have run.*
Sen	giy-meliydi-n.	*You should have worn.*	koş-malıydı-n.	*You should have run.*
O	giy-meliydi.	*He/She/It should have worn.*	koş-malıydı.	*He/She/It should have run.*
Biz	giy-meliydi-k.	*We should have worn.*	koş-malıydı-k.	*We should have run.*
Siz	giy-meliydi-niz.	*You should have worn.*	koş-malıydı-nız.	*You should have run.*
Onlar	giy-meliydi-ler.	*They should have worn.*	koş-malıydı-lar.	*They should have run.*

- Berna: Dün gece eve hırsız girdi.
  (Last night, a thief broke into the house.)

  Filiz: Polisi aradın mı?
  (Did you call the police?)

  Berna: Hayır, polisi aramadım.
  (No, I didn't call the police.)

  Filiz: Polisi aramalıydın.
  (You should have called the police.)

(speech bubbles: Dün gece eve hırsız girdi. / Polisi aradın mı? / Hayır, aramadım. / Polisi aramalıydın.)

- Arif: Otobüsü kaçırdık.
  (We missed the bus.)

  Berk: O zaman koşmalıydınız.
  (Then you should have run.)

- Lara: Dün gece çok üşüdüm.
  (I felt very cold last night.)

  Banu: Paltonu giymeliydin.
  (You should have worn your coat.)

B We insert -me/-ma between the stem of the verb and -meliydi/-malıydı followed by the personal suffix to make negative sentences:

Person	giy- *to wear*		koş- *to run*	
Ben	giy-me-meliydi-m.	*I shouldn't have worn.*	koş-ma-malıydı-m.	*I shouldn't have run.*
Sen	giy-me-meliydi-n.	*You shouldn't have worn.*	koş-ma-malıydı-n.	*You shouldn't have run.*
O	giy-me-meliydi.	*He/She/It shouldn't have worn.*	koş-ma-malıydı.	*He/She/It shouldn't have run.*
Biz	giy-me-meliydi-k.	*We shouldn't have worn.*	koş-ma-malıydı-k.	*We shouldn't have run.*
Siz	giy-me-meliydi-niz.	*You shouldn't have worn.*	koş-ma-malıydı-nız.	*You shouldn't have run.*
Onlar	giy-me-meliydi-ler.	*They shouldn't have worn.*	koş-ma-malıydı-lar.	*They shouldn't have run.*

- A: Çocuklar düştü.   B: Çok hızlı koşmamalıydılar.
  (The kids fell.)   *(They shouldn't have run so fast.)*

C We add -meli miydi?/-malı mıydı? followed by the personal suffix to the verb to make questions:

Person	giy- *to wear*		koş- *to run*	
Ben	giy-meli miydi-m?	*Should I have worn?*	koş-malı mıydı-m?	*Should I have run?*
Sen	giy-meli miydi-n?	*Should you have worn?*	koş-malı mıydı-n?	*Should you have run?*
O	giy-meli miydi?	*Should he/she/it have worn?*	koş-malı mıydı?	*Should he/she/it have run?*
Biz	giy-meli miydi-k?	*Should we have worn?*	koş-malı mıydı-k.	*Should we have run?*
Siz	giy-meli miydi-niz?	*Should you have worn?*	koş-malı mıydı-nız?	*Should you have run?*
Onlar	giy-meli miydi-ler?	*Should they have worn?*	koş-malı mıydı-lar?	*Should they have run?*

- Toplantıya gitmeli miydik? *(Should we have gone to the meeting.)*

ALIŞTIRMALAR

1 Add -meliydi/-malıydı to the verbs below.

	söyle- *to say*	yap- *to do*	yardım et- *to help*	ara- *to search; to call*
Ben	söylemeliydim	....	....	....
Sen	söylemeliydin	....	....	....
O	söylemeliydi	....	....	....
Biz	söylemeliydik	....	....	....
Siz	söylemeliydiniz	....	....	....
Onlar	söylemeliydiler	....	....	....

	al- *to take/buy*	gel- *to come*	kalk- *to get up*	git- *to go*
Ben	....	....	....	....
Sen	....	....	....	....
O	....	....	....	....
Biz	....	....	....	....
Siz	....	....	....	....
Onlar	....	....	....	....

2 Complete the sentences with the verbs in the box.

a) kalkmalıydım	c) söylemeliydik	e) etmeliydik
b) gitmeliydin	d) almalıydı	f) gelmeliydi

1 Henüz bilmiyor ama ona .söylemeliydik......... .

2 Erken .... Şimdi çok geç kaldım.

3 Evlerini taşıdılar. Onlara yardım ....

4 Şule çok üzüldü. O da partiye ....

5 Berk ilaç almadı. İlaç ....

6 Sen dün hasta değildin. İşe ....

3 Complete the conversations with the statements in the box.

a) O kadar çok yememeliydin.	c) Şemsiyeyi almalıydık.
b) Ders çalışmalıydın.	d) İlacını almalıydı.

Dialogue-1

A: Sınavda başarısız oldum.

B: Ders çalışmalıydın ....

Dialogue-2

A: Aylin henüz iyileşmedi.

B: ....

Dialogue-3

A: Karnım çok ağrıyor.

B: ....

Dialogue-4

A: Yağmur yağıyor.

B: ....

A To make an active verb passive we add **-il/-ıl/-ul/-ül** to the verb stem ending in a consonant (except-**l**) and **-n-** to verb stems ending in a vowel. The passive making suffix is then followed by the present simple tense marker.

after consonants except -l (b, c, ç, d, f, g, ğ, h, j, k, m, n, p, r, s, ş, t, v, y, z)		
Çay	iç-il-ir.	*Tea is drunk.*
Ödev	yap-ıl-ır.	*Homework is done.*
Rüya	gör-ül-ür.	*Dream is seen. /Dreams are dreamt.*
Soru	sor-ul-ur.	*Questions are asked.*

after vowels (a, ı, o, u, e, i, ö, ü)		
Yardım	sağla-n-ır	*Help is provided.*
Elma	ye-n-ir	*Apples are eaten.*
Gömlek	ütüle-n-ir	*Shirts are ironed.*

Example-1: **iç-** *to drink*

iç - il - ir

passive making suffix after a consonant / simple present tense marker

Active sentence : İnsanlar çay içerler.
(*People drink tea.*)

Passive sentence : Çay içilir.
(*Tea is drunk.*)

Example-2: **ye-** *to eat*

ye - n - ir

passive making suffix after a vowel / simple present tense marker

Active sentence : İnsanlar elma yerler.
(*People eat apples.*)

Passive sentence : Elma yenir.
(*Apples are eaten.*)

B We add **-in/-ın/-un/-ün** to verb stems ending in **-l**:

Example-3: **al-** *to take / buy*

al - ın - ır

passive making suffix after -l / simple present tense marker

Active sentence : İnsanlar hediye alırlar.
(*People buy gifts.*)

Passive sentence : Hediye alınır.
(*Gifts are bought.*)

more examples:

kal- = *to stay*
bil- = *to know*
sil- = *to erase*
sal- = *to release*
gel- = *to come*
gül- = *to laugh*
böl- = *to divide*
bul- = *to find*

C Unlike English, Turkish passive sentences do not have to have a subject:

For example, the verb in the sentence "**Denizde yüzülür.**" is a passive verb, which literally means *is swum.* **Denizde** means *in the sea.* We cannot translate such sentences into English as passive sentences. The best translation could be *One swims in the sea.* Here is another example:

• Sinemaya biletle girilir. (*One enters the cinema with a ticket.*)

ALIŞTIRMALAR

1 Add -il/-ıl/-ul/-ül to the verbs, followed by the simple present tense marker.

1 görülür....... (is seen)
2 yaz.............. (is written)
3 kapat .... (is closed)
4 aç.............. (is opened)
5 sat.............. (is sold)
6 yap.............. (is made/done)
7 getir.............. (is brought)
8 çırp.............. (is stirred)

9 gönder.............. (is sent)
10 anlat.............. (is told)
11 bitir.............. (is finished)
12 boşalt.............. (is emptied)
13 karıştır.............. (is mixed)
14 kaynat.............. (is boiled)
15 göster.............. (is shown)
16 tut.............. (is held)

17 pişir.............. (is cooked)
18 bırak.............. (is left)
19 soğut.............. (is made cold/is chilled)
20 durdur.............. (is stopped)
21 serp.............. (is sprinkled)
22 dök.............. (is spilled/is poured)
23 kes.............. (is cut)
24 unut.............. (is forgetten)

2 Add -in/-ın/-un/-ün or -n to the verbs, followed by the simple present tense marker.

1 beklenir......... (is waited/is expected)
2 oku.............. (is read)
3 boya .... (is painted)
4 tara.............. (is combed)
5 ekle.............. (is added)
6 temizle.............. (is cleaned)

7 al.............. (is taken/bought)
8 başla.............. (is started)
9 topla.............. (is collected)
10 hazırla.............. (is prepared)
11 söyle.............. (is said/told)
12 yıka.............. (is washed)

3 Below is the recipe for Revani Tatlısı. Fill in the blanks with the passive form of the verbs in brackets.

REVANİ TATLISI NASIL YAPILIR?

Önce şerbet [1] *hazırlanır* . (hazırla-)
Şerbet [2]........................... . (soğut-)
Yumurta ve şeker [3]........................... . (çırp-)
Sonra yoğurt, irmik, un, vanilya, kabartma tozu ve
sıvı yağ [4]..................... . (ekle-)
170 C'de [5]........................... . (pişir-)
Kek dilimlere [6]........................... . (kes-)
Soğuk şerbet keke [7]........................... . (dök-)
Hindistan cevizi [8]........................... . (serp-)
Servis [9]........................... . (yap-)
Afiyet olsun!

A To make a negative passive sentence, we insert the passive making suffix (**-maz/-mez**) between the negative tense marker and the verb stem. As always, pay attention to sound harmony rules.

	-maz	after -ıl/-ul; -ın/-un; -n
Japonya'da Türkçe	konuş-ul-maz.	*Turkish is not spoken in Japan.*
Burada gazete	sat-ıl-maz.	*Newspapers are not sold here.*
Eski araba	al-ın-maz.	*Old cars are not bought. (One shouldn't buy old cars.)*
Burada kafe	bul-un-maz.	*Cafe is not found here.*
Burada kitap	oku-n-maz.	*Books are not read here.*

KLAKSON ÇALINMAZ

Example-1: **konuş-** *to speak*

Positive: **konuş - ul - ur**

     passive making   present simple
        suffix   tense marker

Negative: **konuş - ul - maz**

     passive making   negative present
        suffix   simple tense marker

Positive passive sentence: Japonya'da Japonca konuş<u>ulur</u>.
(Japanese is spoken in Japan.)

Negative passive sentence: Japonya'da Türkçe konuş<u>ulmaz</u>.
(Turkish is not spoken in Japan.)

	-mez	after -il/-ül; -in/-ün; -n
Burada çay	yetiştir-il-mez.	*Tea is not grown here.*
Bu sorun kolayca	çöz-ül-mez.	*This problem is not solved easily. (This problem cannot be solved easily.)*
Burada golf	bil-in-mez.	*Golf is not known here.*
Burada sesli	gül-ün-mez.	*It's not laughed out loud here. (One shouldn't laugh out loud here.)*
Şerbete süt	ekle-n-mez.	*Milk is not added to syrup.*

BARETSİZ GİRİLMEZ

Example-2: **yetiştir-** *to grow*

Positive: **yetiştir - il - ir**

     passive making   positive present
        suffix   simple tense marker

Negative: **yetiştir - il - mez**

     passive making   negative present
        suffix   simple tense marker

Positive passive sentence: Burada çay yetiştir<u>ilir</u>.
(Tea is grown here.)

Negative passive sentence: Burada çay yetiştir<u>ilmez</u>.
(Tea is not grown here.)

More examples:

• Burada kitap sat<u>ılmaz</u>.
(Books are not sold here.)

• Bu salonda basketbol oyna<u>nmaz</u>.
(Basketball is not played in this hall.)

- Negative passive sentences are commonly seen on prohibition or warning signs.

B We use the question particle **mi?/mı?/mu?/mü?** after the passive verb to make questions:

Passive statement : Burada kitap sat<u>ılır</u>. *(Books are sold here.)*
Passive question   : Burada kitap sat<u>ılır</u> mı? *(Are books sold here?)*

Passive statement : İskoçya'da İngilizce konuş<u>ulur</u>. *(English is spoken in Scotland.)*
Passive question   : İskoçya'da İngilizce konuş<u>ulur</u> mu? *(Is English spoken in Scotland?)*

-In short answers, we can use the passive verb only after Evet/Hayır:

• A: Burada kitap satılır mı?
  B: Evet, satılır.
     Hayır, satılmaz.

ALIŞTIRMALAR

1 Make the following verbs negative.

	Positive passive verb	Negative passive verb
1	alınır	*alınmaz*
2	içilir	
3	satılır	
4	atılır	
5	bırakılır	
6	kesilir	
7	yazılır	

	Positive passive verb	Negative passive verb
8	yenir	
9	yapılır	
10	getirilir	
11	açılır	
12	kapatılır	
13	okunur	
14	bilinir	

	Positive passive verb	Negative passive verb
15	gidilir	
16	söylenir	
17	tamir edilir	
18	izlenir	
19	gösterilir	
20	anlatılır	
21	konuşulur	

2 Make the following sentences negative.

1 Bu su içilir.   *Bu su içilmez* ....

2 Bu yemek yenir.   ....

3 Bu araba alınır.   ....

4 Bu film izlenir.   ....

5 Bu sır anlatılır.   ....

6 Burada İngilizce konuşulur.   ....

7 Burada sigara içilir.   ....

8 Buraya çöp atılır.   ....

9 Burada fal bakılır.   ....

10 Buraya yazı yazılır.   ....

11 Burada iyi servis yapılır.   ....

12 Burada buğday yetiştirilir.   ....

13 Burada gazete satılır.   ....

14 Burada ayakkabı tamir edilir.   ....

15 Değerli eşyalar burada bırakılır. ....

3 Complete the conversations by asking questions according to the answers.

Dialogue-1

A: *Burada yüzülür mü* ....?

B: Hayır, burada yüzülmez.

Dialogue-2

A: ....?

B: Evet, burada ayakkabı tamir edilir.

Dialogue-3

A: ....?

B: Hayır, burada sigara satılmaz.

Dialogue-4

A: ....?

B: Hayır, burada ananas satılmaz.

Dialogue-5

A: ....?

B: Hayır, burada sigara içilmez.

Dialogue-6

A: ....?

B: Evet, burada İngilizce konuşulur.

Dialogue-7

A: ....?

B: Evet, Rize'de çay yetiştirilir.

Dialogue-8

A: ....?

B: Hayır, buraya çöp atılmaz.

A If you have understood the passive voice in the present simple tense, then it will be very easy to work out how we make a passive sentence in the present continuous tense because the same rules apply. To make an active verb passive, we add **-il/-ıl/-ul/-ül** to the verb stem ending in a consonant (except-**l**) and **-n-** to verb stems ending in a vowel. The passive making suffix is then followed by the present continuous tense marker.

-il/-ıl/-ul/-ül after consonants except -l (b, c, ç, d, f, g, ğ, h, j, k, m, n, p, r, s, ş, t, v, y, z)		
Bina	yık-ıl-ıyor.	*The building is being demolished.*
Yemek	getir-il-iyor.	*The food is being brought.*
Sofra	kur-ul-uyor.	*The table is being set.*
Adam hastaneye	götür-ül-üyor.	*The man is being taken to hospital.*

Example-1: **konuş-** *to speak*   konuş - ul - uyor

passive making suffix after a consonant   present continuous tense marker

Active: İnsanlar Türkçe konuşuyorlar.   **Passive:** Türkçe konuşuluyor.
(People are speaking Turkish.)   *(Turkish is being spoken.)*

-n- after vowels (a, ı, o, u, e, i, ö, ü)		
Ofis	temizle-n-iyor.	*The office is being cleaned.*
Gazete	oku-n-uyor.	*The newspaper is being read.*
Katil	ara-n-ıyor.	*The murderer is being searched.*

Example-2: **izle-** *to watch*   izle - n - iyor

passive making suffix after a vowel   present continuous tense marker

Active: İnsanlar maç izliyorlar.   **Passive:** Maç izleniyor.
(People are watching a match.)   *(A match is being watched.)*

DENEYİMLİ ÇIRAK ARANIYOR.

BERBER

B We add **-in/-ın/-un/-ün** to verbs stems ending in -**l**:

Example-3: **sil-** *to wipe*   sil - in - iyor

passive making suffix after -l   present continuous tense marker

Active: Garson masayı siliyor.   **Passive:** Masa siliniyor.
(The waiter is wiping the table.)   *(The table is being wiped.)*

more examples:
kal- = *to stay*
bil- = *to know*
sil- = *to erase*
sal- = *to release*
gel- = *to come*
gül- = *to laugh*
böl- = *to divide*
bul- = *to find*

ALIŞTIRMALAR

1 Add -il/-ıl/-ul/-ül to the verbs, followed by the present continuous tense marker.

1 öldür*ülüyor* (to kill)	9 gönder............... (to send)	17 yık............... (to demolish)
2 pişir............... (to cook)	10 anlat............... (to tell)	18 ver............... (to give)
3 kapat .... (to close)	11 bitir............... (to finish)	19 at............... (to throw)
4 aç............... (to open)	12 durdur............... (to stop)	20 savun............... (to defend)
5 sat............... (to sell)	13 ısıt............... (to heat)	21 yetiştir............... (to grow)
6 yap............... (to make/do)	14 fırlat............... (to launch)	22 say............... (to count)
7 getir............... (to bring)	15 göster............... (to show)	23 kes............... (to cut)
8 konuş............... (to speak)	16 tut............... (to hold)	24 dağıt............... (to distribute)

2 Add -in/-ın/-un/-ün or -n to the verbs, followed by the present continuous tense marker.

1 bekle*niyor* (to wait; to expect)	7 al............... (to take/buy)
2 oku............... (to read)	8 başla............... (to begin)
3 boya .... (to paint)	9 topla............... (to collect)
4 tara............... (to comb)	10 hazırla............... (to prepare)
5 ekle............... (to add)	11 söyle............... (to say/tell)
6 temizle............... (to clean)	12 yıka............... (to wash)

3 Complete the sentences with the passive verbs in the box.

a) bekleniyor	c) oynanıyor	e) durduruluyor
b) yıkılıyor	~~d) açılıyor~~	f) toplanıyor

1 Burada yeni bir market .... *açılıyor* ....
2 Proje ....
3 Yarın yağmur ....

4 Şimdi bir derbi maçı ....
5 Fakirler için yardım ....
6 Tüm eski binalar ....

4 Complete the sentences with the passive form of the verbs in brackets, followed by the present continuous tense marker.

1 Bu villa ..... *satılıyor* .... (sat-)
2 Bütün odalar .... (boya-)
3 Bu akşam bir maç .... (oyna-)
4 Elbiseler .... (yıka-)
5 Mutfakta yemek .... (pişir-)
6 Siparişler .... (gönder-)
7 Burada sadece kitap .... (sat-)
8 Proje zamanında .... (bitir-)
9 Kastamonu'da elma .... (yetiştir-)
10 Şampiyona kupa .... (ver-)

ÜNİTE 104

edilgen çatı (şimdiki zaman – olumsuz ve soru cümleleri)
the passive voice in the present continuous negative and questions

A

To make a negative passive sentence, we insert the passive making suffix between the negative tense marker and the verb stem. As always, pay attention to sound harmony rules.

-miyor/-müyor after -il/-ül; -in/-ün; -n		
Burada alkol	iç-il-miyor.	*Alcohol is not (being) drunk here.*
Burada bahşiş	ver-il-miyor.	*Tips are not (being) given here.*
Çevre sorunları	çöz-ül-müyor.	*Environment problems are not (being) solved.*
Yarın yağmur	bekle-n-miyor.	*Rain is not (being) expected tomorrow.*

Example-1: **sev-** *to like/love*

Positive: sev - il - iyor

→ passive making suffix after a consonant
→ present continuous tense marker

Negative: sev - il - miyor

→ passive making suffix after a consonant
→ negative present continuous tense marker

Positive: Bu şarkıcı çok seviliyor.
(This singer is (being) liked so much.)

Negative: Bu şarkıcı hiç sevilmiyor.
(This singer is not (being) liked at all.)

-mıyor/-muyor after -ıl/-ul; -ın/-un; -n		
Burada sigara	sat-ıl-mıyor.	*Cigarettes are not being sold here.*
Burada Türkçe	konuş-ul-muyor.	*Turkish is not being spoken here.*
Maç bugün	oyna-n-mıyor.	*The match is not being played today.*
Burada ekmek	bul-un-muyor.	*Bread is not (being) found here. (Bread is not available here.)*

Example-2: **sat-** *to sell*

Positive: sat - ıl - ıyor

→ passive making suffix after a consonant
→ present continuous tense marker

Negative: sat - ıl - mıyor

→ passive making suffix after a consonant
→ negative present continuous tense marker

Positive: Ev satılıyor.
(The house is being sold.)

Negative: Ev satılmıyor.
(The house is not being sold.)

Example-3: **oyna-** *to play*

Positive: oyna - n - ıyor

→ passive making suffix after a vowel
→ present continuous tense marker

Negative: oyna - n - mıyor

→ passive making suffix after a vowel
→ negative present continuous tense marker

Positive: Şimdi maç oynanıyor.
(A match is being played now.)

Negative: Şimdi maç oynanmıyor.
(A match is not being played now.)

B

We use the question particle **mu?** after the present countinuous passive verb to make questions:

Passive statement: Yeni projeler düşünülüyor. *(New projects are being considered.)*
Passive question   : Yeni projeler düşünülüyor mu? *(Are new projects being considered?)*

Passive statement: Yarın için kar bekleniyor. *(Snow is being expected for tomorrow.)**
Passive question   : Yarın için kar bekleniyor mu? *(Is snow being expected for tomorrow?)*

* Note that we can also translate the sentences above by using the present simple tense:
Snow is expected for tomorrow.

-In short answers, we can use the passive verb only after Evet/Hayır:

- A: Yeni projeler düşünülüyor mu?
  B: Evet, düşünülüyor.
     Hayır, düşünülmüyor.

ALIŞTIRMALAR

1 Make the following verbs negative.

	Positive passive verb	Negative passive verb
1	aranıyor	*aranmıyor*
2	yapılıyor	
3	görülüyor	
4	satılıyor	
5	seviliyor	
6	çalınıyor	
7	oynanıyor	

	Positive passive verb	Negative passive verb
8	çiziliyor	
9	izleniyor	
10	alınıyor	
11	temizleniyor	
12	pişiriliyor	
13	boyanıyor	
14	bekleniyor	

	Positive passive verb	Negative passive verb
15	konuşuluyor	
16	veriliyor	
17	yetiştiriliyor	
18	siliniyor	
19	hazırlanıyor	
20	anlatılıyor	
21	kurtarılıyor	

2 Make the following sentences negative.

1 Burada toplantı yapılıyor.   *Burada toplantı yapılmıyor* .

2 Mutfakta şimdi yemek pişiriliyor.   ....

3 Adam hastaneye götürülüyor.   ....

4 Maç İzmir'de oynanıyor.   ....

5 Bu villalar satılıyor.   ....

6 Antalya'da portakal yetiştiriliyor.   ....

7 Burada sigara içiliyor.   ....

8 Sipariş veriliyor.   ....

9 Burada güzel servis yapılıyor.   ....

10 Yarın kar bekleniyor.   ....

11 Çocuklara hikaye okunuyor.   ....

12 Burada buğday yetiştiriliyor.   ....

13 Yaralılar kurtarılıyor.   ....

14 Burada güzel müzik çalınıyor.   ....

15 Bütün odalar temizleniyor.   ....

3 Complete the conversations.

Dialogue-1
A: *Burada et satılıyor mu* ....?
B: Hayır, burada et satılmıyor.

Dialogue-2
A: ....?
B: Evet, burada İskender Kebap yapılıyor.

Dialogue-3
A: ....?
B: Hayır, burada ikinci el telefon satılmıyor.

Dialogue-4
A: ....?
B: Hayır, bu akşam maç oynanmıyor.

Dialogue-5
A: ....?
B: Evet, Selda için doğum günü partisi yapılıyor.

Dialogue-6
A: ....?
B: Evet, burada güzel müzik çalınıyor.

Dialogue-7
A: ....?
B: Hayır, bu gece kar beklenmiyor.

Dialogue-8
A: ....?
B: Evet, buraya yeni bir alışveriş merkezi açılıyor.

A Once again the same rules apply while making passive sentences. To make an active verb passive in the past simple tense, we add **-il/-ıl/-ul/-ül** to verbs stems ending in a consonant (except **-l**) and **-n-** to verb stems ending in a vowel. The passive making suffix is then followed by the past simple tense marker:

-il/-ıl/-ul/-ül after consonants except -l (b, c, ç, d, f, g, ğ, h, j, k, m, n, p, r, s, ş, t, v, y, z)		
Dağcılar	kurtar-ıl-dı.	*The climbers were rescued.*
Yemek	pişir-il-di.	*The food was cooked.*
Sofra	kur-ul-du.	*The table was set.*
Adam hastaneye	götür-ül-dü.	*The man was taken to hospital.*

Katil az önce yakalandı.

Example-1: kurtar- *to rescue*

kurtar - ıl - dı

passive making suffix after a consonant / past simple tense marker

Active: Askerler dağcıları kurtardı.
(Soldiers rescued the climbers.)

Passive: Dağcılar kurtarıldı.
(The climbers were rescued.)

-n- after vowels (a, ı, o, u, e, i, ö, ü)		
Mutfak	temizle-n-di.	*The kitchen was cleaned.*
Gazete	oku-n-du.	*The newspaper was read.*
Katil	yakala-n-dı.	*The murderer was caught.*

Example-2: yakala- *to catch*

yakala - n - dı

passive making suffix after a vowel / past simple tense marker

Active: Polis katili yakaladı.
(Police caught the murderer.)

Passive: Katil yakalandı.
(The murderer was caught.)

B We add **-in/-ın/-un/-ün** to verb stems ending in **-l**:

Example-3: çal- *to play; to steal*

çal - ın - dı

passive making suffix after -l / past simple tense marker

Active sentence : Hırsız bir araba çaldı.
(The thief stole a car.)

Passive: Bir araba çalındı.
(A car was stolen.)

more examples:

kal- = *to stay*
bil- = *to know*
sil- = *to erase*
sal- = *to release*
gel- = *to come*
gül- = *to laugh*
böl- = *to divide*
bul- = *to find*

It is possible to translate the sentences above using the present perfect tense (i.e. *have/has been done*):
A car was stolen. or *A car has been stolen.*

ALIŞTIRMALAR

1 Add -il/-ıl/-ul/-ül to the verbs, followed by the past simple tense marker.

1 açıldı......... (to open)
2 sun............... (to submit/present)
3 kapat .... (to close)
4 say............... (to count)
5 yaz............... (to write)
6 gönder............. (to send)
7 bitir.............. (to finish)
8 duy............... (to hear)

9 düşün............... (to think)
10 anlat............... (to tell)
11 ulaş............... (to reach)
12 durdur.............. (to stop)
13 ısıt............... (to heat)
14 pişir............. (to cook)
15 göster............. (to show)
16 tut............... (to hold)

17 yık............... (to demolish)
18 ver.............. (to give)
19 at............... (to throw)
20 saldır.............. (to attack)
21 yetiştir.............. (to grow)
22 dağıt.............. (to distribute)
23 azalt.............. (to decrease)
24 arttır.............. (to increase)

2 Add -in/-ın/-un/-ün or -n to the verbs, followed by the past simple tense marker.

1 hazırlandı......... (to prepare)
2 yakala............... (to catch)
3 boya .... (to paint)
4 ara............... (to call/search)
5 yıka............... (to wash)
6 temizle.............. (to clean)
7 bul............... (to find)

8 sil............... (to wipe/erase)
9 düzenle.............. (to organise)
10 topla............... (to collect)
11 bil............... (to know)
12 incele............... (to inspect/investigate)
13 açıkla.............. (to explain/announce)
14 oyna............... (to play)

3 Complete the sentences with the verbs in the box.

a) yakalandı	c) açıklandı	e) düzenlendi	g) oynandı	i) açıldı
b) alındı	d) sunuldu	f) incelendi	h) arttırıldı	j) ısıtıldı

1 Dün harika bir program düzenlendi .
2 Hırsız sonunda ....
3 Yeni bir futbolcu ....
4 Geçen hafta yeni bir mağaza ....
5 Çok mutluyum. Maaşım ....

6 Sınav sonuçları ....
7 Proje heyete ....
8 Tüm deliller incelenlendi .
9 Pizza soğuktu. Tekrar ....
10 Dün akşam çok heyecanlı bir maç ....

4 Complete the sentences with the verbs in brackets.

1 Bütün yardımlar dağıtıldı . (dağıt-)
2 Her şey dikkatlice .... (düşün-)
3 Paketler az önce .... (gönder-)
4 Dün gece bir patlama .... (duy-)
5 Öğrencilere ödüller .... (ver-)
6 Elbiseler çamaşır makinesinde .... (yıka-)
7 Yeni bir formül .... (bul-)
8 Dün arabam .... (çal-)
9 Tüm dağcılar .... (kurtar-)
10 Yaralılar hastaneye .... (götür-)

A

To make a negative passive past simple sentence, we use -medi/-madı after the passive making suffix. As always, pay attention to sound harmony rules.

-medi after -il/-ül; -in/-ün; -n		
Para	ver-il-medi.	*Money was not given.*
Yerler iyice	süpür-ül-medi.	*The floor was not swept well.*
Gerçek asla	bil-in-medi.	*The truth was never known.*
Veda partisi	düzenle-n-medi.	*Farewell party was not organised.*

Positive: ver - il - di

passive making suffix after a consonant — positive simple past tense marker

Negative: ver - il - medi

passive making suffix after a consonant — negative simple past tense marker

Positive: Hediyeler ver<u>ildi</u>.
  (The presents were given.)

Negative: Hediyeler ver<u>ilmedi</u>.
  (The presents were not given.)

> Araba henüz tamir edilmedi. Otobüsle geleceğim.
>
> Tamam, canım.

-madı after -ıl/-ul; -ın/-un; -n		
Simitler	sat-ıl-madı.	*The bagels were not sold.*
Teklif henüz	sun-ul-madı.	*The proposal has not been submitted yet.*
Bir cüzdan	bul-un-madı.	*A purse was not found.*
Elbiseler	yıka-n-madı.	*The clothes were not washed.*

Positive: sat - ıl - dı

passive making suffix after a consonant — positive simple past tense marker

Negative: sat - ıl - madı

passive making suffix after a consonant — negative simple past tense marker

Positive: Simitler sat<u>ıldı</u>.
  (The bagels were sold.)

Negative: Simitler sat<u>ılmadı</u>.
  (The bagels were not sold.)

Positive: oyna - n - dı

passive making suffix after a vowel — positive simple past tense marker

Negative: oyna - n - madı

passive making suffix after a vowel — negative simple past tense marker

Positive: Maç oynandı.
  (The match was played.)

Negative: Maç oynanmadı.
  (The match was not played.)

B

We use the question particle **mi?/mı?/mu?/mü?** after the past simple passive verb to make questions:

Passive statement : Fatura ödendi. *(The bill was paid.)* or *(The bill has been paid.)*
Passive question   : Fatura ödendi mi? *(Was the bill paid?)* or *(Has the bill been paid?)*

Passive statement : Bir cüzdan bulundu. *(A purse was found.)* or *(A purse has been found.)*
Passive question   : Bir cüzdan bulundu mu? *(Was a purse found?)* or *(Has a purse been found?)*

-In short answers, we can use the passive verb only after Evet/Hayır:

• A: Fatura ödendi mi?
  B: Evet, ödendi.
     Hayır, ödenmedi.

C

As stated in the previous unit, it is possible to translate the sentences above using the present perfect tense:

• Fakirler için para toplanmadı. *(Money was not collected for the poor.* or *Money has not been collected for the poor.)*
• Bir araba çalınmadı. *(A car was not stolen.* or *A car has not been stolen.)*

ALIŞTIRMALAR

1 Make the following verbs negative.

	Positive passive verb	Negative passive verb
1	satıldı	*satılmadı*
2	yapıldı	
3	oynandı	
4	alındı	
5	sunuldu	
6	getirildi	
7	pişirildi	

	Positive passive verb	Negative passive verb
8	bilindi	
9	izlendi	
10	açıklandı	
11	temizlendi	
12	verildi	
13	varıldı	
14	gönderildi	

	Positive passive verb	Negative passive verb
15	toplandı	
16	yendi	
17	kurtarıldı	
18	yakalandı	
19	hazırlandı	
20	bulundu	
21	ödendi	

2 Make the following sentences negative.

1 Katiller bugün yakalandı.   *Katiller bugün yakalanmadı* .

2 Dağcılar kurtarıldı.   ....

3 Sınav sonuçları açıklandı.   ....

4 Akşam yemeği yendi.   ....

5 Bütün daireler satıldı.   ....

6 Pizza siparişi verildi.   ....

7 Evsizler için para toplandı.   ....

8 Kimsesizler için kermes yapıldı.   ....

9 Fatura ödendi.   ....

10 Tavuk fırında pişirildi.   ....

11 Tatil programı hazırlandı.   ....

12 Sokaklar güzelce temizlendi.   ....

13 Dilek hastaneye götürüldü.   ....

14 Yeni bir mağaza açıldı.   ....

15 Elbiseler makinede yıkandı.   ....

3 Complete the conversations.

Dialogue-1

A: *Araba satıldı mı* ....?

B: Hayır, araba satılmadı.

Dialogue-2

A: ....?

B: Evet, sipariş verildi.

Dialogue-3

A: ....?

B: Hayır, fatura ödenmedi.

Dialogue-4

A: ....?

B: Hayır, bulaşıklar yıkanmadı.

Dialogue-5

A: ....?

B: Evet, sınav sonuçları açıklandı.

Dialogue-6

A: ....?

B: Evet, hırsızlar yakalandı.

Dialogue-7

A: ....?

B: Hayır, dağcılar kurtarılmadı.

Dialogue-8

A: ....?

B: Evet, cüzdan bulundu.

A A conditional sentence is used to express that the action in the main clause can only take place if a certain condition is fulfilled. The present simple conditional in Turkish is made by adding **-se/-sa** to the present simple marked verb, which is then followed by a personal suffix.

Positive

Person	-sa after -ır/-ur/-r		-se after -ir/-ür/-r	
Ben	kazan-**ır-sa-m**	*If I win*	gel-**ir-se-m**	*If I come*
Sen	kazan-**ır-sa-n**	*If you win*	gel-**ir-se-n**	*If you come*
O	kazan-**ır-sa**	*If he/she/it wins*	gel-**ir-se**	*If he/she/it comes*
Biz	kazan-**ır-sa-k**	*If we win*	gel-**ir-se-k**	*If we come*
Siz	kazan-**ır-sa-nız**	*If you win*	gel-**ir-se-niz**	*If you come*
Onlar	kazan-**ır-lar-sa**	*If they win*	gel-**ir-ler-se**	*If they come*

> Bu maçı kazanırsak şampiyon olacağız.

kazan - ır - sa - k   =   *If we win*

present simple   *if*   personal
tense marker   suffix for *we*

B To make negative sentences, we add **-mez/-maz** between the verb stem and **-se/-sa**:

Negative

Person	-maz after verbs ending in a syllable that has **a, ı, o, u**		-mez after verbs ending in a syllable that has **e, i, ö, ü**	
Ben	kaz**an**-maz-sa-m	*If I don't win*	gel-mez-se-m	*If I don't come*
Sen	kaz**an**-maz-sa-n	*If you don't win*	gel-mez-se-n	*If you don't come*
O	kaz**an**-maz-sa	*If he/she/it doesn't win*	gel-mez-se	*If he/she/it doesn't come*
Biz	kaz**an**-maz-sa-k	*If we don't win*	gel-mez-se-k	*If we don't come*
Siz	kaz**an**-maz-sa-nız	*If you don't win*	gel-mez-se-niz	*If you don't come*
Onlar	kaz**an**-maz-lar-sa	*If they don't win*	gel-mez-ler-se	*If they don't come*

kazan - maz - sa - k   =   *If we don't win*

present simple   *if*   personal
negative particle   suffix for *we*

C The verb in the main clause can be marked by any suitable tense marker. However, the most commonly used tenses are the future tense (**-ecek/-acak**) and the present simple tense (**-r**):

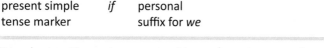

conditional clause   main clause
(present simple)   *(future)*

• Odanızı temizlerseniz, size kek yapacağım/yaparım.
  (If you clean your room, I will make you a cake.)

• Çalışırsan, sınavını geçeceksin/geçersin.
  (If you study, you will pass your exam.)

• Bu maçı kazanırsak şampiyon olacağız.
  (If we win this match, we will be champions.)

- To talk about facts and things which are generally true, we use the present simple tense in both the conditional clause and the main clause:

• Çocuklara şeker verirsen sessizce otururlar.
  (If you give children sweets, they sit quietly.)

• Erken uyanırsam yüzmeye giderim.
  (If I wake up early, I go swimming.)

- *A conditional clause is the clause which expresses a condition. Its verb is marked by **-se/-sa** and generally occurs before the main clause.*
- *A main clause is the clause which happens if the condition takes/doesn't take place. Its verb is not marked by **-se/-sa**.*
- *The conditional can occur with tenses other than the geniş zaman: Sinemaya gidecekseniz ben de geleceğim. (If you will go to the cinema, I will come too.)*

ALIŞTIRMALAR

1 The following verbs already have the present simple tense marker.
Add -se/-sa to them followed by the personal ending.

	1 yap- *to make/do*	2 gel- *to come*	3 ol- *to be*	4 başla- *to start*	5 bitir- *to finish*
Ben	yapar*sam*..........	gelir....................	olur....................	başlar..................	bitir..................
Sen	yapar*san*..........	gelir....................	olur....................	başlar..................	bitir..................
O	yapar*sa*..	gelir....................	olur....................	başlar..................	bitir..................
Biz	yapar*sak*	gelir....................	olur....................	başlar..................	bitir..................
Siz	yapar*sanız*........	gelir....................	olur....................	başlar..................	bitir..................
Onlar	yapar*larsa*........	gelir....................	olur....................	başlar..................	bitir..................

	6 bul- *to find*	7 kalk- *to get up*	8 git- *to go*	9 ara- *to call/search*	10 ders çalış- *to study*
Ben	bulur..................	kalkar..................	gider..................	arar.................	ders çalışır...........
Sen	bulur..................	kalkar..................	gider..................	arar.................	ders çalışır...........
O	bulur..................	kalkar..................	gider..................	arar.................	ders çalışır...........
Biz	bulur..................	kalkar..................	gider..................	arar.................	ders çalışır...........
Siz	bulur..................	kalkar..................	gider..................	arar.................	ders çalışır...........
Onlar	bulur..................	kalkar..................	gider..................	arar.................	ders çalışır...........

2 Complete the sentences by adding the present simple tense marker followed
by -se/-sa and the personal suffixes to the verbs in brackets.

1 Cüzdanı ...*bulursam*........ sana haber vereceğim. (bul-)
2 Leyla .... beraber sinemaya gideriz. (gel-)
3 Ödevini .... sana çikolata vereceğim. (yap-)
4 Başkan .... güzel yollar yapacağım. (ol-)
5 Biz geç .... okula geç kalırız. (kalk-)
6 Ders .... başarılı olursun. (çalış-)
7 Biz erken .... projeyi bugün bitiririz. (başla-)
8 Markete .... bir ekmek alır mısın? (git-)

3 Add -mez/-maz followed by -se/-sa and the personal suffixes to the verbs below.

	1 yap- *to make/do*	2 gel- *to come*	3 bul- *to find*	4 başla- *to start*	5 ye- *to eat*
Ben	yap*mazsam*..	gel....................	bul....................	başla..................	ye..................
Sen	yap*mazsan*....	gel....................	bul....................	başla..................	ye..................
O	yap*mazsa*.......	gel....................	bul....................	başla..................	ye..................
Biz	yap*mazsak*....	gel....................	bul....................	başla..................	ye..................
Siz	yap*mazsanız*..	gel....................	bul....................	başla..................	ye..................
Onlar	yap*mazlarsa*.	gel....................	bul....................	başla..................	ye..................

A We add **-se/-sa** directly to the verb stem to talk about imagined present situations that are possible but not probable or impossible:

kazan - sa - m   = *If I won*   **kaybet** - se - m   = *If I lost*

   if   personal   *if*   personal
           suffix for *I*   suffix for *I*

Person	-sa after verbs ending in a syllable that has **a, ı, o, u**		-se after verbs ending in a syllable that has **e, i, ö, ü**	
Ben	kazan-**sa**-m	*If I won*	kaybet-**se**-m	*If I lost*
Sen	kazan-**sa**-n	*If you won*	kaybet-**se**-n	*If you lost*
O	kazan-**sa**	*If he/she/it won*	kaybet-**se**	*If he/she/it lost*
Biz	kazan-**sa**-k	*If we won*	kaybet-**se**-k	*If we lost*
Siz	kazan-**sa**-nız	*If you won*	kaybet-**se**-niz	*If you lost*
Onlar	kazan-**sa**-lar *or* kazan-**sa**	*If they won*	kaybet-**se**-ler *or* kaybet-**se**	*If they lost*

- The verb in the conditional clause takes **-se/-sa** and the personal suffix while the verb in the main clause is usually in the present simple followed by the past copula **-di** (e.g. **gelir̲d̲i̲m**):

• Müsait <u>olsam</u> seninle gelirdim. (impossible)
  (If I were free, I would come with you.)

• Türkiye'ye <u>gitsem</u> Türkçe öğrenirdim. (possible but not probable)
  (<u>If I went</u> to Turkey, I could learn Turkish.)

• A: Piyangoyu <u>kazansan</u> ne yapardın? (possible but not probable)
    (What would you do <u>if you won</u> the lottery?)

  B: Piyangoyu <u>kazansam</u> bir yat alırdım.
    (<u>If I won</u> the lottery, I would buy a yacht.)

Piyangoyu kazansan ne yapardın?

Bir yat alırdım.

- The main clause can also be in the present simple tense (without **-di**) when we are talking about imagined future situations:

• Hatice'nin doğum günü yarın! Ona bir hediye almalıyım. Unutsam beni asla affet<u>mez</u>!
(Hatice's birthday is tomorrow! I must buy her a present. If I forgot, she would never forgive me!)

• Yeni bir iş bulsam bu şirketten hemen ayrıl<u>ırım</u>. (I don't think I will find a new job.)
(I would quit this company straight away if I found a new job.)

B **Yerinde olsam** *(If I were you)* is used when giving advice and telling someone what you think they should do. The main clause is usually in the present simple followed by the past copula **-di** (e.g. **gelir̲d̲i̲m**):

• (Senin) yerinde olsam, yeni bir araba alırdım.
  (If I were you, I would buy a new umbrella.)

• (Senin) yerinde olsam, partiye gitmezdim.
  (If I were you, I wouldn't go to the party.)

- We can also say **Yerimde olsan** *(If you were me)*:

• Yerimde olsan gider miydin?
  (Would you go if you were me?)

Yerinde olsam yeni bir araba alırdım.

ALIŞTIRMALAR

1 Add -se/-sa and the personal suffix to the verbs below.

	1 yap- *to make/do*	2 gel- *to come*	3 ol- *to be*	4 başla- *to start*	5 al- *to take/buy*
Ben	yap*sam*	gel...............	ol...............	başla...............	al...............
Sen	yap*san*	gel...............	ol...............	başla...............	al...............
O	yap*sa*	gel...............	ol...............	başla...............	al...............
Biz	yap*sak*	gel...............	ol...............	başla...............	al...............
Siz	yap*sanız*	gel...............	ol...............	başla...............	al...............
Onlar	yap*salar*	gel...............	ol...............	başla...............	al...............

	6 bul- *to find*	7 kalk- *to get up*	8 git- *to go*	9 ara- *to call/search*	10 iste- *to want*
Ben	bul...............	kalk...............	git...............	ara...............	iste...............
Sen	bul...............	kalk...............	git...............	ara...............	iste...............
O	bul...............	kalk...............	git...............	ara...............	iste...............
Biz	bul...............	kalk...............	git...............	ara...............	iste...............
Siz	bul...............	kalk...............	git...............	ara...............	iste...............
Onlar	bul...............	kalk...............	git...............	ara...............	iste...............

2 Complete the sentences by adding -se/-sa and the personal suffix to the verbs in brackets.

1 Betül şimdi ....*gelse*........... ona yardımcı olurdum. (gel-)

2 Murat burada .... beraber top oynardık. (ol-)

3 Erken .... geç kalmazsın. (kalk-)

4 Ahmet .... çok güzel bir araba alır. (iste-)

5 Zengin .... dünyayı gezerdim. (ol-)

6 İyice .... cüzdanını bulursun. (ara-)

7 Spor .... kilo verirsin. (yap-)

8 Arabasını ucuza .... alırdım. (sat-)

3 Translate the following sentences into English.

1 Yerinde olsam hemen kabul ederdim.   *I would accept it if I were you.* ....

2 İsteseler projeyi çabuk bitirirler.   ....

3 Zengin olsan ne yapardın?   ....

4 Fırat ders çalışsa başarılı olur.   ....

5 Piyangoyu kazansam yeni bir araba alırdım.   ....

6 Yerimde olsan ne yapardın?   ....

A

We add **-seydi/-saydı** to the verb stem in the conditional clause to talk about the hypothetical past consequences of the imagined past situation. The personal suffix follows **-seydi/-saydı**:

Positive

Person	-seydi after verbs ending in a syllable that has **e, i, ö, ü**		-saydı after verbs ending in a syllable that has **a, ı, o, u**	
Ben	bil-**seydi**-m	*If I had known*	koş-**saydı**-m	*If I had run*
Sen	bil-**seydi**-n	*If you had known*	koş-**saydı**-n	*If you had run*
O	bil-**seydi**	*If he/she/it had known*	koş-**saydı**	*If he/she/it had run*
Biz	bil-**seydi**-k	*If we had known*	koş-**saydı**-k	*If we had run*
Siz	bil-**seydi**-niz	*If you had known*	koş-**saydı**-nız	*If you had run*
Onlar	bil-**seydi**-ler *or* bil-**se-ler-di**	*If they had known*	koş-**saydı**-lar *or* koş-**sa-lar-dı**	*If they had run*

koş - saydı-k = *If we had run*

if   personal
suffix for *we*

bil - seydi-k = *If we had known*

if   personal
suffix for *we*

- The verb in the conditional clause takes **-seydi/-saydı** and the personal suffix while the verb in the main clause is usually in the present simple followed by the past copula **-di** (e.g. **gelirdim** = *I would have come*). The verb in the main clause best translates as *would have*:

• Seni görseydim, merhaba derdim.
  (If I had seen you, I would have said hello.)

• Dikkatli olsaydın kaza yapmazdık.
  (If you had been careful, we would not have had an accident.)

- We can add **-ebilir/-abilir** and the past copula **-di** to the verb (e.g. **gelebilirdim** = *I could have come*) to say that something was a possibility in the past but did not actually happen. The verb in the main clause best translates as *could have*:

• Çalışsaydın sınavı geçebilirdin.
  (If you had studied, you could have passed the exam.)

Koşsaydık otobüsü yakalayabilirdik.

Negative

Person	-me-seydi after verbs ending in a syllable that has **e, i, ö, ü**		-ma-saydı after verbs ending in a syllable that has **a, ı, o, u**	
Ben	bil-**me-seydi**-m	*If I hadn't known*	koş-**ma-saydı**-m	*If I hadn't run*
Sen	bil-**me-seydi**-n	*If you hadn't known*	koş-**ma-saydı**-n	*If you hadn't run*
O	bil-**me-seydi**	*If he/she/it hadn't known*	koş-**ma-saydı**	*If he/she/it hadn't run*
Biz	bil-**me-seydi**-k	*If we hadn't known*	koş-**ma-saydı**-k	*If we hadn't run*
Siz	bil-**me-seydi**-niz	*If you hadn't known*	koş-**ma-saydı**-nız	*If you hadn't run*
Onlar	bil-**me-seydi**-ler *or* bil-**me-se-ler-di**	*If they hadn't known*	koş-**ma-saydı**-lar *or* koş-**ma-sa-lar-dı**	*If they hadn't run*

• Adresi bilmeseydi kaybolurdu.
(If s/he hadn't known the address, s/he would have got lost.)

• Koşmasaydık otobüsü kaçırırdık.
(We would have missed the bus if we hadn't run.)

B

Yerinde olsaydım *(If I had been you)* is used when giving advice about an imagined past situation. The main clause is usually in the present simple followed by the past copula **-di** (e.g. **gelirdim**):

• Yerinde olsaydım o elbiseyi alırdım.
  (If I had been you, I would have bought that dress.)

ALIŞTIRMALAR

1 Add -seydi/-saydı and the personal suffix to the verbs below.

	1 duy- *to hear*	2 gel- *to come*	3 ol- *to be*	4 başla- *to start*	5 al- *to take/buy*
Ben	duy*saydım*	gel................	ol................	başla................	al................
Sen	duy*saydın*	gel................	ol................	başla................	al................
O	duy*saydı*	gel................	ol................	başla................	al................
Biz	duy*saydık*	gel................	ol................	başla................	al................
Siz	duy*saydınız*	gel................	ol................	başla................	al................
Onlar	duy*saydılar*	gel................	ol................	başla................	al................

	6 bul- *to find*	7 kalk- *to get up*	8 git- *to go*	9 ara- *to call/search*	10 iste- *to want*
Ben	bul................	kalk................	git................	ara................	iste................
Sen	bul................	kalk................	git................	ara................	iste................
O	bul................	kalk................	git................	ara................	iste................
Biz	bul................	kalk................	git................	ara................	iste................
Siz	bul................	kalk................	git................	ara................	iste................
Onlar	bul................	kalk................	git................	ara................	iste................

2 Add -seydi/-saydı and the personal suffix to the verbs in brackets.

Dialogue-1

A: Recep dün evini taşıdı. Ona yardım ettin mi?

B: Hayır. *Bilseydim* .... yardım ederdim. (bil-)

Dialogue-2

A: Partiye gittin mi?

B: Hayır. Funda bana .... giderdim. (söyle-)

Dialogue-3

A: Bana da bilet aldın mı?

B: Hayır. .... alırdım. (hatırla-)

Dialogue-4

A: Ayhan sınavda başarısız oldu.

B: Ders .... başarılı olurdu. (çalış-)

3 Add -meseydi/-masaydı and the personal suffix to the verbs in brackets.

Dialogue-1

A: Hırsız yakalandı mı?

B: Evet ama polis zamanında ..*gelmeseydi*. hırsız kaçardı. (gel-)

Dialogue-2

A: Dün pikniğe gittiniz mi?

B: Hayır ama yağmur............................. giderdik. (yağ-)

Dialogue-3

A: Yarışmaya katıldın mı?

B: Hayır. Ayağımı .... katılırdım. (kır-)

Dialogue-4

A: Ayşe toplantıya zamanında yetişti mi?

B: Evet ama taksiye .... geç kalırdı. (bin-)

A **-ebil/-abil** is added to the verb to express ability and means *can* or *be able to*. It can be followed by any tense or mood marker. In this unit, we will study its use in the present simple tense:

yüz-ebil-ir-im = *I can swim.*

swim   can
present simple   personal
tense marker   suffix for I

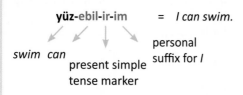

Yüzebilirim.

Piyano çalabilirim.

Positive

Person	-ebil after consonants preceded by **e, i, ö, ü**	-abil after consonants preceded by **a, ı, o, u**
Ben	**yüz-ebil-ir-im.**	**yaz-abil-ir-im.**
Sen	**yüz-ebil-ir-sin.**	**yaz-abil-ir-sin.**
O	**yüz-ebil-ir.**	**yaz-abil-ir.**
Biz	**yüz-ebil-ir-iz.**	**yaz-abil-ir-iz.**
Siz	**yüz-ebil-ir-siniz.**	**yaz-abil-ir-siniz.**
Onlar	**yüz-ebil-ir-ler.**	**yaz-abil-ir-ler.**

-y-ebil after **e, i, ö, ü**	-y-abil after **a, ı, o, u**
yürü-y-ebil-ir-im.	**oku-y-abil-ir-im.**
yürü-y-ebil-ir-sin.	**oku-y-abil-ir-sin.**
yürü-y-ebil-ir.	**oku-y-abil-ir.**
yürü-y-ebil-ir-iz.	**oku-y-abil-ir-iz.**
yürü-y-ebil-ir-siniz.	**oku-y-abil-ir-siniz.**
yürü-y-ebil-ir-ler.	**oku-y-abil-ir-ler.**

• Piyano çal**abilirim**. *(I can play the piano.)*

• Türkçe konuş**abilirim**. *(I can speak Turkish.)*

• Ahmet bisiklet sür**ebilir**. *(Ahmet can ride a bicycle.)*

• Servet kek yap**abilir**. *(Servet can make a cake.)*

• Fikret çok hızlı koş**abilir**. *(Fikret can run very fast.)*

• A: Saat 3'te gel**ebilirim**. *(I can come at 3.)*

  B: Peki, bekliyorum. *(OK, I am waiting.)*

Saat 3'te gelebilirim.

Peki, bekliyorum.

B We add **-(y)-eme-(z)** / **-(y)-ama-(z)** to verb stems to make negative sentences.

Negative

Person	-eme(z) after consonants preceded by **e, i, ö, ü**	-ama(z) after consonants preceded by **a, ı, o, u**
Ben	**yüz-eme-m.**	**yaz-ama-m.**
Sen	**yüz-emez-sin.**	**yaz-amaz-sın.**
O	**yüz-emez.**	**yaz-amaz.**
Biz	**yüz-eme-yiz.**	**yaz-ama-yız.**
Siz	**yüz-emez-siniz.**	**yaz-amaz-sınız.**
Onlar	**yüz-emez-ler.**	**yaz-amaz-lar.**

-y-eme(z) after **e, i, ö ü**	-y-ama(z) after **a, ı, o, u**
yürü-y-eme-m.	**oku-y-ama-m.**
yürü-y-emez-sin.	**oku-y-amaz-sın.**
yürü-y-emez.	**oku-y-amaz.**
yürü-y-eme-yiz.	**oku-y-ama-yız.**
yürü-y-emez-siniz.	**oku-y-amaz-sınız.**
yürü-y-emez-ler.	**oku-y-amaz-lar.**

• Türkçe konuş**amam** ama İspanyolca konuşabilirim.
  (I cannot speak Turkish, but I can speak Spanish.)

• Bugün gel**emem**. Çalışıyorum.
  (I cannot come today. I am working.)

• Bilgisayar kullan**amazlar**.
  (They cannot use a computer.)

• Yüz**emem** ama çok iyi koşabilirim.
  (I cannot swim, but I can run very well.)

ALIŞTIRMALAR

1 Add -ebil/-abil, followed present simple tense marker and the personal suffix to the verbs.

	1 gel- *to come*	2 konuş- *to speak*	3 yaz- *to write*	4 resim çiz- *to draw*	5 koş- *to run*
Ben	gel*ebilirim*....	konuş..................	yaz..................	resim çiz..............	koş...................
Sen	gel*ebilirsin*....	konuş..................	yaz..................	resim çiz.............	koş...................
O	gel*ebilir*.........	konuş..................	yaz..................	resim çiz.............	koş...................
Biz	gel*ebiliriz*.......	konuş..................	yaz..................	resim çiz.............	koş...................
Siz	gel*ebilirsiniz*	konuş..................	yaz..................	resim çiz.............	koş...................
Onlar	gel*ebilirler*....	konuş..................	yaz..................	resim çiz.............	koş...................

	6 şarkı söyle- *to sing*	7 yap- *to do/make*	8 kullan- *to use*	9 al- *to take/buy*	10 uyan- *to wake up*
Ben	şarkı söyle..............	yap...................	kullan..................	al......................	uyan....................
Sen	şarkı söyle..............	yap...................	kullan..................	al......................	uyan....................
O	şarkı söyle..............	yap...................	kullan..................	al......................	uyan....................
Biz	şarkı söyle..............	yap...................	kullan..................	al......................	uyan....................
Siz	şarkı söyle..............	yap...................	kullan..................	al......................	uyan....................
Onlar	şarkı söyle..............	yap...................	kullan..................	al......................	uyan....................

	11 yaşa- *to live*	12 uç- *to fly*	13 iç- *to drink*	14 oku- *to read*	15 sür- *to ride*
Ben	yaşa......................	uç.....................	iç.....................	oku....................	sür....................
Sen	yaşa......................	uç.....................	iç.....................	oku....................	sür....................
O	yaşa......................	uç.....................	iç.....................	oku....................	sür....................
Biz	yaşa......................	uç.....................	iç.....................	oku....................	sür....................
Siz	yaşa......................	uç.....................	iç.....................	oku....................	sür....................
Onlar	yaşa......................	uç.....................	iç.....................	oku....................	sür....................

2 Complete the sentences by adding -(y)ebil/-(y)abil to the verbs in brackets.

1 Elbette, Kerem telefonumu .... *kullanabilir* ..... . (kullan-)
2 Çitalar çok hızlı .... (koş-)
3 Neşe çok güzel resim .... (çiz-)
4 Ben çok güzel pizza .... (yap-)
5 Mike biraz Türkçe .... (konuş-)
6 Onlar çok zenginler. Lüks bir araba .... (al-)
7 Suzan gitar .... (çal-)
8 Ben araba .... (kullan-)

9 Sessiz ol. Bebek .... (uyan-)
10 Fethiye harika! Biz orada ömür boyu .... (yaşa-)
11 Ördekler .... (uç-)
12 Gönül çok güzel şarkı .... (söyle-)
13 Sami 3 yaşında ama bilgisayar .... (kullan-)
14 Korkma. Bu su temiz. .... (iç-)
15 Şemsiyeni al. .... (ıslan-)
16 Kerem dört yaşında ama kitap .... (oku-)

3 Complete the sentences by adding -(y)-eme(z) / -(y)-ama(z) to the verbs in brackets.

1 Köpekler .... *uçamaz* .... (uç-)
2 Kuşlar .... (yüz-)
3 Arabaları bozuldu. Onlar bugün .... (gel-)
4 Hayvanlar .... (konuş-)
5 Bebekler bisiklet .... (sür-)
6 Fikret yazı .... (yaz-)

7 Atlar şarkı .... (söyle-)
8 Serkan gitar .... (çal-)
9 Pelin satranç .... (oyna-)
10 Tekin kek .... (yap-)
11 Mert .... (oku-)
12 Biz burada .... (yaşa-)

-ebil/-abil is added to the verb to express ability. It can be followed by any tense or mood marker. In this unit, we will study its question form in the present simple tense:

Yüz-ebil-ir   **mi-sin?**   = *Can you swim?*

swim *can* present simple   question   personal
tense marker   particle   ending for *You*

Yüzebilir misin?

Evet, Yüzebilirim.

Question	
-ebil/-abil in present simple *question*	
Ben	yüz-**ebilir miyim?**
Sen	yüz-**ebilir misin?**
O	yüz-**ebilir mi?**
Biz	yüz-**ebilir miyiz?**
Siz	yüz-**ebilir misiniz?**
Onlar	yüz-**ebilirler mi?**

Positive	
-ebil/-abil in present simple *positive*	
Ben	yüz-**ebil-ir-im.**
Sen	yüz-**ebil-ir-sin.**
O	yüz-**ebil-ir.**
Biz	yüz-**ebil-ir-iz.**
Siz	yüz-**ebil-ir-siniz.**
Onlar	yüz-**ebil-ir-ler.**

Negative	
-ebil/-abil in present simple *negative*	
Ben	yüz-**eme-m.**
Sen	yüz-**emez-sin.**
O	yüz-**emez.**
Biz	yüz-**eme-yiz.**
Siz	yüz-**emez-siniz.**
Onlar	yüz-**emez-ler.**

- A: Türkçe konuş<u>abilir misin</u>?
  (Can you speak Turkish?)

  B: Evet, Türkçe konuş<u>abilirim</u>.
  (Yes, I can speak Turkish.)

- A: Tenis oyna<u>yabilir misin</u>?
  (Can you play tennis?)

  B: Evet, tenis oyna<u>yabilirim</u>.
  (Yes, I can play tennis.)

- A: Hızlı koş<u>abilir misin</u>?
  (Can you run fast?)

  B: Evet, hızlı koş<u>abilirim</u>.
  (Yes, I can run fast.)

- A: Ağaca tırman<u>abilir misin</u>?
  (Can you climb the tree?)

  B: Evet, tırman<u>abilirim</u>.
  (Yes, I can climb.)

- A: Gitar çal<u>abilir misin</u>?
  (Can you play the guitar?)

  B: Hayır, gitar çal<u>amam</u>.
  (No, I can't play the guitar.)

- A: Kediler uç<u>abilir mi</u>?
  (Can cats fly?)

  B: Hayır, kediler uç<u>amaz</u>.
  (No, cats cannot fly.)

- A: Bugün evimize gel<u>ebilir misiniz</u>?
  (Can you come to our home today?)

  B: Hayır, bugün gel<u>emeyiz</u>.
  (No, we cannot come today.)

- A: Dans ed<u>ebilir misin</u>?
  (Can you dance?)

  B: Hayır, dans ed<u>emem</u>.
  (No, I can't dance.)

Ağaca tırmanabilir misin?

Evet, tırmanabilirim.

-In short answers, we can use only the verb after Evet/Hayır:

- A: Tenis oynayabilir misin?
  B: Evet, oynayabilirim.
     Hayır, oynayamam.

-Note that in everyday Turkish, it is common to hear that third person plural (onlar=they) verbs are used without **-ler/-la**r. *e.g. Onlar yüzebilir mi?* instead of *Onlar yüzebilirler mi?*

ALIŞTIRMALAR

1 Write the question form of the verbs.

	1 koş- *to run*	2 gel- *to come*	3 konuş- *to speak*
Ben	koş*abilir miyim* ?	gel................... ?	konuş................... ?
Sen	koş................... ?	gel................... ?	konuş................... ?
O	koş................... ?	gel................... ?	konuş................... ?
Biz	koş................... ?	gel................... ?	konuş................... ?
Siz	koş................... ?	gel................... ?	konuş................... ?
Onlar	koş................... ?	gel................... ?	konuş................... ?

2 Complete the conversations.

Dialogue-1
A: *Yürüyebilir misin* ?
B: Hayır, yürüyemem. Çok yorgunum.

Dialogue-2
A: .... ?
B: Evet, Türkçe konuşabilirim.

Dialogue-3
A: .... ?
B: Hayır, bisiklet süremem.

Dialogue-4
A: .... ?
B: Hayır, süpermarkete gidemem. Çok meşgulüm.

Dialogue-5
A: .... ?
B: Hayır, gözlüksüz okuyamam.

Dialogue-6
A: .... ?
B: Evet, satranç oynayabilirim.

Dialogue-7
A: .... ?
B: Evet, annem bilgisayar kullanabilir.

Dialogue-8
B: .... ?
A: Hayır, Moskova'da yaşayamayız. Orada hava çok soğuk.

Dialogue-9
A: .... ?
B: Evet, Selda yarın başlayabilir.

Dialogue-10
A: .... ?
B: Elbette. Seni okula götürebilirim.

Dialogue-11
A: .... ?
B: Evet, sana yardım edebilirim.

Dialogue-12
A: .... ?
B: Hayır, Berkan keman çalamaz.

Dialogue-13
A: .... ?
B: Evet, yemek yapabilirim.

Dialogue-14
A: .... ?
B: Hayır, biz tenis oynayamayız.

As in English, we can also use **-ebil**/**-abil** to express offers, requests and permission:

- A: **Merhaba.** Yardım edebilir miyim?
  (Hello. Can I help?)

  B: Evet, lütfen. / Çok teşekkür ederim.
  (Yes, please. / Thank you so much.)

- A: **Merhaba.** Yardım edebilir misiniz, lütfen?
  (Hello. Can you help, please?)

  B: Elbette. / Tabii ki.
  (Certainly. / Of course.)

Responding to offers and requests

offers	: ... -ebilir/-abilir miyim? *(Can I ... ?)*
responses	: Evet, lütfen. / Hayır, teşekkürler. *(Yes, please.) / (No, thanks.)*

requests	: ... -ebilir/-abilir misiniz? *(Can you ... ?)*
responses	: Elbette. / Tabii ki. / Hayır, üzgünüm. *(Certainly. / Of course.) / (No, sorry.)*

- A: İçeri girebilir miyim, tatlım?
  (May I come in, sweetie?)

  B: Hayır, anne. Yalnız kalmak istiyorum.
  (No, mum. I want to stay alone.)

- A: Biraz dinlenebilir miyiz?
  (Can we relax a bit?)

  B: Hayır, polisler peşimizde.
  (No, the police are following us.)

ALIŞTIRMALAR

1 Fill in the speech bubbles with the questions below.

a) Bir soru sorabilir miyim?　　　b) İki çay alabilir miyiz, lütfen?　　　c) Kapıyı açabilir misiniz?

2 Complete the conversations.

Dialogue-1

A: _Telefonu kullanabilir miyim_ ?

B: Elbette, telefonu kullanabilirsiniz.

Dialogue-2

A: .... ?

B: Hayır, burada sigara içemezsiniz.

Dialogue-3

A: .... ?

B: Hayır, dışarı çıkamazsın.

Dialogue-4

A: .... ?

B: Elbette, burada bekleyebilirsiniz.

Dialogue-5

A: .... ?

B: Tabii ki, çocuklar burada oynayabilirler.

Dialogue-6

B: .... ?

A: Hayır, eve erken gidemezsin. Çok iş var.

Dialogue-7

A: .... ?

B: Elbette, burada oturabilirsiniz.

Dialogue-8

A: .... ?

B: Tabii ki. Onunla konuşabilirsin.

Dialogue-9

A: .... ?

B: Evet, partiye sen de gelebilirsin.

Dialogue-10

A: .... ?

B: Elbette, kalemimi kullanabilirsin.

Dialogue-11

A: ...., lütfen?

B: Tabii ki. Siz ne almak istersiniz, efendim?

C: Ben baklava alabilir miyim, lütfen?

A: Elbette.

A In Ünite-37, 38, and 39, we studied the seen past tense to talk about actions that we witnessed in the past. The reported or the heard past tense in Turkish is made by adding **-mış/-miş/-muş/-müş** to verb stems. We use it to report past actions that we have heard from someone else.

Person	-mış after final syllables having **a** or **ı**	-miş after final syllables having **e** or **i**	-muş after final syllables having **o** or **u**	-müş after final syllables having **ö** or **ü**
Ben	-mış-ım	-miş-im	-muş-um	-müş-üm
Sen	-mış-sın	-miş-sin	-muş-sun	-müş-sün
O	-mış	-miş	-muş	-müş
Biz	-mış-ız	-miş-iz	-muş-uz	-müş-üz
Siz	-mış-sınız	-miş-siniz	-muş-sunuz	-müş-sünüz
Onlar	-mış-lar	-miş-ler	-muş-lar	-müş-ler

Person	seen past tense	heard past tense
Ben	al-**dı-m**.	al-**mış-ım**.
Sen	al-**dı-n**.	al-**mış-sın**.
O	al-**dı**.	al-**mış**.
Biz	al-**dı-k**.	al-**mış-ız**.
Siz	al-**dı-nız**.	al-**mış-sınız**.
Onlar	al-**dı-lar**.	al-**mış-lar**.

Examples:

başla- *to start* **ye-** *to eat* **oku-** *to read* **gör-** *to see*

başla-mış-ım   ye-miş-im   oku-muş-um   gör-müş-üm
başla-mış-sın ye-miş-sin oku-muş-sun gör-müş-sün
başla-mış   ye-miş   oku-muş   gör-müş
başla-mış-ız   ye-miş-iz   oku-muş-uz   gör-müş-üz
başla-mış-sınız ye-miş-siniz oku-muş-sunuz gör-müş-sünüz
başla-mış-lar ye-miş-ler oku-muş-lar gör-müş-ler

- Anne : Sana çok güzel bir elbise aldım.
  (I got you a very beautiful dress.)

  Bilge : Gerçekten?
  (Really?)

  Anne : Evet.
  (Yes.)

- Bilge : Annem bana çok güzel bir elbise almış.
  (My mother has bought me a very beautiful dress.)

  Nilay : Hayırlı olsun!
  (Congratulations!)

B As in the examples above, **-miş** can be used for the first person singular (**ben**) as well. In this case, it means *I am told that I have done something which I don't remember or I am not aware of*:

- Onu üzmüşüm. (Somebody told me that I upset her but I am not aware of it.)
  (I have upset her.)

- Sınavı geçmişim. (Somebody told me that I passed the exam but I am not aware of it.)
  (I have passed the exam.)

ALIŞTIRMALAR

1 Add -mış/-miş/-muş/-müş plus the personal ending to the verbs.

	1 gel- *to come*	2 bitir- *to finish*	3 kaçır- *to miss*	4 kazan- *to win*	5 kaybet- *to lose*
Ben	gelmişim............	bit....................	kaçır....................	kazan....................	kaybet....................
Sen	gelmişsin..........	bit....................	kaçır....................	kazan....................	kaybet....................
O	gelmiş................	bit....................	kaçır....................	kazan....................	kaybet....................
Biz	gelmişiz.............	bit....................	kaçır....................	kazan....................	kaybet....................
Siz	gelmişsiniz........	bit....................	kaçır....................	kazan....................	kaybet....................
Onlar	gelmişler...........	bit....................	kaçır....................	kazan....................	kaybet....................

	6 git- *to go*	7 yap- *to do/make*	8 başla- *to start*	9 al- *to take/buy*	10 bul- *to find*
Ben	git....................	yap....................	başla....................	al....................	bul....................
Sen	git....................	yap....................	başla....................	al....................	bul....................
O	git....................	yap....................	başla....................	al....................	bul....................
Biz	git....................	yap....................	başla....................	al....................	bul....................
Siz	git....................	yap....................	başla....................	al....................	bul....................
Onlar	git....................	yap....................	başla....................	al....................	bul....................

	11 bekle- *to wait*	12 oyna- *to play*	13 yardım et- *to help*	14 söyle- *to say/tell*	15 düş- *to fall*
Ben	bekle....................	oyna....................	yardım et............	söyle....................	düş....................
Sen	bekle....................	oyna....................	yardım et............	söyle....................	düş....................
O	bekle....................	oyna....................	yardım et............	söyle....................	düş....................
Biz	bekle....................	oyna....................	yardım et............	söyle....................	düş....................
Siz	bekle....................	oyna....................	yardım et............	söyle....................	düş....................
Onlar	bekle....................	oyna....................	yardım et............	söyle....................	düş....................

2 Write the the following sentences in the heard past tense.

seen past tense	*heard past tense*
1 Maç başladı.	Maç başlamış................................. .
2 Bütün kek bitti.	....
3 Ali yemek yaptı.	....
4 Çok para kazandılar.	....
5 Yeni bir ev aldınız.	....
6 Kuyrukta iki saat beklediler.	....
7 Ona her şeyi söyledi.	....
8 Bu sabah bir uçak düştü.	....
9 Mert bir cüzdan buldu.	....
10 Komşular tatile gittiler.	....

A   We insert **-me/-ma** between the verb stem and **-miş/-mış** to make negative reported past tense verbs.

person	-ma after final syllables having **a, ı, o, u**	**sat-** *to sell*	-me after final syllables having **e, i, ö, ü**	**gel-** *to come*
Ben	**sat**-ma-mış-ım	*I haven't sold.*	**gel**-me-miş-im	*I haven't come.*
Sen	**sat**-ma-mış-sın	*You haven't sold.*	**gel**-me-miş-sin	*You haven't come.*
O	**sat**-ma-mış	*He/She/It hasn't sold.*	**gel**-me-miş	*He/She/It hasn't come.*
Biz	**sat**-ma-mış-ız	*We haven't sold.*	**gel**-me-miş-iz	*We haven't come.*
Siz	**sat**-ma-mış-sınız	*You haven't sold.*	**gel**-me-miş-siniz	*You haven't come.*
Onlar	**sat**-ma-mış-lar	*They haven't sold.*	**gel**-me-miş-ler	*They haven't come.*

Examples:

bak-ma-mış	oku-ma-mış	söyle-me-miş	düşün-me-miş
anla-ma-mış	al-ma-mış	gör-me-miş	bit-me-miş
uyu-ma-mış	duy-ma-mış	iste-me-miş	gel-me-miş

Kapıyı kilitlememişler.

- Babam bana hiçbir şey almamış.
  (Dad hasn't bought me anything.)

- Film daha bitmemiş.
  (The film hasn't ended yet.)

- Kapıyı kilitlememişler.
  (They haven't locked the door.)

B   We use the question particle **mi/mı/mu/mü** followed by the personal suffix to make questions:

Person	mı after **-mış**	mi after **-miş**	mu after **-muş**	mü after **-müş**
Ben	-mış mıyım?	-miş miyim?	-muş muyum?	-müş müyüm?
Sen	-mış mısın?	-miş misin?	-muş musun?	-müş müsün?
O	-mış mı?	-miş mi?	-muş mu?	-müş mü?
Biz	-mış mıyız?	-miş miyiz?	-muş muyuz?	-müş müyüz?
Siz	-mış mısınız?	-miş misiniz?	-muş musunuz?	-müş müsünüz?
Onlar	-mışlar mı?	-mişler mi?	-muşlar mı?	-müşler mi?

- A: Babam bana bir hediye almış mı?
  (Has dad bought me a present?)

- B: Evet, baban sana çok güzel bir hediye almış.
  (Yes, your dad has bought you a very nice present.)

- A: Kupayı kazanmış mıyız?
  (Have we won the cup?)

- B: Hayır, biz kazanmamışız. Beşiktaş kazanmış.
  (No, we haven't won. Beşiktaş has won.)

ALIŞTIRMALAR

1 Add the question form of -miş/-mış/-muş/-müş.

	1 kazan- *to win*	2 bitir- *to finish*	3 kaçır- *to miss*	4 başla- *to start/begin*
Ben	kazanmış *mıyım* ?	bit.............. ?	kaçır............ ?	başla............ ?
Sen	kazanmış *mısın* ?	bit.............. ?	kaçır............ ?	başla............ ?
O	kazanmış *mı* ?	bit.............. ?	kaçır............ ?	başla............ ?
Biz	kazanmış *mıyız* ?	bit.............. ?	kaçır............ ?	başla............ ?
Siz	kazanmış *mısınız* ?	bit.............. ?	kaçır............ ?	başla............ ?
Onlar	kazanmışlar *mı* ?	bit.............. ?	kaçır............ ?	başla............ ?

	5 kaybet- *to lose*	6 hazırla- *to prepare*	7 ver- *to give*	8 al- *to take/buy*
Ben	kaybet.............. ?	hazırla.............. ?	ver.............. ?	al.............. ?
Sen	kaybet.............. ?	hazırla.............. ?	ver.............. ?	al.............. ?
O	kaybet.............. ?	hazırla.............. ?	ver.............. ?	al.............. ?
Biz	kaybet.............. ?	hazırla.............. ?	ver.............. ?	al.............. ?
Siz	kaybet.............. ?	hazırla.............. ?	ver.............. ?	al.............. ?
Onlar	kaybet.............. ?	hazırla.............. ?	ver.............. ?	al.............. ?

2 Complete the sentences with the reported past tense question form of the verbs in brackets.

1 Maç .... *bitmiş mi* .... ? (bit-)
2 Çocuklar .... ? (uyu-)
3 Siz pizza siparişi .... ? (ver-)
4 Onlar maçı .... ? (kaybet-)
5 Rıfat piyangoyu .... ? (kazan-)
6 Dizi .... ? (başla-)

7 Defne İstanbul'a .... ? (git-)
8 Metin otobüsü .... ? (kaçır-)
9 Burak ödevini .... ? (yap-)
10 Dün yağmur .... ? (yağ-)
11 Onlar yemek .... ? (ye-)
12 Rıza bana hediye .... ? (al-)

3 Complete the conversations.

Dialogue-1
A: Yemek yemişler mi?
B: Hayır, yemek .... *yememişler* ....

Dialogue-2
A: Parti başlamış mı?
B: Evet, parti ....

Dialogue-3
A: .... ?
B: Hayır, Leyla cüzdanını bulmamış.

Dialogue-4
A: .... ?
B: Hayır, o kitabı okumamışlar.

Dialogue-5
A: Komşular tatile gitmişler mi?
B: Evet, komşular ....

Dialogue-6
A: .... ?
B: Hayır, adam evi temizlememiş.

GRAMMAR ESSENTIALS

Contents

A   **burada** = *in this place, here*   **şurada** = *in that place, there*   **orada** = *in that place, over there*

• Laptop burada.
(The computer is here.)

• Yatak şurada.
(The bed is there.)

• Televizyon orada.
(The television is over there.)

We use the question word **nerede/nerde** *(where)* to ask *in what place somebody/something is.*

• A: Ayakkabı reyonu nerede? (*Where is the shoes section?*)
  B: Ayakkabı reyonu orada. *(The shoes section is over there.)*

• A: Çanta nerede? (*Where is the bag?*)
  B: Çanta burada. *(The bag is here.)*

• A: Sinema nerede? (*Where is the cinema?*)
  B: Sinema orada. *(The cinema is over there.)*

B   **buraya** = *to this place, to here*   **şuraya** = *to that place, to there*   **oraya** = *to that place, to over there*

• Amcam buraya geliyor.
  (My uncle is coming here.)

• Oraya zamanında vardık.
  (We got there on time.)

- We use the question word **nereye/nerye** to ask *to what place or direction somebody/something is going, heading, moving, etc.:*

• A: Nereye gidiyorsun? *(Where are you going?)*
  B: Oraya gidiyorum. X ~~Orada~~ gidiyorum.
    (I am going there.)

• A: Nereye geliyorlar? *(Where are they coming?)*
  B: Buraya geliyorlar. X ~~Burada~~ geliyorlar.
    (They are coming here.)

C   **buradan** = *from here*   **şuradan** = *from there*   **oradan** = *from over there*

• İstanbul buradan üç saat uzaktır. *(Istanbul is three hours far from here.)*

- We use the question word **nereden/nerden** to ask *from what place or direction somebody/something is coming:*

A: Nereden geliyorsun?
  (Where are you coming from?)

B: Oradan geliyorum.
  (I am coming from there.)

D   **burası** means *this place, here*:

Burası çok soğuk. *(This place/Here is very cold.)*   Burası Antalya. *(This place/Here is Antalya.)*

E   **burası** vs **burada**: These words have different meanings although the English word *here* may refer to both of them.

burası = *this place, here*   **burada** = *in this place, here*

✓ Burası çok pahalı.   X ~~Burada~~ çok pahalı.   ✓ Burada banka yok.   X ~~Burası~~ banka yok.
  (This place/Here is very expensive.)   *(There isn't a bank in this place/here.)*

İşte! *(There it is!)*

A   **işte** is used to indicate where something or somebody is. We may use **orada** or **burada** after **işte**:

• Berna : Telefonum nerede?
         (Where is my phone?)

Filiz   : İşte orada!
         (There it is!)

> Telefonum nerede?

> İşte orada!

> Burak nerede?

> İşte orada!

• Anne: Burak nerede?
       (Where is Burak?)

Baba: İşte orada!
       (There he is!)

B   **işte** is used to draw attention to the object we are talking about:

• İşte benim favori yemeğim!
   (Here is/This is my favourite dish!)

• İşte senin hediyen!
   (Here is/This is your present!)

• İşte babam geliyor! Yaşasın!
   (There comes my dad! Yippee!)

> İşte senin hediyen!

> İşte benim favori yemeğim!

C   **işte** is also used at the end of the sentence when you are repeating something that you have already said or meant with your attitude:

• Konuşmak istemiyorum işte!
   (I don't want to talk, I said!)

Bilmiyorum işte!
   (I don't know, I said!)

D   We can form expressions like **işte böyle** *(just like that, like this)*, **işte bu**, **işte o** *(like this/that, precisely)*:

• Polis   : Hangi adam sana vurdu?
   Police   : (Which man hit you?)

• Çocuk : İşte o adam!
   Child   : (Precisely that man!)

E   We can use the phrase **"İşte bu!"** to praise someone or to say that we are pleased with what has happened.

Yalçın   : Sınavı geçtim!
          (I passed the test!)

Mert   : İşte bu!
        (Well-done!)

F   In colloquial Turkish, there are a number of words and expressions which have the same meaning as **işte**:

• A   : Kedi nerede?
        (Where is the cat?)

B   : Aha/Te/Nah orada!
        (There it is!)

Note that **nah** is slang.

> Kedi nerede?

> İşte orada!

A **bir** normally means *one* and *a/an*. When it is used as an adverb, it means *only*:

- Bunu bir sen anlayabilirsin.
  (Only you can understand this.)
- Bana bir Selim yardım etti.
  (Only Selim helped me.)

- Bir senin için buraya geldim.
  (I have come here only for you.)
- Partiye bir Ayşe gelmedi.
  (Only Ayşe didn't come to the party.)

In this sense, **bir** can be replaced by **sadece**:

- Bana bir/sadece Selim yardım etti.
  (Only Selim helped me.)

Partiye bir Ayşe gelmedi.

B **bir** also means *once*. It commonly occurs in phrases like **günde bir** *(once a day)*, **haftada bir** *(once a week)*, **ayda bir** *(once a month)*, **yılda bir** *(once a year)*:

- Yılda bir Türkiye'ye gideriz.
  (We go to Turkey once a year.)
- Haftada bir buraya gelirim.
  (I come here once a week.)

C **bir** can also be used as follows:

- Polis bir ona, bir de bana baktı.
  (The policeman gave a look at him and a look at me.)

D Probably, the most commonly used expressions in Turkish are made with **bir**. Some of them are below:

bir bu eksikti *Nothing but this was lacking!/This was all that was needed!*	**bir güzel** *very well*	**birdenbire** *all of a sudden, suddenly*
bir tanem *my precious/my only one*	**bir hamlede** *in one go, at a stroke*	**birebir** *one-to-one*
bir an *for a moment*	**bir hoş** *quaint*	**arada bir** *from time to time, now and then*
bir ara *for a moment, some time*	**bir iki** *one or two*	**ayda yılda bir** *very rarely, once in a blue moon*
bir anlamda *in a sense*	**birkaç** *several, a few*	**binde bir** *one in a thousand, one thousandth (of)*
biraz *a little*	**bir kere** *once*	**dört bir yandan** *from all quarters*
bir bakıma *in a way*	**bir müddet** *for a while*	**hep bir ağızdan** *with one voice, altogether*
bir başına *all alone, by oneself*	**bir nebze** *a little bit, a sprinkling of*	**hepsi bir arada** *all-in-one*
bir başkası *someone else*	**bir nevi** *sort of*	**her bir** *every, each*
bir bir *one by one*	**bir numara** *number one*	**herhangi bir** *any, some*
bir çırpıda *in a trice, very quickly and suddenly*	**bir ölçüde** *to some extent*	**hiçbir** *none*
bir çift *a pair of*	**bir örnek** *uniform, identical*	**ikide bir** *constantly, again and again*
bir daha *once again, again*	**bir parça** *a bit, a piece of*	**Nisan Bir / Bir Nisan** *April Fool's Day*
bir defa *once*	**birtakım** *some, several*	**başka biri** *someone else*
bir derece *to a certain extent*	**bir tane** *one piece*	**hiçbiri** *none of them*
bir diğeri *the other one*	**bir tutam** *a pinch of, a sprinkling of*	**bir zahmet** *please*
bir dizi *a number of, a range of*	**bir türlü** *in no way*	**bir zamanlar** *once upon a time*
bir düzine *a dozen (of)*	**bir yana** *aside from, except that*	**bir varmış bir yokmuş** *once upon a time*
bir an evvel *as soon as possible*	**bir yanda** *on one side*	**bir vakitler** *once upon a time*
bir gün önce *one day ago*	**bir yandan** *on the one hand*	
	bir yığın *many, a heap of*	
	bir yudum *a sip of*	

birkaç (a few, several)

A **birkaç** means *a few* or *several* and is followed by a singular noun (i.e. without **-ler/-lar**):

✓ birkaç kitap   ✗ birkaç kitaplar

birkaç kişi	= *several people*	birkaç problem	= *several problems*
birkaç gün	= *several days*	birkaç kez/kere	= *several times*
birkaç öğrenci	= *several students*	birkaç kitap	= *several books*
birkaç saat	= *several hours*	birkaç yıl	= *several years*
birkaç şey	= *several things*	birkaç hediye	= *several presents*

- Birkaç insan dışarıda bekliyor.
  (Several people are waiting outside.)

- Sepette birkaç şey var.
  (There are a few things in the basket.)

- Yusuf'u birkaç kez uyardım.
  (I have warned Yusuf a few times.)

- Ramazan* birkaç gün sonra başlıyor.
  (Ramadan begins after several days.)

B **birçok** means *many* or *a lot of* and is followed by a singular noun (i.e. without **-ler/-lar**):

✓ birçok kitap   ✗ birçok kitaplar

birçok insan	= *many people*	birçok kitap	= *many books*
birçok şirket	= *many companies*	birçok hata	= *many mistakes*
birçok ülke	= *many countries*	birçok işçi	= *many workers*
birçok turist	= *many tourists*	birçok kez/kere	= *many times*

- Birçok insan kredi kartı kullanıyor.
  (Many people are using credit cards.)

- Birçok şirket ucuz işçi çalıştırıyor.
  (Many companies employ cheap workers.)

C We can use **pek çok** instead of **birçok** to say *many* and it is followed by a singular noun (i.e. without **-ler/-lar**):

- Pek çok/Birçok turist ucuz otellerde kalıyor.
  (Many tourists are staying at cheap hotels.)

✗ pek çok/birçok turistler

D **birtakım** means *some, a number of*. It is followed by a plural noun (i.e. with **-ler/-lar**):

birtakım problemler	= *some problems*	birtakım söylentiler	= *some rumours*
birtakım düşünceler	= *some thoughts*	birtakım beklentiler	= *some expectations*

- Şirket birtakım problemler yaşıyor.
  (The company is having some problems.)

- Birtakım söylentiler geziyor.
  (Some rumours are circulating.)

✓ birtakım söylentiler
✗ birtakım söylenti

* The 9th month of the Muslim year, when Muslims do not eat or drink between dawn and sunset.

A gibi can be used with any noun to say *like* or *similar to*. It can take any personal suffix:

... gibi-yim. = *I am like ... .*　　**... gibi-yiz.** = *We are like ... .*
... gibi-sin. = *You are like ... .*　　**... gibi-siniz.** = *You are like ... .*
... gibi. = *He/She/It is like ... .*　　**... gibi-ler.** = *They are like ... .*

- Palyaço gibisin.
  (You are like a clown.)

- Erkek kardeşin gibisin.
  (You are like your brother.)

- Bu ev saray gibi.
  (This house is like a palace.)

Bu ev saray gibi.

Palyaço gibisin.

B gibi also means *in the same way as somebody/something*:

- Nazlı, çocuk gibi davranıyor.
  (Nazlı behaves like a child.)

- Politikacı gibi konuşuyorsun.
  (You are talking like a politician.)

C gibi can be used to give examples:

- Portakal, elma ve muz gibi meyveler çok sağlıklıdır.
  (Fruits like orange, apple and banana are very healthy.)

D gibi follows words like **benim**, **senin**, **onun**, etc. to form the phrases below:

benim gibi = *like me*　　**onun gibi** = *like him/her/it*　　**sizin gibi** = *like you*
senin gibi = *like you*　　**bizim gibi** = *like us*　　**onlar gibi** = *like them*

- Sizin gibi doktor olacağım.
  (I will be a doctor like you.)

- Benim gibi tembelsin.
  (You are lazy like me.)

E gibi follows the words **bunun**, **şunun**, **onun**, etc. to form the phrases below:

bunun gibi = *like this*　　**bunlar gibi** = *like these*
şunun gibi = *like that*　　**şunlar gibi** = *like those*
onun gibi = *like that/it*　　**onlar gibi** = *like those/like them*

- Baba, şunun gibi bir araba istiyorum.
  (Dad, I want a car like that.)

F **-diği gibi** is used to make clauses as follows:

- Bil<u>diğin gibi</u> yap! *(Do as you know!)*

- Söyle<u>diğim gibi</u> yapacaksın. *(You will do as I said.)*

verb + -diği + personal suffix + gibi

Söyle-diği-m gibi = *as I said*

göre *(according to)*

A -(y)e/-(y)a göre means *according to*:

rapora göre = *according to the report*
açıklamaya göre = *according to the explanation*

tarife göre = *according to the recipe/instructions*
kurallara göre = *according to the rules*

• Rapora göre, şirket bu yıl çok kar edecek.
(According to the report, the company will make a big profit this year.)

• Ahmet'e göre, çantayı Tarık çalmış.
(According to Ahmet, Tarık has stolen the bag.)

• Kurallara göre oynamalısınız.
(You should play according to the rules.)

• Ayşe yemeği tarife göre yapıyor.
(Ayşe is cooking the food according to the recipe.)

Ayşe yemeği tarife göre yapıyor.

Kurallara göre oynamalısınız.

B -e/-a göre is used with words like bana, sana, ona, etc. to express opinion:

bana göre = *in my opinion*
sana göre = *in your opinion*
ona göre = *in his/her opinion*

bize göre = *in our opinion*
size göre = *in your opinion*
onlara göre = *in their opinion*

• Bana göre, bu yılın en iyi filmi Titanic.
(In my opinion, the best movie of this year is Titanic.)

• Ona göre en güzel tatlı künefe.
(In his/her opinion, the best dessert is kunafah.)

Bu ayakkabılar tam sana göre.

C -e/-a göre is also used to form expressions like tam bana göre, tam sana göre, etc:

• Bu araba tam bana göre.
(This car is just right for me.)

• Bu ayakkabılar tam sana göre.
(These shoes are just right for you.)

D -e/-a göre also means *in view of*:

• Bu duruma göre, onların teklifini kabul edeceğiz.
(In view of this situation, we will accept their offer.)

E -e/-a göre occurs in the phrase ötekine göre to say *compared with the other one*:

• Ötekine göre bu masa çok daha iyi.
(This table is much better compared with the other one.)

A   **ne** is a question word which means *What*:

Bu ne?   Adın ne?
(What is this?)   *(What is your name?)*

However, **ne** precedes the verb:

• Bu akşam ne yapıyorsun?
(What are you doing tonight?)

• Mine sana ne söyledi?
(What did Mine tell you?)

• Ne oldu?
(What happened?)

• Ne oluyor?
(What's happening/going on?)

> Bu akşam ne yapıyorsun?

> Sinemaya gidiyorum.

> Adın ne?

> Benim adım Betül.

> Adım Elif. Senin adın ne?

B   **ne** can take the personal suffixes:

Ne-yim? = *What am I?*
Ne-sin? = *What are you?*

Ne-dir? = *What is she/he/it?*
Ne-yiz? = *What are we?*

Ne-siniz? = *What are you?*
Ne-ler? = *What are they?*
(Ne-dirler? or Ne-lerdir?)

C   **ne** can take the suffix **-(y)le** *(with, by)* to show how or in what way something is done. In this sense, it can be replaced by **nasıl** *(how)*:

• A: Yarın Ankara'ya gideceğiz. *(We will go to Ankara tomorrow.)*

   B: Neyle/Nasıl gideceksiniz? *(How will you go?)*

   A: Arabayla gideceğiz. *(We will go by car.)*

> **-için** also combines with **ne** to form the question word **niçin** (ne + için) = *Why?/For what?*
>
> • Niçin aradın? *(What did you call for?)*
>   *(Why did you call?)*

D   **ne** also precedes adjectives to say that you think that something is especially good, bad, etc.:

• Ne güzel bir manzara!
(What a beautiful view!)

• Ne yazık!
(What a pity!)

• Ne aptal bir adam!
(What a stupid man!)

• Ne lezzetli bir tatlı!
(What a delicious dessert!)

> Ne güzel bir manzara!

E   **ne** can help us make the following phrases:

• Ne münasebet! = *Far from it! That's impossible!*
• Ne haber? = *What's up? What's the news?*

• Burada ne arıyor? = *What is s/he doing here?*
• Ne pahasına olursa olsun = *Whatever the cost, at all costs*

nasıl *(how)*

A

nasıl is a question word which means *How*. It precedes verbs to ask or talk about the method of doing something:

• Bu makine nasıl çalışıyor?
  (How does this machine work?)

• Nasıl düştün?
  (How did you fall?)

B

nasıl can be followed by any form of the very *"to be"*:

with "to be" in present simple tense	with "to be" in seen past tense -dı
Nasıl-ım? = How am I?	**Nasıl-dı-m?** = How was I?
Nasıl-sın? = How are you?	**Nasıl-dı-n?** = How were you?
Nasıl? = How is she/he/it?	**Nasıl-dı?** = How was she/he/it?
Nasıl-ız? = How are we?	**Nasıl-dı-k?** = How were we?
Nasıl-sınız? = How are you?	**Nasıl-dı-nız?** = How were you?
Nasıl-lar? = How are they?	**Nasıl-dı-lar?** = How were they? **Nasıl-lar-dı?**

Nasılsın?

İyiyim. Teşekkürler

• A: Nasılsın?
    (How are you?)

  B: İyiyim. Teşekkürler.
    (Fine. Thanks.)

• A: Gezi nasıldı?
    (How was the trip?)

  B: Harikaydı.
    (It was wonderful.)

- **nasıl** can also be used with **-mış** to ask how somebody/something is/was. The meaning depends on the context of the conversation topic:

• A: Film nasılmış? (You are asking a third person as to how somebody else found the film.)
    (How was the film?)

  B: Harikaymış! (I am told that it was superb.)
    (It was superb!) or (It is said to be superb)

C

Nasıl bir ... is used with nouns to say *What sort of/What kind of ...?*:

• Nasıl bir kek istiyorsun?
  (What kind of cake do you want?)

• Nasıl bir iş yapıyorsunuz?
  (What kind of job do you do?)

Nasıl bir ... ? can also be replaced by **Ne tür bir ... ?**

• Ne tür bir / Nasıl bir ceket istiyorsun?
  (What kind of jacket do you want?)

A Turkish verbs are cited in their infinitive forms in the dictionary. That is, they appear with the infinitive suffix of **-mek/-mak**:

git**mek** = *to go*	otur**mak** = *to sit*	koş**mak** = *to run*	iç**mek** = *to drink*
çalış**mak** = *to work*	konuş**mak** = *to speak*	bak**mak** = *to look*	uyu**mak** = *to sleep*

B We have omitted the **-mek/-mak** in our explanations in this book. You will see the verbs with their stem and a **(-)**:

bil- = *to know*	**sor-** = *to ask*
iç- = *to drink*	**git-** = *to go*
kal- = *to stay*	**ye-** = *to eat*
dinle- = *to listen*	**aç-** = *to open*
yap- = *to do/make*	**bak-** = *to look*
kalk- = *to stand up*	**kapat-** = *to close*

dinlemek

koşmak

C We can also omit -mek/-mak to use the verb in the imperative to give an order:

• Git! *(Go!)*   • Otur! *(Sit!)*   • Kapıyı aç! *(Open the door!)*

See Grammar Essentials-14 for further details on the imperative.

D Turkish verbs may not always be explained with a single English verb:

acık-	= *to become hungry*
sıkıl-	= *to be fed up with*
üzül-	= *to become upset*
yorul-	= *to get tired*
endişelen-	= *to be worried*

sıkılmak

E Similarly, we cannot always find direct equivalents to English verbs:

to complain = *şikayet et-*	**to ignore** = *göz ardı et-*	**to volunteer** = *gönüllü ol-*
to comment = *yorum yap-*	**to reveal** = *ortaya çıkar-*	**to disappoint** = *hayal kırıklığına uğrat-*

F The verbs **etmek** and **olmak** are commonly used with many adjectives or nouns:

yardım	= *help*		mutlu	= *happy*
yardım etmek	= *to help*		mutlu olmak	= *to be happy*

G We insert **-me/-ma** between the stem and **-mek/-mak** in order to make the verb negative:

anla**ma**mak = *not to understand*	bil**me**mek = *not to know*	koş**ma**mak = *not to run*

A We can add **-men/-man gerek(ir)** to the verb to say someone *needs to do* something in the present.
Note that it is optional to use the possessive adjectives with this structure:

Benim	giy-me-m gerek.	*I should wear.*
Senin	giy-me-n gerek.	*You should wear.*
Onun	giy-me-si gerek.	*He/She/It should wear.*
Bizim	giy-me-miz gerek.	*We should wear.*
Sizin	giy-me-niz gerek.	*You should wear.*
Onların	giy-me-leri gerek.	*They should wear.*

Hava soğuk.
Paltonu
giymen gerek.

- Çok yorgunsun. (Senin) dinlenmen gerek.
  (You are so tired. You should have a rest.)

- Erken yatmanız gerek.
  (You need to go to bed early.)

- Ayşe çok üzgün. Onunla konuşmam gerek.
  (Ayşe is so upset. I need to talk to her.)

B We can add **-men/-man gerekirdi** to say that someone *should have done* something in the past.

Benim	giy-me-m gerekirdi.	*I should have worn.*
Senin	giy-me-n gerekirdi.	*You should have worn.*
Onun	giy-me-si gerekirdi.	*He/She/It should have worn.*
Bizim	giy-me-miz gerekirdi.	*We should have worn.*
Sizin	giy-me-niz gerekirdi.	*You should have worn.*
Onların	giy-me-leri gerekirdi.	*They should have worn.*

- Cuma'ya kadar ödevini bitirmen gerekirdi.
  (You should have finished your homework by Friday.)

- Elbiseyi alman gerekirdi. Artık indirimde değil.
  (You should have bought the dress. It is no longer on sale.)

C We use **-mek/-mak gerek** to express a general fact or advice:

- Çok dikkatli olmak gerek.
  (One should be so careful.)

- Düzenli spor yapmak gerek.
  (One should do sports regularly.)

-See Ünite-99 for **-meli/-malı** which is similar in meaning to **-men/-man gerek**.
-See Ünite-100 for **-meliydin/-malıydın** which is similar in meaning to **-men/-man gerekirdi**.

arasında *(between, among)*

A

arasında means *among* when it modifies more than two people or things. It is optional to use the possessive case markers on the previous word:

Göstericiler arasında bir provokatör var.

yarışmacılar arasında = *among the contestants*   **işçiler arasında** = *among the workers*
göstericiler arasında = *among the demonstrators*   **seyirciler arasında** = *among the audience*

- Yarışmacılar arasında iki ünlü var.
  (There are two celebrities among the contestants.)

- Göstericiler arasında bir provokatör var.
  (There is a provocator among the demonstrators.)

B

If we want to say *between A and B*, we add the postposition **ile** or **-(y)le/-(y)la** to the first object compared:

> **... ile or -(y)le/-(y)la ... arasında** = *between ... and ...*

- Polisle göstericiler arasında çatışma çıktı.
  (Fighting broke out between the police and the demonstrators.)

Polisle göstericiler arasında çatışma çıktı.

- İstanbul ile Ankara arasında hızlı tren hattı var.
  (There is a fast train line between İstanbul and Ankara.)

- Türkiye ile İngiltere arasında *iyi ilişkiler var.*
  (There are good relations between Turkey and England.)

-Note that **-y-** is the buffer letter between the vowel and **-la** in the word **sinema-y-la**

- Sinema<u>yla</u> restoran arasında bir postane var.
  (There is a post office between the cinema and the restaurant.)

C

We can make phrases like **...ile benim aramda** *(between ... and me)*:

... ile benim aramda   = *between ... and me*   **... ile bizim aramızda**   = *between ... and us*
... ile senin aranda   = *between ... and you*   **... ile sizin aranızda**   = *between ... and you*
... ile onun arasında   = *between ... and him/her/it* **... ile onların arasında** = *between ... and them*

- Murat'la benim aramda problem yok.
  (There isn't any problem between Murat and me.)

- Selin'le Pınar'ın arasında üç yaş fark var.
  (There are three years' difference between Selin and Pınar.)

... ister misiniz? *(Would you like ...?)*
expressing polite offers and requests

A We can use the verb **iste-** *to want* in the present simple tense to express polite offers:

... ister misin?	*Would you like ... ?*
... ister mi?	*Would she/he/it like ... ?*
... ister misiniz?	*Would you like ... ?*
... isterler mi?	*Would they like ... ?*

offers	: ... ister misiniz? *(Would you like ... ?*
responses	: Evet, lütfen. / Hayır, teşekkürler. *(Yes, please. / No, thanks.)*

Su ister misiniz?

Evet, lütfen.

Tatlı menüsünü ister misiniz?

Hayır, teşekkürler.

- A: Su ister misiniz?
  (Would you like water?)

  B: Evet, lütfen.
  (Yes, please.)

- A: Tatlı menüsünü ister misiniz?
  (Would you like the dessert menu?)

  B: Hayır, teşekkürler.
  (No, thanks.)

B We can use the verb **iste-** *(to want)* in the present continous tense (i.e. istiyorum) to request something although it is not the polite way of doing so:

requests	: ... istiyorum. *(I'd like ... .)*
responses	: Tabii ki. /Elbette. / Peki efendim. / Buyrun. *(Certainly. / Of course. / All right sir/madam. / Here you are.)*

- A: İki kişilik bir masa istiyorum.
  (I'd like a table for two.)

  B: Tabii ki. Buyrun.
  (Certainly. Here you are.)

- To request something politely we can use verbs ending in **-ebil/-abil** as explained in Ünite-112.

- A: İki çay alabilir miyiz?   B: Elbette.
  (Can we have two teas?)   *(Certainly.)*

C We can use the infinitive verb (-mek/-mak) plus **iste-** to say "*I would like to ...*" .

- Dondurma almak istiyorum.
  (I would like to have ice-cream.)

- Bu aksam film seyretmek istiyorum.
  (I would like to watch a film tonight.)

- In polite questions, we say, **... -mek/-mak ister misiniz?** = *Would you like to ... ?*

- İçecek almak ister misiniz?
  (Would you like to have a drink?)

A

As an adverb **ileri** means *forward/ahead*. Its opposite, **geri** means *back/backward*:

ileri git- *go forward*
ileri bak- *look ahead*
ileri çek-/al- *move something forward*

geri gel-/dön- *come back, return*
geri götür- *take something back*
geri çek-/al- *move something back*

Biraz daha geri gel. Çok yer var.

- Biraz daha geri gel. Çok yer var.
  (Come back a bit more. There is so much space.)

- Tatilden dün geri döndük.
  (We came back from holiday yesterday.)

- Onlar ayrıldı ama ben geride kaldım.
  (They left, but I stayed behind.)

- İleri baktım ve birden onu gördüm.
  (I looked ahead and all of a sudden saw him/her.)

- Learn these verbs too: **sola dön-** *(to turn left)* and **sağa dön-** *(to turn right)*

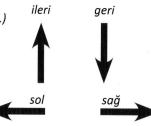
ileri · geri · sol · sağ

Tamam. Dur!

B

We can use **ileriye** instead of **ileri**:

- İleri/İleriye baktım ve birden onu gördüm.
  (I looked ahead and all of a sudden saw him/her.)

C

With the locative case marker **-de** *(in, at, on)* **ileride** means *at a place or position that is in front, further ahead; in the future*. Its opposite, **geride** means *at a place or position that is at the back; in the past*:

- A: Burada eczane var mı?
  (Is there a pharmacy here?)

  B: Evet. İleride bir eczane var.
  (Yes. There is a pharmacy further ahead.)

D

ileri also means *advanced*. **geri** is its opposite which means *backward*:

ileri teknoloji = *advanced* technology   **geri** düşünce = *a backward idea*   **Geri kafalı!** = *Slow-witted!*

E

ilerisi refers to *the place in front* or *further/straight ahead; the future*. Its opposite, **gerisi** means *the rest of something*:

- İlerisi daha güvenli.
  (The place further ahead is safer.)

- İlk on soru kolaydı ama gerisi zordu.
  (The first ten questions were easy but, the rest were difficult.)

- İlerisi parlak görünüyor.
  (The future looks bright.)

- Sen elinden geleni yap. Gerisi önemli değil.
  (You do your best. The rest is not important.)

F

ilerde is also possible instead of **ileride**:

- A: Tuvaletler nerede?
  (Where are the toilets?)

  B: Tuvaletler ileride/ilerde.
  (The toilets are straight ahead.)

TUVALETLER İLERİDE.

The imperative is used to give a direct order, instructions or to make an invitation. We make imperative sentences in Turkish as follows:

Sen = You (second person singular)

We don't add any suffix to the stem of the verb if we are giving an order to second person singular (**Sen**):

- Gel. = Come.
- İç. = Drink.
- Koş. = Run.
- Yaz. = Write
- Git. = Go.
- Otur = Sit.
- Kalk. = Stand up.
- Yat. = Go to bed.

O = She, He, It (third person singular)

We add the suffix -**sin**/-**sın**/-**sun**/-**sün** to the verb stem if we are giving an order to third person singular (O):

- Gelsin = Let him/her/it come.
- Otursun = Let him/her/it sit.
- Ağlasın = Let him/her/it cry.
- Düşünsün = Let him/her/it think.

Siz = You (polite 'you' or plural 'you'; second person plural)

We add the suffix -**(y)in**/-**(y)ın**/-**(y)un**/-**(y)ün** to the verb stem if we are giving an order to second person plural or the formal 'you' (Siz).

- Bekleyin. = Wait.
- Okuyun. = Read.
- Başlayın. = Start.
- Yürüyün. = Walk.

-We use **Lütfen** before the verb to be polite or formal:

Lütfen bekleyin.
(Please wait.)

Lütfen oturun.
(Please sit.)

-The suffix can also occur as the suffix -**(y)iniz**/-**(y)ınız**/-**(y)unuz**/-**(y)ünüz**:

Lütfen bekleyiniz.
(Please wait.)

Lütfen oturunuz.
(Please sit.)

Onlar = They (third person plural)

We add the suffix -**sin**/-**sın**/-**sun**/-**sün** or -**sinler**/-**sınlar**/-**sunlar**/-**sünler** to the verb stem if we are giving an order to third person plural (Onlar):

- Beklesinler. = Let them wait.
- Okusunlar. = Let them read.
- Başlasınlar. = Let them start.
- Yürüsünler. = Let them walk.

A   We add -**ler**/-**lar** to nouns to make them plural:

- **kitap** = *book*   **kitaplar** = *books*   • **elma** = *apple*   **elmalar** = *apples*
- **gece** = *night*   **geceler** = *nights*   • **kalem** = *pencil*   **kalemler**= *pencils*
- **tabak** = *dish*   **tabaklar** = *dishes*   • **çanta** = *bag*   **çantalar** = *bags*
- **silgi** = *eraser*   **silgiler** = *erasers*   • **kedi** = *cat*   **kediler** = *cats*

B   We don't add -**ler**/-**lar** to nouns if a number is used:

✓ beş elma = five apples   X beş elma~~lar~~

✓ on kitap = ten books   X on kitap~~lar~~

✓ iki kedi = two cats   X iki kedi~~ler~~

- However, some noun phrases (film titles, stories, place names etc.) do not obey this rule:

Yedi Cüceler *(Seven Dwarfs)*   **Kırk Haramiler** *(Forty Thieves)*
Üç Silahşörler *(Three Muskeeteers)*   **Beşevler** *(a popular place name in İstanbul)*

C   Most uncountable nouns in English are countable in Turkish:

bilgi	= *information*	**bilgiler**	= pieces of information
müzik	= *music*	**müzikler**	= pieces of music
mobilya	= *furniture*	**mobilyalar**	= pieces of furniture
tavsiye	= *advice*	**tavsiyeler**	= pieces of advice
donanım	= *equipment*	**donanımlar**	= pieces of equipment

See Ünite 20, 26, 27, 28, 33C, and Grammar Essential 4 to learn how the plural suffix is used with other grammar elements.

DICTIONARY

-abil/-ebil	the suffix to indicate ability, possibility, etc. can/can't; to be able to
abla	elder sister
abonelik	subscription
aç	hungry
açmak	to open
acaba	I wonder if …
acele	hurry, haste
aceleci	hasty, always in hurry
acele etmek	to hurry up
aceleyle	in haste; quickly
acı	1) hot, bitter 2) pain
açık	open
açıkgözlü	1) wide-awake 2) shrewd, canny
açıklamak	to explain
açıklayıcı	explanatory
açlık	hunger
açmak	to open
açtırmak	to have somebody open something
ad	name
adam	man
adamak	to devote, to dedicate
adil	fair, just, impartial
adres	address
affetmek	to forgive
Afiyet Olsun!	Bon appetit!, Enjoy your meal!
Afrikalı	African
ağaç	tree
ağır	heavy
ağız	mouth
ağlamak	to cry
ağlatmak	to make somebody cry
Ağrı	a mountain in eastern Turkey
ağrı	pain
ağustos	August
Aha!	1) There/Here it is. 2) a word used to express surprise, happiness, etc.
ahenk	harmony
aldatmak	to betray
alfabe	alphabet
alışmak	to get used to
alıştırmalar	exercises
alışveriş	shopping

alkol	alcohol
almak	1) to take 2) to buy
Almanca	German (language)
Almanya	Germany
alt	bottom, underneath
altı	six
altın	gold
altıncı	sixth, 6th
altmış	sixty
altmışıncı	sixtieth, 60th
ama	but
amaç	aim
ambulans	ambulance
amca	uncle (father's brother)
Amerikalı	American
ampül	bulb
ana	1) mother 2) main, principal
anahtar	key
ananas	pineapple
ancak	but
anlam	meaning
anlamak	to understand
anlamlı	meaningful
anlamsız	meaningless
anlaşma	agreement
anlaşmak	to reach an agreement
anlatmak	to tell, to explain
anne	mother
annelik	motherhood
antidemokratik	antidemocratic, undemocratic
apartman	apartment block
aptal	stupid
araba	car
araç	vehicle
aramak	1) to look for, to search 2) to call/phone
arasında	between, among
arka	the back of something/somebody
arkadaş	friend
arkadaşça	friendly
arkadaşlık	friendship
arkalı önlü	double-sided
artık	1) any/no longer 2) remnant
artmak	to go up (e.g. Prices have gone up.)

arttırmak	*to increase something*
arzu	*desire, request*
aş	*food*
aşağı	*down, lower, below*
aşağıda	*down, downstairs, below*
aşağılamak	*humiliate, insult*
aşağılayıcı	*humiliating, insulting, scornful*
aşağısı	*the place below/in a lower level*
aşağıya	*(to) down, to a lower level*
asansör	*elevator*
aşçı	*cook*
aşırı	*excessive*
aşırmak	*to steal, to pinch*
aşk	*love*
asker	*soldier*
asla	*never*
aslan	*lion*
Asyalı	*Asian*
at	*horse*
ateş	*fire*
atkı	*scarf*
atmak	*to throw*
Avrupalı	*European*
avukat	*lawyer*
ay	*1) moon 2) month*
ayak	*foot*
ayakkabı	*shoe*
aylık	*1) monthly 2) monthly salary*
aynı	*same*
ayran	*a drink made of yoghurt and water*
ayrılmak	*1) to leave (a place), 2) to divorce*
az	*little, few*
azaltmak	*to decrease*
baba	*father*
bacak	*leg*
badem	*almond*
bağcıklı	*shoe with laces*
bağcıksız	*shoe without laces*
bağırmak	*to shout*
bağırtmak	*to make somebody shout*
bağlamak	*to tie*
bağlayıcı	*binding (e.g. binding agreement)*
bahane	*excuse*

bahar	*spring*
bahçe	*garden*
bahşiş	*tip*
bakım	*maintenance*
baklava	*baklava*
baklavacı	*baklava maker/seller*
bakmak	*to look*
balık	*fish*
balina	*whale*
bambaşka	*completely different*
bana	*to me*
banka	*bank*
banyo	*bath, bathroom*
bardak	*a glass*
bari	*at least*
barış	*peace*
barışmak	*to make peace*
baş	*head*
başarı	*success*
başarılı	*successful*
başarısız	*unsuccessful*
Başbakan	*Prime Minister*
başka	*different*
başkan	*president, chair*
başkası	*another one*
basketbol	*basketball*
baskı	*1) pressure 2) print, press*
başlamak	*to start, to begin*
baştan	*from the beginning*
batırmak	*1) to cause something to sink 2) to cause someone or a company to go bankrupt*
batmak	*to sink*
bayılmak	*to faint*
bayram	*eid*
bazen	*sometimes*
bazı	*some*
bebek	*baby*
beden	*1) body 2) size*
beğenmek	*to like, to admire*
bekar	*single, unmarried*
beklemek	*1) to wait 2) to expect*
beklenti	*expectation*

bekletmek	to make somebody/something wait
bedava/beleş	free
bedavacı/beleşçi	sponger
belge	document
belgesel	documentary
ben	I
bence	in my opinion
bencil	selfish
bencilce	selfishly
beni	me
benim	my
benimki	mine
benimle	with me
benle	with me (informal)
bensiz	without me
benzin	petrol, oil
beraber	together
berber	barber
beş	five
beşinci	fifth, 5th
beşlik	1) something which is five units in length, weight, etc. 2) fiver
bıçak	knife
biçare	poor, destitute, helpless
bildiri	announcement, notice, declaration
bile	even
bilerek	deliberately, on purpose
bilet	ticket
biletsiz	without a ticket
bilgi	information
bilgisayar	computer
bilgisiz	ignorant, uninformed
bilim	science
bilimsel	scientific
bilmek	to know
bin	thousand
bina	building
bindirmek	to help somebody to get on a bus, train, etc.
binici	rider
bininci	thousandth, 1000th
binlerce	thousands
binmek	to get on a bus, train, etc

bir	1) one 2) once 3) only
bir tanem	sweetheart
bırakmak	1) to leave 2) to quit (a habit)
biraz	a little
birbirimizi	each other
birçok	a lot of, many
birdenbire	all of a sudden
birebir	one-to-one
birinci	first, 1st
birkaç	a few, several
birlikte	together
birtakım	some, a certain number of
bisiklet	bicycle
bisküvi	biscuit
bitmek	to finish, to end
biz	we
bizce	in our opinion
bize	(to) us
bizi	us
bizim	our
bizimki	ours
bizimle	with us
bizsiz	without us
böcek	insect
boğaz	throat
bol	abundant
bölmek	to divide
bölücü	divisive, separatist
bomboş	altogether empty
borç	debt
börek	pie
boş	empty
boşaltmak	to empty, to evacuate
boşanmak	to get divorced
boy	length, height
boya	paint
boyamak	to paint
boyatmak	to get something painted
böyle	such, this kind of, like this
boyun	neck
boyunca	along (the road), throughout, during
boyut	dimension

bozmak	1) to make a mess of 2) to disrupt 3) ruin
bozuk	broken, out of order
bozulmak	1) to break down 2) to deteriorate 3) to become out of order
bronz	bronze
bu	this
bu yüzden	for this reason; therefore
bu sebeple	for this reason; therefore
bu şekilde	this way
buçuk	half
buğday	wheat
bugün	today
bulaşık	dirty dishes
bulmak	to find
buluşmak	to meet
bulut	cloud
bulutlu	cloudy
burada	here
buradan	from here
burası	this place, here
burun	nose
bütün	all
Buyrun	1) Here you are! 2) Please come in! 3) Help yourself.
büyücü	magician, sorcerer, wizard
büyük	big, large
büyülemek	to fascinate
büyüleyici	fascinating
büyümek	to grow up
büyütmek	1) to raise, bring up (e.g. children) 2) to grow
buz	ice
buzdolabı	refrigerator, fridge (We can also **dolap** instead of **buzdolabı**.)
cadde	street
cadı	witch
çağ	age, era
çağdaş	contemporary, modern
çağırmak	to call
çalışkan	hard-working
çalışmak	1) to work 2) to study 3) (a machine) to run
çalmak	1) to steal 2) to play an instrument
cam	glass

çamaşır	laundry, dirty clothes
cami	mosque
canım	darling, sweetheart
çanta	bag
çarşamba	Wednesday
çarşı	market, shopping centre
çatı	roof
çatışma	clash, conflict
çay	tea
çaydanlık	teapot
cehalet	ignorance
çek	cheque
ceket	jacket
ceketsiz	without a jacket
çekici	attractive
çekmek	1) to pull 2) to attract 3) to suffer
çekyat	sofa bed
cenaze	1) funeral 2) corpse
çeşitlilik	variety
cesur	brave, courageous
cetvel	ruler
cevap	answer
cevaplamak	to answer
ceviz	walnut
çevirici	1) converter 2) translator
çevre	environment
çeyrek	a quarter
ceza	punishment
çiçek	flower
çift	double, two, couple
çift yönlü	two way (traffic)
çıkmak	to exit, to go out, to leave a place
çikolata	chocolate
çilek	strawberry
çizgi	line
çizgili	striped
çizme	boot
çizmek	to draw
çocuk	child
çocukluk	childhood
çocuksu	childish
coğrafya	geography
çoğu	most of it/them

çok	1) very 2) many, a lot of
çökmek	1) to collapse 2) to squat
çöp	rubbish
çorap	sock
çorba	soup
çözmek	to solve
çözüm	solution
cuma	Friday
cumartesi	Saturday
cümle	sentence
çünkü	because, for
çürümek	to rot, to decay
cüzdan	wallet, purse
dağ	mountain
dağınık	untidy, messy
dağıtmak	to distribute
daha	more
daima	always
daire	1) flat 2) circle
dakik	punctual
dakika	minute
daktilo	typewriter
damlamak	to drip
dana	calf
danışma	1) information desk 2) consultation
dans	dance
dar	narrow
daracık	very narow
darmadağın	messed up, in a real mess
davet	invitation
davetli	invited
davranmak	to behave, to treat
davul	drum
davulcu	drummer
dayı	uncle (mother's brother)
dede	grandfather
defa	times (e.g. üç defa = three times)
defter	notebook, exercise book
değerli	valuable
değil	not (e.g. hazır değil = not ready)
değişiklik	change, variation, alteration
değişmek	to change (e.g. weather changes)
değiştirmek	to change (I changed my car.)

deli	mad, crazy
delil	evidence
demek	1) to say 2) to have the meaning of
demlik	teapot
demokrasi	democracy
denemek	to try, to test
deneme	1) trial 2) test 3) essay
denetim	supervison, inspection
deney	experiment
deneyimli	experienced
deneysel	experimental
deniz	sea
deprem	earthquake
derbi	derby
derece	degree
ders	lesson
ders çalışmak	to study
destek	support
desteklemek	to support
deterjan	detergent
deve	camel
devlet	state
dişçi	dentist
diğer	other
diğeri	the other one
diken	thorn
dikkat	attention, care
dikkatle	with care, carefully, attentively
dikkatli	careful
dikkatlice	carefully, attentively
dikkatsiz	careless
dikkatsizce	carelessly
dikkatsizlik	carelessness
dikmek	1) to plant (e.g. tree) 2) to erect (e.g. a building)
diktirmek	get somebody to plant or erect something
dil	1) tongue 2) language
dilemek	to wish
dilenmek	to beg
dilim	slice
dindar	religious, pious, devout
dindarlık	religiousness, piety
dindaş	of the same religion

dinlemek	to listen	dövüşmek	to fight
dinlendirici	relaxing	doymak	to be full up
dinlendirmek	to rest	doyurmak	to feed
dinlenmek	to rest, to relax	düğme	button
dinmek	to cease, stop (rain, snow, etc.)	düğün	wedding
diş	tooth	dükkan	a small shop, kiosk
dışarda	(informal) outside	dün	yesterday
dışarıda	outside	dünden beri	since yesterday
dışarı	the outer part, exterior	dünkü	yesterday's ...
dişçi	dentist	dünya	world
diyalog	dialogue	dünyaca	world-wide
diye	1) so that 2) in case 3) called, named	durdurmak	to stop (somebody/something)
dizi	TV drama	durgun	calm, still, stagnant
doğmak	1) to be born 2) to rise (sun)	durmadan	non-stop, incessantly
doğru	1) correct 2) straight on	durmak	to stop (e.g. The car stopped.)
doğum	birth	durum	situation
doğurmak	to give birth	dürüst	honest
dökmek	to spill	düşman	enemy
doksan	ninety	düşmek	to fall
doksanıncı	ninetieth, 90th	düşsel	fictional, imaginary
doktor	doctor	düşünce	thought
dokuz	nine	düşünmek	to think
dokuzuncu	ninth, 9th	düşürmek	1) to drop 2) to reduce (e.g. prices)
dolap	cupboard, wardrobe, cabinet (**dolap** also means fridge like **buzdolabı**)	duvar	wall
		duygu	emotion
dolar	dollar	duygusal	emotional
dolaşmak	to walk about, to go around	duymak	to hear
dolayısıyla	so, as a result, therefore	düz	flat
doldurmak	to fill	düzelmek	to improve, to get better
donanım	equipment	düzeltmek	1) to correct, to fix something 2) to straighten something 3) to improve
dondurma	ice cream		
dondurmak	to cause to freeze	düzenlemek	to organise, to arrange
dönem	period	düzenli	organised
döner	doner kebab	düzine	a dozen
dönerci	doner kebab shop	ebediyen	forever
donmak	to freeze	eczane	pharmacy
dönmek	to return, to come back	edilgen/pasif	passive
dönüşüm	transformation	efendim	1) sir, madam, miss 2) Pardon?
dörder	four each	eğlenmek	to have fun
dördüncü	fourth, 4th	egzersiz	exercise
dört	four	ehliyet	driving licence
dost	friend	eklemek	to add
dövmek	to beat (somebody)	ekmek	1) bread 2) to plant

ekonomik	economic, economical	etsiz	without meat
eksik	lacking, deficient	ettirgen	causative
el	hand	ev	home, house
elbette	surely, certainly	evet	yes
elbise	dress	evlenmek	to get married
eldiven	gloves	evli	married
elektrik	electricity	evlilik	marriage
elektrikli	electric, electrical	evren	universe
eleman	1) element 2) employee, personnel	evrensel	universal
elli	fifty	evsiz	homeless
ellinci	fiftieth, 50th	evvel	prior
elma	apple	eylül	September
elmas	diamond	ezmek	to run over, to crush
emin	sure, certain	fabrika	factory
emir	order	fakat	but
emniyet	safety, security	fakir	poor
endişe	worry, anxiety	fakirlik	poverty
endişelenmek	to feel worried, anxious	faks	fax
endişeli	anxious, worried	fal	fortune, fortune-telling
endişesiz	unworried, calm	fare	mouse
enerji	energy	fark	difference
enfeksiyon	infection	farklı	different
enflasyon	inflation	fatura	invoice
e-posta/email	email	favori	favourite
erik	plum	faydalı	useful, beneficial
erimek	to melt	fazla	much, surplus
erkek	male	fena	bad, terrible
erken	early	festival	festival
ertelemek	to postpone	fidan	sapling
eş	spouse	fiil	verb
eşek	donkey	fikir	idea
eser	work/piece of art	film	film
eşitlik	equality	fincan	cup
eski	old	fırçalamak	to brush (teeth)
esnek	flexible, elastic	fırın	1) oven 2) bakery
esneklik	flexibility, elasticity	fırlatmak	to throw, to cast, to hurl, to whisk
eşya	stuff, (household) goods, things	fırtına	storm
et	meat	fıstıklı	containing pistachio
etli	containing meat	fiyat	price
etmek	this is an auxiliary verb used with nouns to create many phrasal verbs such as yardım etmek = to help, rahatsız etmek = to disturb	fizik	1) physics (subject) 2) one's bodily appearance
		form	1) form (document) 2) the shape/condition/fitness of a person's body

formül	formula
fotoğraf	photograph
fotokopi	photocopy
fuar	fair, expo
futbol	football
futbolcu	football player
galeri	gallery
garaj	garage
garip	strange
garson	waiter
gayret/efor	effort
gaz	gas
gazete	newspaper
gazeteci	journalist
geç	late
gece	night
geceleri	at night, every night
geceleyin	at night, every night
geceli gündüzlü	day and night
gecelik	1) nightly, per night 2) nightgown
geçen	last (e.g. geçen hafta = last week)
geçerli	valid
gecikmek	to be late
geçirmek	1) to pass, to spend (e.g. zaman geçirmek = to pass the time, hayatını geçirmek = to spend your life) 2) to get something through
geçmek	1) to enter 2) pass (time) (e.g. zaman geçiyor = time is passing)
gelgelelim	but, however
gelir	income
gelişme	development, improvement
gelişmek	to develop, to improve
gelmek	to come
gemi	ship
genelde	generally
genellikle	generally
geniş	wide
gerçek	real
gerçekten	really
gerek	necessary
geri	back, rear, backward
geride	behind, back, at the back

gerisi	1) the back part of something 2) the rest of something
getirmek	to bring
gezi	trip, sightseeing, walk
gezmek	to go on a trip, to wander about, to take a walk
gibi	like
gider	expenditure
gidermek	to eliminate, to dispel, to remove
girmek	to enter
gitar	guitar
gitmek	to go
giydirmek	to put clothes on someone
giymek	to put on clothes
gizli	secret
gizlice	secretly
gök	sky
gol	goal
göl	lake
gömlek	shirt
göndermek	to send
gönüllü	volunteer
(-e/-a) göre	according to
görevli	official, attendant, the person in charge
görmek	to see
görüşmek	to meet
gösterici	demonstrator
göstermek	to show
götürmek	to take, to bring away
göz	eye
gözetim	monitoring, surveillance, supervision
gözlük	eyeglasses
gözlükçü	optician
gözlüksüz	without eyeglasses
grev	strike
güç	power
güçlü	powerful
gül	rose
güle güle	Bye! Goodbye!
gülmek	to laugh
gün	day

gündüz	daytime, daylight	hastane	hospital
gündüzleri	during the day, in the daylight	hat	line
güneş	sun	hata	error, mistake
güneşlenmek	to sunbathe	hatıra	memory, souvenir
güneşli	sunny	hatırlamak	to remember
günlerce	for days	hava	weather
günlerdir	for days	havasız	stuffy, airless
günlük	1) diary 2) daily	havayolu	airline
gürültü	noise	havra	synagogue
gürültülü	noisy	havuç	carrot
güvenli	secure, safe	havuz	pool
güvenmek	to trust	hayalkırıklığı	disappointment
güya	supposedly, allegedly	hayat	life
güzel	beautiful	hayatta	alive, in life
haber	news	Hayır	No
hafif	light, lightweight	hayır	charity
hafta	week	hayırlı	good, caring, beneficial, benevolent
haftalarca	for weeks	hayvan	animal
haftalardır	for weeks	hazır	ready
haftalık	weekly	hazırcı	one who expects everything to be given to him on a silver plate
hafta sonu	weekend	hazırlamak	to prepare (something)
hak	right (noun)	hazırlanmak	to get prepared
hakem	referee	hazırlık	preparation, readiness
haketmek	to deserve	hediye	gift, present
haklı	right, just	hele	1) at last 2) especially, particularly
hala	aunt (father's sister)	hem ... hem de	both ... and
hâlâ	still	hemen	at once, immediately, promptly
halbuki	whereas, but	hemşire	nurse
halı	carpet	henüz	yet, still, just now
halletmek	to solve, to sort out, to fix	hep	always
hamle	move, attempt	hepimiz	all of us
hamsi	anchovy	hepiniz	all of you
hangi	which	herhangi bir	any
hangisi	which one	herkes	everybody, everyone
hani	you know, to tell the truth, you said that	her şey	everything
hanım	1) lady 2) Miss, Mrs 3) wife	hesap	1) bill 2) account 3) statement
harami	thief	heyecanla	with excitement
harcamak	to spend	heyecanlı	excited
hareket	motion, movement	heyet/komite	board, committee
harf	letter of the alphabet	heyheyleri üstünde olmak	to be in a bad temper, to be in a foul mood
harika	wonderful, marvellous		
harita	map	hiç	1) nothing 2) never 3) any
hasta	sick, patient		
hastalık	sickness, illness		

hiç yoktan	1) after all 2) for no reason, out of nothing 3) suddenly	ilelebet	forever
hiçbir	none, not any	ilerde	(informal) ahead, some day
hiçbiri	none of them	ileri	1) ahead, forward 2) advanced
hikaye	story	ileride	ahead, some day
Hindistan	India	ilerisi	1) the place further ahead 2) the future
hırsız	thief, burglar	ilginç	interesting
his	feeling	ilişki	relation, relationship
hissetmek	to feel	ilk	first
hız	speed	ilköğretim	primary education
hızlı	speedy, fast	inanç	belief
horlamak	to snore	inandırıcı	credible
hoş	nice	inandırmak	to convince, to persuade
hoşlanmak	to like, to admire	inanmak	to believe
hukuk	justice	inceleme	investigation
huy	temper, nature, disposition	incelemek	to investigate
huysuz	grumpy, moody	inci	pearl
içecek	drink, beverage	indirim	discount
içerde	inside (informal)	indirimde	on sale
içeri	inner part, interior	inek	cow
içeride	inside	İngiliz	English (race)
içerisi	the inner part of something	İngilizce	English (language)
içermek	to contain, to include	İngiltere	England
için	for	İngiltereli	from England
içinde	in, inside	inmek	to get off (e.g. bus)
içmek	to drink	insan	human
idam	execution	insanca	humanely, in an acceptable way, decently
ihmal	negligence	internet	internet
ihtiyatlı	cautious, very careful	iptal etmek	to cancel
iken	while	ırkçılık	racism
iki	two	ırmak	river
ikide bir	now and then, again and again, constantly	irmik	semolina
ikinci	second, 2nd	iş	work
ikişer	two each, two at a time	işçi	worker, employee
ikisi	both	ise	while, whereas
ikna	persuasion	işemek	to pee, to urinate
ikram	offer, treat	ışık	light
İkramiye	prize, reward, sweepstake	ısınmak	to get warm, to warm up
il	city	ısırmak	to bite
ilaç	medication, medicine	ısıtmak	to heat
ile	with, by	İskender Kebap	a popular type of kebab dish
		İskoçya	Scotland

ıslanmak	to get wet	kaçırmak	1) to miss (e.g. the bus) 2) to kidnap
işlemek	to process	kaçmak	to escape, to run away, to flee
ısmarlamak	to order	kaçta	What time ...?
ıspanak	spinach	kadar	as ... as
İspanya	Spain	-a/-e kadar	until, till
İspanyol	Spanish (nationality)	kadın	woman
İspanyolca	Spanish (language)	kafa	head
İstanbullu	from İstanbul	kalın kafalı	thickheaded
istasyon	station	kafe	cafe
işte	at work	kağıt	paper
İşte!	There/Here it is!	kahraman	hero
isteksiz	reluctant	kahvaltı	breakfast
istemek	to want	kahve	coffee
işyeri	work place	kala	(while telling the time) sekize beş kala = at five to eight
itfaiye	fire brigade		
itibaren	since	kalabalık	crowd, crowded
itinayla	carefully, meticulously	kaldırmak	to lift, to move
iyelik	possession	kale	castle
iyi	good	kalem	pencil
iyice	well, well enough	kalemlik	pencil case
iyileşmek	to recover, to improve	kalite	quality
iyilik	goodness, favour	kaliteli	of good quality
iz	trace	kalitesiz	of poor quality
izlemek	to watch	kalkmak	to stand up, to make a move
izlenmek	to be watched, to be followed	kalmak	to stay
izletmek	to make somebody watch	kalorifer	central heating
izleyici	viewer, audience, spectator	kalp	heart
jakuzi	jakuzzi	kamu	general public
Japon	Japenese (nationality)	kamyon	lorry, truck
Japonca	Japenese (language)	kan	blood
Japonya	Japan	kanepe	couch, sofa
jelatin	gelatin	kanun	law
kabartmak	to cause to swell, to make someting puff up or rise	kapak	cover
		kapaklı	furnished with a cover, having a cover
kabartma tozu	baking powder		
kabiliyetli	capable, gifted, talented	kapalı	closed
kablo	cable	kapatmak	to close
kabul etmek	to accept	kapattırmak	to get something closed
kaç	how many	kapı	door
kaçıncı	which (in order)	kapitalizm	capitalism
		kaplumbağa	turtle
		kar	snow

kara	1) land 2) black	kendim	myself
karanlık	dark, darkness	kentsel	urban
karar	decision	kentsel	related urban
kardeş	brother or sister, sibling	kentsel dönüşüm	urban transformation
kardeşlik	brotherhood	kere	times (e.g. beş kere = five times)
kargo	cargo, freight, shipping	kermes	fair, food fair, charity fair
karın	belly, abdomen, stomach	keskin	sharp
karıştırmak	to mix	kesmek	to cut
karlı	snowy	kestane	chestnut
karpuz	watermelon	kez	(informal) times (e.g. beş kez = five times)
karşı	against	kibar	kind, polite
kart	card	kibarca	kindly, politely
kasaba	small town or large village	kılıç	sword
kase	bowl	kilise	church
kasım	November	kilitlemek	to lock
kasiyer	cashier	kilo	kilo
kat	1) floor (in an apartment block) 2) layer	kilometre	kilometre
katil	murderer, killer	kilometrelik	of ... kilometre (e.g. on kilometrelik yol = a road of ten kilometres)
katılmak	to join, to participate	kim	who
katiyen	never, no way	kimin	whose
katlı	-storeyed (e.g. üç katlı ev = three-storeyed house)	kiminki	whose
		kiminle	with whom
kavga	fight	kimse	no one, nobody
kavun	melon	kimsesiz	all alone, lonely, desolate
kavurucu	very hot, boiling, scorching (e.g. kavurucu sıcaklar = scorching heat)	kimya	chemistry
		kır	an area with fields outside towns
kaybetmek	to lose	kira	rent
kaybolmak	to get lost	kiralık	for rent, to let
kaygan	slippery	kırdırmak	to get something broken
kaynatmak	to boil	kırık	broken
kaza	accident	kırk	forty
kazak	pullover, jumper	Kırk Haramiler	Forty Thieves
kazanmak	to win, to earn	kırkıncı	the fortieth, 40th
kazayla	accidentally	kirletmek	to make dirty, to pollute
kebap	kebab	kirli	dirty
kebapçı	kebab shop, kebab maker/seller	kırmak	to break
kedi	cat	kırmızı	red
kedicik	kitten	kırsal	rural
kek	cake	kırsal alan/bölge	rural area
kelebek	butterfly	kış	winter
keman	violin	kısa	short
kemer	belt		

kişi	person
kişilik	personality
kısım	part, section
kişisel	personal
kıskanmak	to be jealous
kısmak	to reduce, to cut down on
kıta	continent
kitabevi	bookshop
kitap	book
kitaplık	bookcase
kitlemek	to lock (informal) same as kilitlemek
kıvırcık	curly
kız	girl
kızarmak	1) to be fried, to be roasted 2) to blush, to turn red
kızdırmak	to annoy, to make someone angry
kızgın	annoyed, mad, furious
kızmak	to be annoyed
koca	husband
kök	root
kokmak	to smell (e.g. yemek güzel kokuyor = the food smells nice)
koklamak	to smell (e.g. yemeği kokladım = I smelled the food
koku	smell, scent
kokulu	having a smell of (e.g. güzel kokulu = having a good smell)
kokutmak	1) to make something stink, to make a place smell 2) to fart
kol	arm
kolay	easy
kolayca	easily
kolej	1) college 2) it mainly refers to a private school in Turkey
koltuk	armchair
komşu	neighbour
kömür	coal
konak	mansion
konferans	conference
konser	concert
konu	subject, topic
konuşmak	to speak, to talk
köpek	dog
köprü	bridge

korkak	coward
korkmak	to be afraid, to be scared
korku	fear
korkulu	fearful
korkunç	scary
korkusuz	fearless
korkusuzca	fearlessly
korkutmak	to scare
korkutucu	scary, frightening
korkuyla	with fear
koruma	protection, bodyguard
korumak	to protect
koruyucu	protective
köşk	mansion, a richly-decorated large house
koşmak	to run
koşucu	runner, athlete
koşul	condition
kötü	bad
köy	village
koyun	sheep
kravat	tie
kredi	credit
küçücük	very small, tiny
küçük	small
küçülmek	to become small, to decrease in size, to shrink
küçültmek	1) to reduce something in size 2) to humiliate
kullanmak	to use
kum	sand
kumsal	beach, sandy seashore
künefe	kunafah (a kind of dessert)
kupa	cup
kur	rate (e.g. para kuru = exchange rate)
kuraklık	drought, aridity
kural	rule
kurallara uygun	according to the rules
kurallara uymak	to follow the rules
kurmak	to establish, to set up
kurs	course
kurt	wolf

kurtarmak	to save, to rescue		masa	table
kurum	institution, foundation, establishment		masraf	cost, expenditure
			mavi	blue
kuruş	a unit of Turkish money (e.g. 100 kuruş = 1 Turkish lira)		mazot	diesel
			meğer/meğerse	Apparently, It seems that ...
kuş	bird		mektup	letter
küs(müş)	upset, sulky		memleket	country, one's native land
kutlama	celebration		memnun	pleased
kutlamak	to celebrate		memnun olmak	to be pleased
kutsal	holy, sacred		memur	officer, civil servant
kutu	box		menü	menu
kütüphane	library		merak	curiosity
kuyruk	tail		meraklı	curious
lahmacun	Turkish pizza		merhaba	hello
lakin	but		merkez	centre
lale	tulip		mesai	work, shift
leke	stain		mesai saatleri	working hours
lezzetli/leziz	delicious		mesai yapmak	to work overtime
limon	lemon		mesaj	message
lira	lira		meşgul	busy
liralık	of ... liras (e.g. yirmi liralık hediye = a twenty-lira present)		Meşgulüm.	I am busy.
			meslek	occupation
litre	litre		metot	method
lolipop	lollipop		metre	metre
Londra	London		meyve	fruit
lüfer	bluefish		meyvelik	fruit bowl
lüks	luxury, luxurious		mezar	grave
lütfen	please		mezarlık	graveyard
maalesef	unfortunately		meze	starter, appetizer
maaş	salary		millet	nation
maç	match		milletvekili	deputy, Member of Parliament
madem	seeing that		milliyet	nationality
mağara	cave		milyar	billion
mağaza	store		milyarıncı	billionth
mahalle	neighbourhood		milyarlarca	billions
makine	machine		milyon	million
mantar	mushroom		milyonlarca	millions
mantarlı	containing mushroom		milyonuncu	millionth
manzara	scenery		minare	minaret
maraton	marathon		minibüs	minibus
marka	brand		misafir	guest
market	shop, supermarket		mısır	corn
Mars	Mars		Mısır	Egypt
mart	March			

Mısırlı	Egyptian	Nerelisin?	Where are you from?
mobilya	furniture	nereye	(to) where
moda	fashion	nerye	(to) where (informal)
mont	jacket	neşeli	cheerful
Moskova	Moscow	niçin	why
mücadele	struggle, fight (for a cause)	nisan	April
müddet/periyot	period, duration	nitekim	as a matter of fact, thus
muhabir	correspondent	niye	why
muhasebeci	accountant	not	note
mühendis	engineer	nüfus	population
muhteşem	marvellous, wonderful	numara	number
münasebet	relation	o	he, she, it, that
müsait	available	o halde	then, in that case
müşteri	customer	ocak	1) oven, cooker 2) January
mütemadiyen	for ever, eternally	oda	room
mutfak	kitchen	oduncu	woodcutter, seller of firewood
müthiş	marvellous, wonderful, fascinating	ofis	office
mutlu	happy	oğul	son
mutluluk	happiness	okul	school
mutsuz	unhappy	okumak	to read
muz	banana	okutmak	1) to make somebody read 2) to send somebody to school, university, etc to study
muzlu	containing banana		
müze	museum		
müzik	music	okyanus	ocean
Nah orada!	There it is! (slang)	olabilir	possible, maybe
nane	mint	olarak	as
nar	pomegranate	olası	probable, potential, likely (e.g. olası bir savaş = a potential/probable war)
nasıl	how		
ne	what		
nebze	bit, particle (e.g. bir nebze = a little bit)	olay	incident
neden	reason, cause	olay inceleme ekibi	incident investigation team
Neden?	Why?	olay inceleme yeri	crime scene investigation
nedeniyle	because of, due to (e.g. yoğun kar nedeniyle = due to heavy snow)	olmak	to be, to become
		olumlu/pozitif	positive
nefis	delicious	olumsuz/negatif	negative
nefret	hatred	Olur.	OK.
nefret etmek	to hate	omlet	omelette
nefretle	hatefully, in disgust	on	ten
nehir	river	onlar	they, those
nerde	where (informal)	onsuz	without him/her/it/that
nerden	from where (informal)	onu	him/her/it/that
nerede	where	onun	his/her/its
nereden	from where	onuncu	tenth, 10th
		onunki	his, hers, its

onunla	with him/her/it
orada	(in) there
oradan	from there
orda	(in) there (informal)
ordan	from there (informal)
oraya	(to) there
orya	(to) there
orijinal	original
orman	forest
ortaya	into the middle
oruçlu	fasting
ot	weed, herb, grass
otel	hotel
otobüs	bus
otobüsle	by bus
otopark	car park, parking place
oturmak	to sit
otuz	thirty
otuzuncu	thirtieth, 30th
oynamak	play
oysa	whereas, while
oysaki	whereas, while
oyun	game
oyuncak	toy
oyuncu	player
ödemek	to pay
ödev	homework
ödül	prize, reward
öfkeli	furious
öğle	noon, midday
öğle yemeği	lunch
öğrenci	student, learner
öğrenmek	to learn
öğretmek	to teach
öğretmen	teacher
öksürmek	to cough
öksürük	cough
ölçü	measure, measurement, dimensions
öldürmek	to kill
ölene kadar	till death
ölmek	to die
ömür	life

ön	front
önce	before, ago
öncelikle	first of all, first
öncü	pioneer, leader
önemli	important
önümde	in front of me
önümüzde	in front of us
önünde	in front of you/him/her/it
önünüzde	in front of you (plural you or formal sigular you)
öpmek	to kiss
ördek	duck
örnek	example, sample
örtmek	to cover
örtü	cover, sheet
örtülü	covered
öteki	the other one
-den ötürü	because of, on account of
öyle	like this/that, such, so
özellikle	especially
özlemek	to miss, to long for
özür	apology
pahalı	expensive
pahasına	at the cost of
paket	parcel, pack
palto	overcoat
palyaço	clown
pantalon	trousers
para	money
parasız	moneyless
parasızlık	moneylessness
parça	piece, part (e.g. yedek parça = spare part)
pardesü	topcoat, overcoat
park	park
park etmek	to park
parlak	bright
parlamak	to shine
parlatmak	to make something shine
parmak	finger
parti	party
pasta	cake
pastane	patisserie
patlama	explosion

patlamak	to explode		rahatsız	1) uncomfortable 2) not feeling well
patlayıcı	explosive		rahatsız etmek	to disturb
paydos	break, recess		randevu	appointment
pazar	bazaar, open market		rapor	report
pazarcı	seller in a market		reklam	advertisement
pazartesi	Monday		renk	color
pek	very, many, quite		renkli	colourful, coloured
Peki.	OK.		resim	picture, painting
pembe	pink		restoran	restaurant
pembeli	(wearing clothes) in pink		revani	a kind of Turkish cake/dessert
pencere	window		reyon	section in a store
perde	curtain		roket	rocket
performans	performance		rota	route, course, track
perşembe	Thursday		ruh	soul, spirit
peşimizde	behind us, following us		Rusça	Russian (language)
peynir	cheese		Rusya	Russia
peynirli	containing cheese		Rusyalı	Russian (nationality)
pijama	pyjama		rüya	dream
piknik	picnic		rüzgar	wind
pil	battery		saat	1) hour 2) watch, clock
pilav	rice		saatlerce	for hours
pilot	pilot		saatlik	hourly
pişirmek	to cook		sabah	morning
piyango	lottery		sabahları	every morning
piyanist	pianist		sabahleyin	in the morning, every morning
piyano	piano		sabahtan beri	since morning
plan	plan		sabır	patience
polis	police		sabırla	with patience, patiently
politikacı	politician		sabırlı	patient
popüler	popular		sabretmek	to be patient
porsiyon	portion		sabun	soap
portakal	orange		saç	hair
Portekiz	Portugal		saçma	nonsense, absurd, silly
poşet	plastic bag		sadece	only
posta	post		sağ	1) right 2) alive, not dead
postacı	postman		sağa	onto to the right
postane	post office		sağda	on the right
problem	problem		sağlamak	to provide
program	programme		sağlık	health
proje	project		sağlıklı	healthy
provokatör	provocator		sağlıksız	unhealthy
rağmen	despite		saha	field, ground pitch
rahat	comfortable, comfort		sahil	coast
			sahte	fake

sahtekar	impostor
sakin	calm, quiet
Sakın!	Don't you dare!
salata	salad
salatalık	cucumber
saldırı/atak	attack, assault, aggression
saldırmak	to attack
salgın	epidemic, outbreak
salı	Tuesday
salon	1) hall, living room 2) saloon
sana	to you
sanal	virtual
sanatçı	artist, performer, singer
sandalye	chair
saniye	second
saniyesi saniyesine	on the dot, in the nick of time
sanmak	to think, to suppose
sansür	censorship
saray	palace
sarhoş	drunk
sarı	yellow
sarılık	jaundice
satıcı	seller
satın almak	to buy, to purchase
satış	sale
satmak	to sell
satranç	chess
savaş	war
savunmak	to defend
sayfa	page
saygı	respect
saygılı	respectful
sayı	number, digit
sayısal	digital
saymak	to count
saz	a stringed musical instrument
sebebiyle	due to, because of
sebze	vegetable
seçim	1) choice 2) election
sehpa	coffee table
sekiz	eight
sekizinci	eighth, 8th
sekreter	secretary

seksen	eighty
sekseninci	eightieth, 80th
sel	flood
selam	hi
sen	you
senaryo	scenario
sene	year
senelik	yearly, per year
senin	your
seninki	yours
seninle	with you
senle	with you (informal)
sensiz	without you
sepet	basket
serçe	sparrow
serpmek	to sprinkle
servis	service
ses	sound, voice
seslenmek	to shout to someone, to call out to someone
sesli	1) loud 2) vowel
sessiz	1) silent, quiet 2) consonant
sessizce	silently, quietly
sessizlik	silence
sesteş	homophone
sevgi	love
sevgilim	darling
sevgisiz	without love
sevgiyle	with love, with affection
sevmek	to love, to like
seyirci	spectator, viewer
seyretmek	to watch
sezon	season
sıcacık	nice and warm
sıcak	warm, hot
sıfat	adjective
sıfır	zero
sigara	cigarette
sihirli	magical, magic
sık sık	frequently
sıkı	1) firm 2) tight 3) strict 4) dense
sıkıcı	boring
sıkılmak	to get bored

sınav	exam	sonuncu	last, final
sınıf	classroom	sonunda	finally, at last
sır	secret	sormak	to ask
sıra	1) desk 2) queue	soru	question
sırada	in the queue	sosis	sausage
sırayla	in turn, respectively	sote	saute
sırdaş	confidant	soyguncu	robber
sıvı	liquid	soymak	to rob
silmek	to erase, to wipe	söndürmek	to extinguish
silah	weapon, gun	söndürücü	extinguisher
silgi	eraser	sönmek	(fire, light) to die down, to go off
şimdi	now	söylemek	to say, to tell
simit	bagel	söylenti	rumour
simitçi	bagel seller	spor	sport
sinema	cinema	stadyum	stadium
sinirlendirici	annoying	su	water
sinirlendirmek	to annoy	suçlu	guilty
sipariş	order	sultan	sultan
sirk	circus	sunmak	to present
sis	fog	süpermarket	supermarket
sisli	foggy	süpürge	broom
sistem	system	süpürmek	to sweep
siyah	black	süpürtmek	to have someone sweep
siyasi	political	süratle	rapidly, swiftly
siz	you	süratli	rapid, swift
sizin	your	sürekli	constant, continuous
sizinki	yours	sürmek	1) to last 2) to drive a car (araba sürmek), to ride a bicycle (to ride a bicycle)
sizinle	with you		
sizle	with you (informal)		
sizsiz	without you	sürpriz	surprise
soba	stove	sürücü	driver
sofra	table with meal on it, dinner table	susamak	to become thirsty
soğuk	cold	süslü	decorated
soğumak	to be cold	susmak	to be quiet
soğutmak	to make something cold, to refrigerate	susturmak	to make somebody stop talking, to silence
soğutucu	fridge	süt	milk
sokak	street	sütlü	milky
sol	left	sütsüz	without milk
sola	to the left	şampiyon	champion
son	last, end	şans	chance
sonra	then, after	şanslı	lucky
sonuç	result	şanssız	unlucky

şapka	hat	tamirci	mechanic, serviceman, repairer
şarkı	song	tane	piece
şarkıcı	singer	tanesi	each
şaşırmak	to be surprised	tanımak	to know, to recognize
şaşırtıcı	surprising	tanışmak	to meet
şaşırtmak	to surprise someone	tank	tank
şaşkınlıkla	in/with surprise	taraf	side
şehir	city, town	taraflı	sided
şehirli	from the city, living in the city	tarafsız	impartial
şeker	sugar, sweets	tarak	hairbrush
şekerli	sweet	taramak	to brush
şekerlik	sugar bowl	tarayıcı	scanner
şekersiz	without sugar	tarife	1) tariff 2) instructions 3) schedule
şemsiye	umbrella	tarih	history
şerbet	sherbet	tarihli	dated
şey	thing	tartışma	argument, discussion
şifre	password, code	tartışmak	to argue, to discuss
şık	smart	taş	stone
şikayet	complaint	tasarım	design
şirket	company	taşımak	to carry
şiş	skewer	tat	taste
şişman	fat, plump	tatil	holiday
şişmanlık	obesity	tatilde	on holiday
şoför	driver, chauffeur	tatlı	sweet
şükür	thankfulness, gratitude	tatlım	darling, sweetheart, honey
Şükür!	Thank God!	tatmak	to taste
şüphe	doubt, suspicion	tavşan	rabbit
şüphelenmek	to suspect	tavsiye	advice
şüpheli	1) suspect 2) dubious, suspicious	tavuk	hen, chicken
şurada	there	taze	fresh
tabak	plate	tehlikeli	dangerous
Tabii (ki).	Certainly. For sure.	tek	only one
tabii/naturel	natural	teker	tyre, wheel
takım	team	tekerlek	tyre, wheel
takip	chase	teklif	proposal
takmak	1) to wear (a necklace, tie, etc.) 2) to be bothered, to care	teknoloji	technology
		tekrar	again
taksi	taxi	telaş	fuss, haste, rush
tam	complete	telaşlanmak	to be fussy
tamamen	completely	telaşlı	fussy, in a rush
Tamam.	OK.	telefon	telephone
tamamlamak	to complete	televizyon	television
tamir etmek	to repair		

tembel	lazy	Türk	Turk, Turkish
temiz	clean	Türkçe	Turkish (language)
temizlemek	to clean	Türkiye	Turkey
temizletmek	to have somebody clean somewhere/something	tutam	a handful of
		tutmak	to hold
temizleyici	cleaning agent, detergent	tuvalet	toilet
temizlik	cleaning, cleanliness	tuz	salt
temizlikçi	cleaner	tuzlu	salty
temmuz	July	tuzluk	salt-cellar
ten	skin, complexion	tuzsuz	unsalty
tenis	tennis	uçak	airplane
tercih	choice, option	uçakla	by airplane
terketmek	to desert, to quit	uçmak	to fly
terör	terror	uçurmak	to make something fly
tertemiz	very clean, spotless	uçuş	flight
teşekkür	thank	ucuz	cheap
teşekkür etmek	to thank	uğramak	to call at, to pop in
Teşekkürler.	Thanks.	ulaşmak	to reach, to arrive
ticaret	trade	uluslararası	international
tilki	fox	ummak	to expect
timsah	alligator	umut	hope
tır	truck	umutlu	hopeful
tırmanmak	to climb	umutsuz	hopeless
titremek	to shiver	unutmak	to forget
tiyatro	theatre	utandırıcı	embarrassing
tok	full, not hungry	utandırmak	to embarrass, to make somebody shy
top	ball		
toparlamak	1) to pick up 2) to tidy up, to clear up 2) to collect oneself	uyanmak	to wake up
		uyarmak	to warn
toplam	total	uydurmak	to make up
toplamak	to add	uyku	sleep
toplanmak	to come together, to gather	uymak	1) to suit/fit (clothes) 2) to conform (to the rules)
toplantı	meeting		
toplatmak	to have somebody pick up something	uysal	meek
		uyum	rapport
toplum	community	uyum içinde olmak	to have a good rapport with somebody
toprak	soil		
toz	dust	uyumak	to sleep
trafik	traffic	uyuyakalmak	to fall asleep
tren	train	uzak	far
tüm	all	uzay	space
tur	tour	uzun	long
tür	variety, species	üç	three
turist	tourist		

üçer	three each
üçüncü	third, 3rd
ülke	country
ülkece	as a country
üniversite	university
ünlü	famous
ürkütmek	to scare, to frighten
ürpermek	to shudder due to fear
ürpertmek	to cause somebody to shudder, to frighten
ürün	product
üst	1) top, surface 2) upper, upper side/part
üstünlük	superiority
üşümek	to feel cold
üşütmek	to catch a cold
ütü	iron
ütülemek	to iron
üzerinde/üstünde	on
üzgün	sad
üzmek	to make sad, to upset
üzücü	upsetting
üzülmek	to get upset
üzüntü	sorrow
üzüntülü	sorrowful, upset
üzüntüyle	with sorrow
vakit	time
vanilya	vanilla
var	There is/are.
varmak	to arrive, to reach
Vav!	Wow!
vazgeçmek	to give up
vazo	vase
ve	and
veda etmek	to say goodbye
vejetaryen	vegetarian
vermek	to give
veya	or
veyahut	or
villa	villa
viraj	bend, curve
vurmak	1) to hit, to strike 2) to kill
vurucu	1) striking 2) shooter, striker

ya ... ya da	either ... or
ya da	or
yağ	oil, fat
yağışlı	rainy
yağlı	containing fat; fatty
yağmur	rain
yağmur yağmak	to rain
yağmurlu	rainy
yağsız	not contaning oil or fat
yahut	or
yakalamak	to catch
yakalanmak	to be caught
yakın	close
yakınmak	to complain
yakışıklı	handsome
yakışmak	to suit (clothes, house, car etc.)
yakıt	fuel
yaklaşmak	to come close, to come nearer
yakmak	to burn
yalan	lie
yalan söylemek	to lie, to tell a lie
yalnız	1) alone, lonely 2) only 3) but
yan	side
-den yana olmak	to be on the side of, to be in favour of
yangın	fire
yani	that is
yanlış	1) wrong 2) mistake
yanlışlıkla	by mistake
yapı	structure
yapmak	to do, to make
yaralı	wounded
yaramaz	naughty, mischievous
yaramazlık	mischief
Yaratıcı	Creator
yaratıcı	creative
yaratmak	to create
yardım	help, assistance
yardımcı olmak	to help, to assist
yardımsever	helpful, benevolent, charitable
yarım	half
yarın	tomorrow
yarış	race

yarışma	competition		yığın	stack, heap
yarışmacı	competitor		yıkamak	to wash
yastık	pillow		yıkanmak	to have a bath
yaş	age		yıkatmak	to get something washed
yasak	ban, prohibition		yıkmak	to demolish, to destroy
yaşamak	to live		yıl	year
Yaşasın!	Yippee!		yıl dönümü	anniversary
yaşında	... years old (e.g. on yaşında = ten years old)		yıldız	star
yaşlı	old		yıllarca	for years
yat	yacht		yıllardan beri	for years
yatak	bed		yıllık	yearly, per annum
yatırım	investment		yine	again
yatmak	to go to bed		yirmi	twenty
yavaş	slow		yirminci	twentieth, 20th
yavaşça	slowly		yırtmak	to tear
yavaşlamak	to slow down		yiyecek	food
yaygın	widespread		yoğun	busy
yaz	summer		yoğurt	yoghurt
yazar	writer, author		yok	There isn't/aren't.
yazı	piece of writing, text		yoksa	otherwise
yazıcı	printer		yokuş	ramp, slope
Yazık!	What a pity! What a shame!		yol	road, way
yazın	in the summer		yorgun	tired
yazmak	to write		yorucu	tiring
yedi	seven		yorulmak	to get tired
yedinci	seventh, 7th		yorum	comment
yedirmek	to feed		yön	direction
yemek	food		yöre	area, region
yemek yemek	to eat		yöresel	regional, relating to a locality
yemyeşil	lush, very green		yudum	a sip, a gulp of a drink
yenge	sister-in-law, aunt-in-law		yukarda	upstairs (informal), above
yeni	new		yukardan	from upstairs, from above
yenmek	to beat		yukarı	to an upper level, above
yer	floor, ground		yukarıda	upstairs (informal), above
yerel	local		yukarısı	the place up there, the upper part of a place
yeşil	green			
Yeter!	That's enough!		yumurta	egg
yetişmek	to catch (bus, train, etc.)		yurt	1) one's native country 2) boarding house
yetiştirmek	1) to raise (animals) 2) to grow (fruits, vegetables, etc.)		yurttaş	fellow citizen
yetmiş	seventy		yurttaşlık	citizenship
yetmişinci	seventieth, 70th		yüksek	high
yetmişlik	septuagenarian		yükseklik	height

yükselmek	to go up, to rise, to increase
yürümek	to walk
yürüyüş	a short walk
yüz	1) face 2) hundred
yüzlerce	hundreds of
yüzmek	to swim
yüzücü	swimmer
yüzük	ring
yüzüncü	hundredth, 100th
victory	zafer
zahmet	burden
zaman	time
zamanla	in time, over time
zamanlı	timely, well-timed
zannetmek	to think, to suppose
zeki	clever
zekice	cleverly
zengin	rich
zeytin	olive
zihin	mind
zil	bell
zira	because, for
ziyaret	visit
zor	hard, difficult
zihinsel	mental, cognitive

ANSWER KEY

ANSWER KEY

ÜNİTE-1

1
1 Ç
2 Ğ
3 İ
4 L
5 Ö
6 Ş
7 Ü
8 Y

2
1 ARABA
2 BALIK
3 CETVEL
4 ÇİLEK
5 DAĞ
6 ELMA
7 FARE
8 GEMİ
9 AĞAÇ
10 HALI
11 IRMAK
12 İNEK
13 JAKUZİ
14 KALE
15 LALE
16 MASA
17 NAR
18 OKUL
19 ÖRDEK
20 PARA
21 ROKET
22 SANDALYE
23 ŞEKER
24 TİMSAH
25 UÇAK
26 ÜTÜ
27 VAZO
28 YASTIK
29 ZEYTİN

ÜNİTE-2

1
1 şekerli
2 kokulu
3 yağmurlu
4 sütlü
5 peynirli
6 güçlü
7 bulutlu
8 sisli
9 elektrikli
10 mantarlı

2
1 karanlık
2 başarı
3 yağmurlu
4 şekersiz
5 atkı
6 balık
7 internet
8 neşeli
9 satış
10 düzenli
11 çocuk
12 yukarı
13 ikinci
14 temizlik
15 endişeli
16 belgesel
17 çaydanlık
18 kedicik
19 yazar
20 kahvaltı

ÜNİTE-3

1
1 sorunlu
2 borçlu
3 motorlu
4 buzlu
5 kumlu
6 sütlü
7 gürültülü
8 üzüntülü
9 büyülü
10 tuzlu

2
1 soğutucu
2 yorucu
3 bölücü
4 koşucu
5 yüzücü
6 sürücü
7 kurucu
8 üzücü
9 çözücü
10 söndürücü

3
1 koşulsuz
2 sorunsuz
3 güçsüz
4 sütsüz
5 tuzsuz
6 borçsuz
7 huysuz
8 ütüsüz
9 çözümsüz
10 yüzsüz

4
1 tuzluk
2 günlük
3 bolluk
4 yoğunluk
5 uzunluk
6 yorgunluk
7 soğukluk
8 huysuzluk
9 korkuluk
10 şoförlük
11 gözlük
12 durgunluk

ÜNİTE-4

1
1 KANEPE
2 GAZETE
3 KAHVE
4 KİTAP
5 LİMON
6 NANE
7 CEYLAN
8 AMPÜL
9 BADEM
10 HAMSİ
11 KESTANE
12 ROKET
13 OTOBÜS
14 DÜNYA
15 TELEVİZYON
16 TELEFON

2
1 aklım
2 boynum
3 burnum
4 ağzım
5 gönlüm
6 beynim
7 şehrim
8 karnım
9 ömrüm
10 alnım
11 oğlum
12 fikrim

ÜNİTE-5

1
1 gözlük
2 çiçek
3 tarak
4 kazak
5 ekmek

2
1 ağacım
2 çiçeğim
3 dolabım

4 çocuğum
5 rengim
6 umudum
7 hesabım
8 ayağım
9 kağıdım
10 ekmeğim
11 yurdum
12 bileğim
13 toprağım
14 kazağım
15 amacım
16 kalbim
17 borcum
18 inancım
19 yanağım
20 bacağım
21 cevabım
22 gözlüğüm
23 uçağım
24 ilacım

3
1 saçım
2 setim
3 sütüm
4 dostum
5 topum
6 çöpüm

4
1 Nihat'a
2 Mehmet'e
3 Tokat'a
4 Konak'a
5 Fikret'e
6 Aytaç'a
7 Tevfik'e
8 Zeynep'e

5
1 yardım ediyor
2 rahatsız ediyor
3 okula gidiyor
4 çorbayı tadıyor
5 nefret ediyor
6 kavga ediyor
7 park ediyor
8 kabul ediyor

ÜNİTE-6

1

1 ağaçta
2 otobüste
3 kitapta
4 internette
5 yolda
6 sahilde
7 İzmir'de
8 Bodrum'da
9 ofiste
10 nehirde
11 telefonda
12 uçakta
13 sirkte
14 derste
15 işte
16 İstanbul'da
17 Sinop'ta
18 trende
19 televizyonda
20 sütte
21 Mars'ta
22 uzayda
23 defterde
24 konserde
25 sınıfta
26 sarayda
27 bardakta
28 çayda
29 demlikte
30 evde

2

1 göründü
2 sattı
3 düştü
4 düşündü
5 öptü
6 bitirdi
7 getirdi
8 söndürdü
9 doğdu
10 taştı
11 yoruldu
12 buldu
13 gitti
14 uyandı
15 kaldı
16 oturdu
17 kalktı
18 böldü
19 bindi
20 konuştu

21 yazdı
22 sildi
23 sürdü
24 kullandı
25 içti
26 kurdu
27 bozdu
28 döndü
29 gördü
30 gezdi

ÜNİTE-7

1

1 öğretmenim
2 hemşireyim
3 fırıncıyım
4 pilotum
5 polisim
6 futbolcuyum

2

A

1 yorgunum
2 yorgunsun
3 yorgundur/yorgun
4 yorgunuz
5 yorgunsunuz
6 yorgunlar/yorgundurlar

B

1 açım
2 açsın
3 açtır/aç
4 açız
5 açsınız
6 açtırlar/açlar

C

1 üzgünüm
2 üzgünsün
3 üzgündür/üzgün
4 üzgünüz
5 üzgünsünüz
6 üzgündürler/üzgünler

D

1 çalışkanım
2 çalışkansın
3 çalışkandır/çalışkan
4 çalışkanız
5 çalışkansınız
6 çalışkandırlar/çalışkanlar

E

1 hastayım
2 hastasın
3 hastadır/hasta
4 hastayız
5 hastasınız
6 hastadırlar/hastalar

3

1 Ahmet bir öğretmendir.
2 Yunus bir ressamdır.
3 Ben çok yorgunum.
4 Siz bir doktorsunuz.
5 Onlar hastadırlar/hastalar.
6 Betül bir öğrencidir.
7 Siz çok güzelsiniz.
8 Biz açız.
9 Elif bir şarkıcıdır.
10 Ben bir gazeteciyim.

ÜNİTE-8

1

A

1 Ben yorgundum.
2 Sen yorgundun.
3 O yorgundu.
4 Biz yorgunduk.
5 Siz yorgundunuz.
6 Onlar yorgunlardı/yorgundular.

B

1 Ben açtım.
2 Sen açtın.
3 O açtı.
4 Biz açtık.
5 Siz açtınız.
6 Onlar açlardı/açtılar.

C

1 Ben hastaydım.
2 Sen hastaydın.
3 O hastaydı.
4 Biz hastaydık.
5 Siz hastaydınız.
6 Onlar hastaydılar/hastalardı.

D

1 Ben futbolcuydum.
2 Sen futbolcuydun.
3 O futbolcuydu.
4 Biz futbolcuyduk.
5 Siz futbolcuydunuz.
6 Onlar futbolcuydular/futbolculardı.

2

Dialogue-1
Hayır, okulda değildim.

Dialogue-2
Evet, tiyatrodaydım.

Dialogue-3
Evet, partideydim.

Dialogue-4
Hayır, tatilde değildim/değildik.

3

Dialogue-1
A: Sen dün gece neredeydin?
B: Sinemadaydım.
A: Film nasıldı?
B: Harikaydı!

Dialogue-2
A: Siz pazar günü neredeydiniz?
B: Piknikteydik.
A: Hava nasıldı?
B: Muhteşemdi!

4

1 değildim
2 güzeldi
3 nasıldı

ANSWER KEY

ÜNİTE-9

1
1 e
2 d
3 a
4 g
5 b
6 c
7 f

2
1
Hazırsam
Hazırsan
Hazırsa
Hazırsak
Hazırsanız
Hazırsalar/Hazırlarsa

2
Yorgunsam
Yorgunsan
Yorgunsa
Yorgunsak
Yorgunsanız
Yorgunsalar/Yorgunlarsa

3
Mutluysam
Mutluysan
Mutluysa
Mutluysak
Mutluysanız
Mutluysalar

4
Üzgünsem
Üzgünsen
Üzgünse
Üzgünsek
Üzgünseniz
Üzgünseler

5
Hastaysam
Hastaysan
Hastaysa
Hastaysak
Hastaysanız
Hastaysalar

6
Çalışkansam
Çalışkansan
Çalışkansa
Çalışkansak
Çalışkansanız
Çalışkansalar

7
Zenginsem
Zenginsen
Zenginse
Zenginsek
Zenginseniz
Zenginseler

3
1 değilseniz
2 değillerse/değilseler
3 değilse
4 değilsen
5 değilse

ÜNİTE-10

1
1 markete
2 işe
3 Londra'ya
4 parka
5 Marmaris'e
6 banyoya
7 tuvalete
8 sinemaya
9 denize
10 Türkiye'ye
11 koleje
12 restorana
13 konferansa
14 maça
15 mağazaya
16 kafeye
17 konsere
18 Ayşe'ye
19 bahçeye
20 komşuya

2
Dialogue-1
sinemaya

Dialogue-2
maça

Dialogue-3
partiye

Dialogue-4
Betül'e

3
1 Ahmet'e
2 konsere
3 maça
4 Yüzmeye
5 Tuvalete
6 10'a
7 işe

ÜNİTE-11

1
1 arabada
2 çarşıda
3 İngiltere'de
4 parkta
5 Marmaris'te
6 sınıfta
7 mutfakta
8 Antalya'da
9 denizde
10 Türkiye'de
11 okulda
12 işte
13 tatilde
14 uçakta
15 kitapta
16 bardakta
17 konserde
18 Londra'da
19 bahçede
20 evde

2
Dialogue-1   Arabada
Dialogue-2   Tatilde
Dialogue-3   Ağaçta
Dialogue-4   Mutfakta

3
1
arabadayım
arabadasın
arabada
arabadayız
arabadasınız
arabadalar

2
evdeyim
evdesin
evde
evdeyiz
evdesiniz
evdeler

3
işteyim
iştesin
işte
işteyiz
iştesiniz
işteler

4
yoldayım
yoldasın
yolda
yoldayız
yoldasınız
yoldalar

5
tatildeyim
tatildesin
tatilde
tatildeyiz
tatildesiniz
tatildeler

6
parktayım
parktasın
parkta
parktayız
parktasınız
parktalar

ANSWER KEY

ÜNİTE-12
1
1 tatilden
2 pazardan
3 İspanya'dan
4 şehirden
5 köyden
6 bankadan
7 işten
8 Almanya'dan
9 piknikten
10 savaştan
11 alışverişten
12 motordan
13 internetten
14 İstanbul'dan
15 yemekten
16 maçtan
17 tiyatrodan
18 sinemadan
19 geziden
20 İzmir'den

2
1 Maçtan
2 Partiden
3 Motordan
4 Mağazadan

3
1 Antalya'dan
2 tatilden
3 Türkiye'den
4 Sinemadan
5 işten

4
1 evden işe
2 Türkiye'den İngiltere'ye
3 Okuldan eve
4 Alışverişten restorana
5 Salondan bahçeye
6 Postaneden bankaya

ÜNİTE-13
1
1 Dışarıda bir aslan var.
2 Bahçede iki tavşan var.
3 Dışarıda bir maymun var.
4 Mutfakta bir fare var.
5 Yolda bir kaplumbağa var.

6 Tarlada bir inek var.
7 Mutfakta bir üzüm sepeti var.
8 Sınıfta beş öğrenci var.
9 Sokakta bir ambulans var.

2
1 Evet, ekmek var.
2 Hayır, burada postane yok.
3 Hayır, dolapta süt yok.
4 Evet, arabada benzin var.
5 Hayır, cüzdanda para yok.
6 Evet, sinemada yeni bir film var.
7 Hayır, bugün okul yok.
8 Evet, gazete var.
9 Hayır, yeni kitap yok.
10 Evet, bu akşam bir program var.
11 Hayır, ofiste yazıcı yok.
12 Evet, tost var.

ÜNİTE-14
1
1 Benim bir laptopum var.
2 Sizin yeni bir komşunuz var.
3 Onların güzel bir villası var.
4 Benim bir kedim var.
5 Onun bir tavşanı var.
6 Sizin bir probleminiz var.
7 Senin üç arkadaşın var.
8 Bizim maçımız var.
9 Onun toplantısı var.
10 Benim uzun saçlarım var.
11 Onların yarın bir partisi var.
12 Senin çok paran var.

2
1 Zamanın var mı?
2 Onun telefonu var mı?
3 Sizin bir eviniz var mı?
4 Senin kalemin var mı?
5 Senin ehliyetin var mı?
6 Onların bir şirketi var mı?
7 Onun çantası var mı?
8 Onun adı var mı?

3
1 Nuray'ın bir kedisi var.
2 Fikret'in iki kardeşi var.
3 Nesrin'in güzel bir elbisesi var.
4 Murat'ın çok parası var.
5 Kerem'in bir tavşanı var.
6 Selim'in kardeşi yok.

ÜNİTE-15
1
1
oturuyorum
oturuyorsun
oturuyor
oturuyoruz
oturuyorsunuz
oturuyorlar

2
seviyorum
seviyorsun
seviyor
seviyoruz
seviyorsunuz
seviyorlar

3
çalışıyorum
çalışıyorsun
çalışıyor
çalışıyoruz
çalışıyorsunuz
çalışıyorlar

4
konuşuyorum
konuşuyorsun
konuşuyor
konuşuyoruz
konuşuyorsunuz
konuşuyorlar

5
satıyorum
satıyorsun
satıyor
satıyoruz
satıyorsunuz
satıyorlar

6
veriyorum
veriyorsun
veriyor
veriyoruz
veriyorsunuz
veriyorlar

2
1
izliyorum
izliyorsun
izliyor
izliyoruz
izliyorsunuz
izliyorlar

2
bekliyorum
bekliyorsunuz
bekliyor
bekliyoruz
bekliyorsunuz
bekliyorlar

3
söylüyorum
söylüyorsun
söylüyor
söylüyoruz
söylüyorsunuz
söylüyorlar

4
anlıyorum
anlıyorsun
anlıyor
anlıyoruz
anlıyorsunuz
anlıyorlar

5
başlıyorum
başlıyorsun
başlıyor
başlıyoruz
başlıyorsunuz
başlıyorlar

6
dinliyorum
dinliyorsun
dinliyor
dinliyoruz
dinliyorsunuz
dinliyorlar

3
1 anlıyor
2 seyrediyorlar
3 başlıyor
4 dinliyor
5 gidiyoruz
6 yapıyorsunuz

ÜNİTE-16
1
1
bilmiyorum
bilmiyorsun
bilmiyor
bilmiyoruz
bilmiyorsunuz
bilmiyorlar

2
konuşmuyorum
konuşmuyorsun
konuşmuyor
konuşmuyoruz
konuşmuyorsunuz
konuşmuyorlar

3
sevmiyorum
sevmiyorsun
sevmiyor
sevmiyoruz
sevmiyorsunuz
sevmiyorlar

4
gitmiyorum
gitmiyorsun
gitmiyor
gitmiyoruz
gitmiyorsunuz
gitmiyorlar

2
1 çalışmıyor
2 ağlamıyor
3 çalışmıyor
4 yemiyor
5 sevmiyorum
6 oynamıyorlar
/oynamıyor
7 gitmiyoruz
8 beklemiyorsun
9 gelmiyor
10 konuşmuyor
11 anlamıyor
12 satmıyor
13 yazmıyor
14 bilmiyorum
15 seyretmiyor

ANSWER KEY

ÜNİTE-17

1

1 Fatma şimdi ders çalışıyor mu?
2 Ali okula gidiyor mu?
3 Burak maç seyrediyor mu?
4 Çocuklar oyun oynuyorlar mı?
5 Kitap okuyor muyum?
6 Biz pikniğe gidiyor muyuz?
7 Çalışıyor muyum?
8 Eğleniyor muyuz?
9 Bebek uyuyor mu?
10 Film başlıyor mu?

2

1 Evet, çocuklar bahçede top oynuyorlar.
2 Hayır, şimdi yağmur yağmıyor.
3 Evet, Meral bugün bize geliyor.
4 Hayır, korkmuyorum.
5 Hayır, seninle gelmiyorum.
6 Evet, seni seviyorum.
7 Hayır, misafirler eğlenmiyorlar.
8 Hayır, araba çalışmıyor.
9 Evet, müzik dinliyorum.
10 Evet, parti başlıyor.

3

1 niye
2 ne zaman
3 Nerede
4 nasıl
5 kim

ÜNİTE-18

1

1 h - kokuyor
2 a - istiyorum
3 g - tanıyorum
4 d - içeriyor
5 f - korkuyorum
6 b - hoşlanıyorum
7 i - hissediyorum
8 c - duyuyoruz
9 j - seviyorum
10 e - anlıyor

2

1 bilmiyorum
2 seviyorum
3 görünüyorsun
4 anlamıyorum/anlamıyoruz
5 korkuyorlar
6 içermiyor
7 hissediyorum

8 istemiyorum
9 kıskanmıyorum
10 hatırlıyorum
11 istiyor
12 görüyorum

ÜNİTE-19

1

1 g
2 b
3 a
4 d
5 h
6 e
7 c
8 f

2

1 f
2 c
3 d
4 a
5 b
6 e

3

Danışma görevlisi:
Kaç kişilik oda istiyorsunuz?

Müşteri:
İki kişilik oda istiyorum.

ÜNİTE-20

1

1 yedi
2 on üç
3 yirmi bir
4 on dokuz
5 yirmi üç
6 yüz
7 elli yedi
8 kırk üç
9 on altı
10 altmış bir
11 yetmiş
12 bin bir
13 iki bin on altı
14 on bin
15 on bin beş yüz

2

3 on sekiz
5 yirmi
7 yirmi iki
8 yirmi üç
10 yirmi beş
12 yirmi yedi
13 yirmi sekiz
15 otuz
17 otuz iki
18 otuz üç
20 otuz beş
22 otuz yedi
23 otuz sekiz
25 kırk

3

1 on bir
2 beş
3 yüz doksan altı
4 altmış
5 on iki
6 iki
7 yirmi dört

4

1 üç kalem
2 elli iki hafta
3 Kırk Haramiler
4 yüz lira
5 iki polis

ÜNİTE-21

1

1 altıncı
2 yedinci
3 sekizinci
4 dokuzuncu
7 yirmi birinci
8 yirmi ikinci
10 yirmi dördüncü
12 otuz birinci
14 otuz üçüncü
15 otuz dördüncü

2

1- 8.		6- 20.	
2- 13.		7- 24.	
3- 19.		8- 30.	
4- 5.		9- 35.	
5- 2.		10- 40.	

3
a) üçüncü
b) birinci
c) ikinci

4
a) altıncı
b) dokuzuncu
c) beşinci
d) üçüncü

ÜNİTE-22

1
1
öğretirim
öğretirsin
öğretir
öğretiriz
öğretirsiniz
öğretirler

2
bitiririm
bitirirsin
bitirir
bitiririz
bitirirsiniz
bitirirler

3
gösteririm
gösterirsin
gösterir
gösteririz
gösterirsiniz
gösterirler

4
savunurum
savunursun
savunur
savunuruz
savunursunuz
savunurlar

5
kullanırım
kullanırsın
kullanır
kullanırız
kullanırsınız
kullanırlar

6
götürürüm
götürürsün
götürür
götürürüz
götürürsünüz
götürürler

7
kapatırım
kapatırsın
kapatır
kapatırız
kapatırsınız
kapatırlar

8
buluşurum
buluşursun
buluşur
buluşuruz
buluşursunuz
buluşurlar

9
çalışırım
çalışırsın
çalışır
çalışırız
çalışırsınız
çalışırlar

10
düşünürüm
düşünürsün
düşünür
düşünürüz
düşünürsünüz
düşünürler

2
1 öğretir
2 okurum
3 çalışır
4 bitirir
5 düşünürsün

3
1
içerim
içersin
içer
içeriz
içersiniz
içerler

2
gülerim
gülersin
güler
güleriz
gülersiniz
gülerler

3
yüzerim
yüzersim
yüzer
yüzeriz
yüzersiniz
yüzerler

4
yaparım
yaparsın
yapar
yaparız
yaparsınız
yaparlar

5
satarım
satarsın
satar
satarız
satarsınız
satarlar

4
1
yaşarım
yaşarsın
yaşar
yaşarız
yaşarsınız
yaşarlar

2
oynarım
oynarsın
oynar
oynarız
oynarsınız
oynarlar

3
dinlerim
dinlersin
dinler
dinleriz
dinlersiniz
dinlerler

4
ağlarım
ağlarsın
ağlar
ağlarız
ağlarsınız
ağlarlar

5
başlarım
başlarsın
başlar
başlarız
başlarsınız
başlarlar

ÜNİTE-23

1
1
çalışır mıyım?
çalışır mısın?
çalışır mı?
çalışır mıyız?
çalışır mısınız?
çalışırlar mı?

2
sever miyim?
sever misin?
sever mi?
sever miyiz?
sever misiniz?
severler mi?

3
oynar mıyım?
oynar mısın?
oynar mı?
oynar mıyız?
oynar mısınız?
oynarlar mı?

4
yapar mıyım?
yapar mısın?
yapar mı?
yapar mıyız?
yapar mısınız?
yaparlar mı?

5
gider miyim?
gider misin?
gider mi?
gider miyiz?
gider misiniz?
giderler mi?

6
konuşur muyum?
konuşur musun?
konuşur mu?
konuşur muyuz?
konuşur musunuz?
konuşurlar mı?

7
içer miyim?
içer misin?
içer mi?
içer miyiz?
içer misiniz?
içerler mi?

8
satar mıyım?
satar mısın?
satar mı?
satar mıyız?
satar mısınız?
satarlar mı?

9
alır mıyım?
alır mısın?
alır mı?
alır mıyız?
alır mısınız?
alırlar mı?

10
düşünür müyüm?
düşünür müsün?
düşünür mü?
düşünür müyüz?
düşünür müsünüz?
düşünürler mi?

2

... bilir misin?
... yapar mısınız?
... oynar mı?
... çalışır mı?
... yapar mısın?
... seyrederler mi?
... yatar mısın?
... gider misiniz?
... yerler mi?
... görüşür müsünüz?

3
Dialogue-1:
Evet, ben çok iyi yüzerim.

Dialogue-2:
Hayır, burada şemsiye satmazlar.

Dialogue-3:
Hayır, Antalya'ya çok kar yağmaz.

Dialogue-4:
Sen her gün kitap okur musun?

Dialogue-5:
Hayır, Sedat hiç ders çalışmaz.

Dialogue-6
Evet, ben çok erken yatarım.

ÜNİTE-24

1

1
biliyordum
biliyordun
biliyordu
biliyorduk
biliyordunuz
biliyorlardı

2
kullanıyordum
kullanıyordun
kullanıyordu
kullanıyorduk
kullanıyordunuz
kullanıyorlardı

3
koşuyordum
koşuyordun
koşuyordu
koşuyorduk
koşuyordunuz
koşuyorlardı

4
yazıyordum
yazıyordun
yazıyordu
yazıyorduk
yazıyordunuz
yazıyorlardı

5
yürüyordum
yürüyordun
yürüyordu
yürüyorduk
yürüyordunuz
yürüyorlardı

6
satıyordum
satıyordun
satıyordu
satıyorduk
satıyordunuz
satıyorlardı

7
alıyordum
alıyordun
alıyordu
alıyorduk
alıyordunuz
alıyorlardı

8
geliyordum
geliyordun
geliyordu
geliyorduk
geliyordunuz
geliyorlardı

9
çalışıyordum
çalışıyordun
çalışıyordu
çalışıyorduk
çalışıyordunuz
çalışıyorlardı

10
eğleniyordum
eğleniyordun
eğleniyordu
eğleniyorduk
eğleniyordunuz
eğleniyorlardı

2
1 yürüyorlardı
2 gidiyordu
3 satıyordu
4 çalışıyordum
5 eğleniyorlardı
6 kullanıyordu
7 yazıyordu
8 yapıyorlardı

3
1
deniyordum
deniyordun
deniyordu
deniyorduk
deniyordunuz
deniyorlardı

2
oynuyordum
oynuyordun
oynuyordu
oynuyorduk
oynuyordunuz
oynuyorlardı

3
hazırlıyordum
hazırlıyordun
hazırlıyordu
hazırlıyorduk
hazırlıyordunuz
hazırlıyorlardı

4
dinliyordum
dinliyordun
dinliyordu
dinliyorduk
dinliyordunuz
dinliyorlardı

5
ağlıyordum
ağlıyordun
ağlıyordu
ağlıyorduk
ağlıyordunuz
ağlıyorlardı

4
1 ... deniyordu.
2 ... ağlıyordu.
3 ... hazırlıyordu.
4 ... dinliyorduk.
5 ... oynuyorlardı.
6 ... bekliyordun.

ÜNİTE-25

1

1
çalışıyor muydum?
çalışıyor muydun?
çalışıyor muydu?
çalışıyor muyduk?
çalışıyor muydunuz?
çalışıyorlar mıydı?

2
geliyor muydum?
geliyor muydun?
geliyor muydu?
geliyor muyduk?
geliyor muydunuz?
geliyorlar mıydı?

3
uyuyor muydum?
uyuyor muydun?
uyuyor muydu?
uyuyor muyduk?
uyuyor muydunuz?
uyuyorlar mıydı?

4
bekliyor muydum?
bekliyor muydun?
bekliyor muydu?
bekliyor muyduk?
bekliyor muydunuz?
bekliyorlar mıydı?

5
yapıyor muydum?
yapıyor muydun?
yapıyor muydu?
yapıyor muyduk?
yapıyor muydunuz?
yapıyorlar mıydı?

6
izliyor muydum?
izliyor muydun?
izliyor muydu?
izliyor muyduk?
izliyor muydunuz?
izliyorlar mıydı?

7
gidiyor muydum?
gidiyor muydun?
gidiyor muydu?
gidiyor muyduk?
gidiyor muydunuz?
gidiyorlar mıydı?

8
ağlıyor muydum?
ağlıyor muydun?
ağlıyor muydu?
ağlıyor muyduk?
ağlıyor muydunuz?
ağlıyorlar mıydı?

2
1 ... koşuyor muydu?
2 ... izliyor muydunuz?
3 ... ağlıyor muydu?
4 ... gidiyor muydu?
5 ... uyuyor muydun?
6 ... bekliyor muydu?
7 ... çalışıyor muydum?
8 ... yapıyor muydunuz?
9 ... gidiyor muydun?
10 ... oynuyor muydu?

3
1 ... alıyor muydun?
2 ... oturuyor muydunuz?
3 ... kullanıyor muydunuz?
4 ... çalışıyor muydun?
5 ... yapıyor muyduk?
6 ... yapıyorlar mıydı?

4
1 b
2 d
3 c
4 a

ÜNİTE-26

1
1 Bazı
2 Bazı
3 Çoğu
4 Hiçbir
5 Bütün
6 Bazı
7 Bazı
8 Çoğu
9 Hiçbir

2
1 Çoğu
2 Bazı
3 Hiçbir
4 Bütün

3
1 Some people talk too much.
2 Today all the roads are closed.
3 Today some roads are open.
4 No bus is running./No buses are running.
5 Some shops are open.
6 Most students are on holiday.
7 All books are on the floor.
8 Most people use smart phone.

ANSWER KEY

ÜNİTE-27

1
1. öğrenci
2. yiyecek
3. mağaza
4. araç
5. uçak

2
1. d
2. e
3. b
4. c
5. a

3
Dialogue-1
Hayır, hiçbir şikayetim yok.

Dialogue-2
Hayır, hiçbir arzum/arzumuz yok.

Dialogue-3
Hayır, hiçbir şey anlamadım.

Dialogue-4
Hayır, hiçbir gelişme yok.

Dialogue-5
Hayır, hiçbir problem yok.

Dialogue-6
Hayır, hiçbir gazete yok.

ÜNİTE-28

1
1. Üç tane bilet istiyorum.
2. Dünyada yüz doksan altı tane ülke vardır.
3. İki tane yumurta yerim.
4. İstanbul'da yüz on dört tane AVM vardır.
5. Bu mahallede beş tane cami vardır.
6. Dünyada yedi tane kıta vardır.

2
1. yumurta
2. muz
3. kavun
4. balık
5. portakal

3
1. Kaç tane ekmek istiyorsunuz?
2. Bu otelde kaç tane oda var?
3. Kaç tane salatalık istiyorsun?

4
1. Limonun tanesi kaç lira?
2. Kavunun tanesi kaç lira?
3. Yumurtanın tanesi kaç lira?

ÜNİTE-29

1
Sample answers

Dialogue-1
B: Yunanistanlıyım / Amerikalıyım / Mısırlıyım.

Dialogue-2
B: İskoçyalıyım. Ya siz?
A: Ben Portekizliyim.

Dialogue-3
B: Makedonyalıyım. Ya sen?
A: Ben de Makedonyalıyım.

2
1. c - benzinli
2. f - saçlı
3. h - yönlü
4. k - etli
5. j - kapaklı
6. n - tuzlu
7. d - tekerlekli
8. l - güneşli
9. e - çizgili
10. i - şekerli
11. b - şanslı
12. a - anlamlı
13. g - gözlü
14. m - pilli

ÜNİTE-30

1
1. j- anlamsız
2. l- etsiz
3. g- şekersiz
4. e- şanssız
5. k- problemsiz
6. f- tarafsız
7. i- perdesiz
8. b- kakaosuz
9. c- düğmesiz
10. d- sessiz

11. a- davetsiz
12. h- yemeksiz

2
1. c- biletsiz
2. d- Şekersiz
3. a- benzinsiz
4. f- yağsız
5. b- Şemsiyesiz
6. e- tuzsuz

3
1. Bensiz
2. Sensiz
3. Onsuz
4. bizsiz
5. Onlarsız

4
1. Etsiz
2. sağlıksız

ÜNİTE-31

1
1. aldatıcı
2. atıcı
3. yüzücü
4. okuyucu
5. kullanıcı
6. parlatıcı
7. yapıcı
8. söndürücü
9. temizleyici
10. silici
11. alıcı
12. akıcı
13. çalıştırıcı
14. ezici
15. koruyucu
16. yakıcı
17. verici
18. ısıtıcı
19. soğutucu
20. karıştırıcı
21. çevirici

2
1. c
2. b
3. a
4. d
5. g
6. h
7. e
8. f

ÜNİTE-32

1
1 sazcı
2 gözlükçü
3 kitapçı
4 telefoncu
5 taksici
6 oduncu
7 gazeteci
8 elektrikçi
9 eczaneci
10 ayakkabıcı
11 televizyoncu
12 fırıncı
13 camcı
14 basketbolcu
15 tenisçi
16 yorumcu
17 tasarımcı
18 modacı
19 halıcı
20 baklavacı

2
1 h
2 a
3 e
4 f
5 b
6 d
7 c
8 g

ÜNİTE-33

1
1 yoldaş
2 sesteş
3 soydaş
4 dindaş
5 anlamdaş
6 kökteş
7 sırdaş
8 çağdaş
9 emektaş
10 yandaş
11 paydaş
12 yurttaş
13 meslektaş
14 fikirdeş
15 dildeş
16 ırktaş

2
1 kurumsal
2 yapısal
3 hukuksal
4 bitkisel
5 kimyasal
6 bilimsel
7 kentsel
8 fiziksel
9 yöresel
10 zihinsel
11 deneysel
12 ruhsal
13 uysal
14 kişisel
15 tarihsel
16 kutsal

3
1 deneysel çalışmalar
2 kentsel dönüşüm/çalışmalar
3 kutsal kitap
4 yöresel yiyecekler
5 kişisel eşya/çalışmalar
6 uysal köpek

4
1 Kerem's family is living in İstanbul.
2 Nuray's family is going to buy a new house.
3 Semra's family is going to England tomorrow.
4 Ozan's family has gone for a picnic today.
5 We are going to Hakan's house tonight.
6 Ayten's family is inviting us.

ÜNİTE-34

1
1 meyvelik
2 kitaplık
3 şekerlik
4 yağmurluk
5 kiralık
6 iyilik
7 kalemlik
8 yemeklik
9 gözlük
10 askerlik
11 avukatlık
12 kahvaltılık

2
1 c
2 d
3 a
4 b

3
1 d
2 b
3 c
4 a

ÜNİTE-35

1
1 Ormandaki hava tertemiz.
2 Yarınki sınav çok zor.
3 Bu akşamki parti saat kaçta başlıyor?
4 Kitaptaki hikaye çok ilginç.
5 Dışarıdaki adam kim?
6 Odadaki koku çok kötü.
7 Bu mağazadaki elbiseler çok güzel.
8 Televizyondaki program çok sıkıcı.
9 Parktaki çocuklar çok mutlu.
10 Gazetedeki haber çok şaşırtıcı.
11 Yerdeki kalem kimin?

2
1 yarınki
2 bugünkü
3 haftaki
4 ayki
5 yılki
6 akşamki
7 dünkü
8 sabahki
9 sezonki
10 dönemki

ÜNİTE-36

1
1 Bugün, dünden daha soğuk.
2 Ferrari, Audi'den daha pahalı.
3 Aslı, Pelin'den daha uzun.

2
1 Gökhan, Ali'den daha çalışkan.
2 Leyla, Mine'den daha akıllı.
3 Bu film daha heyecanlı.
4 Bu kitap daha ucuz.
5 Sinop, Antalya'dan daha soğuk.

3

1 Türkiye daha kalabalık.
2 Banka daha yakın.
3 Fiat daha ucuz.

4

1 Su en ucuz içecek./
En ucuz içecek su.
2 Ağrı dağı en yüksek dağ./
En yüksek dağ Ağrı Dağı.
3 Nil en uzun nehir. /
En uzun nehir Nil.

ÜNİTE-37

1

1
koştum
koştun
koştu
koştuk
koştunuz
koştular

2
gittim
gittin
gitti
gittik
gittiniz
gittiler

3
çalıştım
çalıştın
çalıştı
çalıştık
çalıştınız
çalıştılar

4
geldim
geldin
geldi
geldik
geldiniz
geldiler

5
oynadım
oynadın
oynadı
oynadık
oynadınız
oynadılar

6
verdim
verdin
verdi
verdik
verdiniz
verdiler

2
1 oynadılar
2 gittik
3 aldı
4 geldi
5 çalıştı
6 koştu
7 okudum
8 bitirdi
9 başladı
10 girdiler
11 getirdi
12 bozuldu / götürdüm
13 sattı
14 gönderdi
15 bitti

ÜNİTE-38

1

1
gitmedim
gitmedin
gitmedi
gitmedik
gitmediniz
gitmediler

2
başlamadım
başlamadın
başlamadı
başlamadık
başlamadınız
başlamadılar

3
yapmadım
yapmadın
yapmadı
yapmadık
yapmadınız
yapmadılar

4
almadım
almadın
almadı
almadık
almadınız
almadılar

5
yatmadım
yatmadın
yatmadı
yatmadık
yatmadınız
yatmadılar

6
gelmedim
gelmedin
gelmedi
gelmedik
gelmediniz
gelmediler

2
1 söylemedi
2 yağmadı
3 yatmadı
4 yemedi
5 yapmadık
6 içmedi
7 ağlamadı
8 gitmediler
9 başlamadı
10 gelmedi
11 aramadı
12 anlamadınız
13 duymadı
14 görmedi
15 okumadı

ÜNİTE-39

1

1
bildim mi?
bildin mi?
bildi mi?
bildik mi?
bildiniz mi?
bildiler mi?

2
anladım mı?
anladın mı?
anladı mı?
anladık mı?
anladınız mı?
anladılar mı?

3
duydum mu?
duydun mu?
duydu mu?
duyduk mu?
duydunuz mu?
duydular mı?

4
döndüm mü?
döndün mü?
döndü mü?
döndük mü?
döndünüz mü?
döndüler mi?

2
Dialogue-1
Ne zaman evlendiniz?

Dialogue-2
Dün ne yaptın?

Dialogue-3
İzmir'e nasıl gittiniz?

Dialogue-4
Kahvaltı yaptın mı?

Dialogue-5
Filmi beğendin mi?

Dialogue-6
Dizi başladı mı?

3
1 kaldın
2 oturduk
3 aldın

ANSWER KEY

ÜNİTE-40

1
1 Kasiyer olarak çalışıyorum.
2 Filiz dişçi olarak çalışıyor.
3 Berna sekreter olarak çalışıyor.
4 Muhabir olarak çalışıyorum.

2
1 Normal olarak
2 arkadaş olarak
3 Takım olarak
4 tatlı olarak
5 İçecek olarak

ÜNİTE-41

1
1 içeri
2 içeri
3 dışarı
4 İçeri
5 dışarı
6 içeri
7 dışarı
8 İçeri
9 İçeri
10 Dışarı

2
1 dışarıda
2 içeride
3 dışarıda
4 dışarıda
5 Dışarıda

3
1 Dışarısı
2 İçerisi
3 Dışarısı
4 İçerisi
5 Dışarısı

ÜNİTE-42

1
1 b
2 f
3 e
4 c
5 d
6 g
7 a

2
1 e
2 d
3 a
4 c
5 b

ÜNİTE-43

1
1 Bu mağaza çok pahalı.
2 Bugün çok yorgunum.
3 Bu şehir çok kalabalık.
4 Bu film çok heyecanlı.
5 Bu çay çok şekerli.
6 Bu yemek çok tuzlu.
7 Bugün çocuklar çok oynadılar.

2
1 b
2 f
3 e
4 a
5 c
6 d

3
Dialogue-1: c
Dialogue-2: a
Dialogue-3: d
Dialogue-4: b

4
1 You are so beautiful.
2 The weather is a little cold. Please turn on the heating.
3 There are very few spectators in the stadium.
4 I am so excited/nervous. I am getting married tomorrow.

ÜNİTE-44

1
1 korkakça
2 cesurca
3 dikkatsizce
4 aptalca
5 kibarca
6 gizlice
7 yavaşça
8 dikkatlice
9 akıllıca
10 güzelce

11 hızlıca
12 sessizce
13 bencilce
14 isteksizce
15 korkusuzca

2
1 b
2 f
3 c
4 e
5 a
6 d

3
Dialogue-1
Mahir: Sence hangi ayakkabılar daha güzel?
Yasin: Bence siyah ayakkabılar daha güzel.

Dialogue-2
Nuray: Bence bugün yağmur yağacak. Sence?
Elif: Bence bugün yağmur yağmayacak.

4
1 d
2 b
3 a
4 c

ÜNİTE-45

1
1
koşacağım
koşacaksın
koşacak
koşacağız
koşacaksınız
koşacaklar

2
içeceğim
içeceksin
içecek
içeceğiz
içeceksiniz
içecekler

3
çalışacağım
çalışacaksın
çalışacak
çalışacağız
çalışacaksınız
çalışacaklar

4
seveceğim
seveceksin
sevecek
seveceğiz
seveceksiniz
sevecekler

5
yazacağım
yazacaksın
yazacak
yazacağız
yazacaksınız
yazacaklar

6
göndereceğim
göndereceksin
gönderecek
göndereceğiz
göndereceksiniz
gönderecekler

2
1 yapacak
2 koşacağım
3 alacak
4 gelecek
5 yapacaklar

3
1 başlayacak
2 okuyacak
3 ağlayacak
4 bekleyecekler
5 izleyeceğiz

4
1 gidecekler
2 edecek
3 seyredeceğiz

ANSWER KEY

ÜNİTE-46

1

1
yemeyeceğim
yemeyeceksin
yemeyecek
yemeyeceğiz
yemeyeceksiniz
yemeyecekler

2
gelmeyeceğim
gelmeyeceksin
gelmeyecek
gelmeyeceğiz
gelmeyeceksiniz
gelmeyecekler

3
gitmeyeceğim
gitmeyeceksin
gitmeyecek
gitmeyeceğiz
gitmeyeceksiniz
gitmeyecekler

4
içmeyeceğim
içmeyeceksin
içmeyecek
içmeyeceğiz
içmeyeceksiniz
içmeyecekler

5
yatmayacağım
yatmayacaksın
yatmayacak
yatmayacağız
yatmayacaksınız
yatmayacaklar

6
oturmayacağım
oturmayacaksın
oturmayacak
oturmayacağız
oturmayacaksınız
oturmayacaklar

2
1 oynamayacak
2 gelmeyeceğim
3 oynamayacağız
4 içmeyecek
5 seyretmeyecekler
6 gitmeyeceksiniz
7 kalkmayacak
8 çalışmayacaklar
9 olmayacak
10 yatmayacağım

ÜNİTE-47

1

1
gelecek miyim?
gelecek misin?
gelecek mi?
gelecek miyiz?
gelecek misiniz?
gelecekler mi?

2
içecek miyim?
içecek misin?
içecek mi?
içecek miyiz?
içecek misiniz?
içecekler mi?

3
koşacak mıyım?
koşacak mısın?
koşacak mı?
koşacak mıyız?
koşacak mısınız?
koşacaklar mı?

4
yüzecek miyim?
yüzecek misin?
yüzecek mi?
yüzecek miyiz?
yüzecek misiniz?
yüzecekler mi?

5
gidecek miyim?
gidecek misin?
gidecek mi?
gidecek miyiz?
gidecek misiniz?
gidecekler mi?

6
çalışacak mıyım?
çalışacak mısın?
çalışacak mı?
çalışacak mıyız?
çalışacak mısınız?
çalışacaklar mı?

2
Dialogue-1: ... oynayacağız?
Dialogue-2: ... gelecek mi?
Dialogue-3: ... katılacaklar mı?
Dialogue-4: ... gidecek misin?
Dialogue-5: ... seyredecek misin?
Dialogue-6: ... yağacak mı?
Dialogue-7: ... varacak?
Dialogue-8: ... başlayacak?
Dialogue-9: ... bitecek?
Dialogue-10: ... söyleyecek misin?

ÜNİTE-48

1
1 filmden önce/sonra
2 dersten önce/sonra
3 işten önce/sonra
4 maçtan önce/sonra
5 geziden önce/sonra
6 tatilden önce/sonra
7 kazadan önce/sonra
8 partiden önce/sonra
9 yemekten önce/sonra
10 sinemadan önce/sonra
11 yarından önce/sonra
12 piknikten önce/sonra
13 reklamlardan önce/sonra
14 kahvaltıdan önce/sonra
15 bayramdan önce/sonra
16 seçimden önce/sonra
17 toplantıdan önce/sonra
18 sınavdan önce/sonra
19 düğünden önce/sonra
20 banyodan önce/sonra

2
1 g
2 c
3 a
4 e
5 b
6 h
7 d
8 f

3
1 Selin got married three years ago.
2 Selin got divorced three years later.
3 Selin is married to Mehmet now.
4 Arif was here two hours ago.
5 Ali is on holiday now. He will come back two days from now.

ÜNİTE-49

1
1 a
2 b
3 e
4 c
5 d

2
Dialogue-1: c
Dialogue-2: b
Dialogue-3: d
Dialogue-4: a

ÜNİTE-50-51

1
1 b
2 e
3 c
4 a
5 d

2
1 c
2 j
3 i
4 a
5 g
6 e
7 f
8 b
9 d
10 h

3
Dialogue-1
Hayır, İstanbul'a hiç gitmedim.

Dialogue-2
Evet, İngiltere'ye gittim.

Dialogue-3
Hayır, hiç İngilizce anlamıyorum.

Dialogue-4
Evet, lahmacun yedim.

4

1 Hayır, onu hiç tanımıyorum.
2 Evet, ona her zaman güvenirim.
3 Hayır, hiç alkol almam.
4 Evet, beni her zaman arar.

ÜNİTE-52-53

1

1 i
2 c
3 a
4 d
5 h
6 j
7 e
8 g
9 f
10 b

2

1 It has been snowing for days.
2 There have been road works here for weeks.
3 Defne hasn't gone on the internet for days.
4 Ahmet has been at home for days. He doesn't go out.
5 I am so busy this week.
6 I go to the cinema every week.
7 I was ill last week.
8 There are seven days in a week.
9 We are going on a holiday next week.
10 We play a match twice a week.

ÜNİTE-54-55

1

1 e
2 c
3 d
4 a
5 b

2

1 e
2 a
3 c
4 b
5 d

3

1 b
2 c
3 e
4 a
5 d

4

1 Öğleden önce okula gittim.
2 Sabahları yürüyüş yaparız.
3 Öğleden sonra sinemaya gidiyoruz.
4 Yarın akşam Keremgile gidiyoruz.
5 Metin her sabah yüzer.
6 Öğle arası saat 12'de başlar.
7 Bu akşam partiye gitmiyorum.

ÜNİTE-56-57

1

Dialogue-1: c
Dialogue-2: b
Dialogue-3: e
Dialogue-4: g
Dialogue-5: a
Dialogue-6: i
Dialogue-7: d
Dialogue-8: j
Dialogue-9: h
Dialogue-10: f

2

1 Mithat yarın akşam buraya geliyor.
2 Geçen gece bizim eve hırsız girdi.
3 Caner geceleri çok horlar.
4 Bugün müsait değilim.
5 Babam her akşam kitap okur.
6 Antalya'da üç gece kaldık.
7 Bugün bizim evde parti var.
8 Gecenin bu saatinde ne yapıyorsun?

ÜNİTE-58

1 Saat üç.
2 Saat beş.
3 Saat dörde beş var.
4 Saat on ikiye çeyrek var.
5 Saat onu yirmi geçiyor.
6 Saat on biri çeyrek geçiyor.
7 Saat dokuzu çeyrek geçiyor.
8 Saat altıya on var.
9 Saat altıyı on geçiyor.
10 Saat yediyi çeyrek geçiyor.
11 Saat üçe yirmi var.
12 Saat yedi buçuk.
13 Saat ikiye on var.
14 Saat bir buçuk.
15 Saat on bir buçuk.

ÜNİTE-59

1

Dialogue-1:
Ankara uçağı saat sekizde inecek.

Dialogue-2:
Her gün saat yedi buçukta kalkarım.

Dialogue-3:
Otobüs saat onda gelecek.

Dialogue-4:
Yemek saat on ikide gelecek.

Dialogue-5:
Konferans saat on bire on kala bitecek.

Dialogue-6:
Program saat onu yirmi geçe başlayacak.

Dialogue-7:
Çocuklar saat dokuz buçukta kalktılar.

Dialogue-8:
Film saat ikiye çeyrek kala bitti.

Dialogue-9:
Özge saat beşe on kala aradı.

Dialogue-10:
Saat on buçukta yatacağım.

2

1 Fikret saat sekizde gelecek.
2 Babam saat dokuzda yattı.
3 Yarış saat birde başlayacak.
4 Konser saat on ikide bitti.
5 Uçak saat üçte kalktı.

3

1 h
2 e
3 g
4 f
5 c
6 b
7 j
8 d
9 a
10 i

ÜNİTE-60

1

1 e
2 b
3 d
4 c
5 a
6 f

2

1 Bu benim arabam.
2 Türkiye senin memleketin.
3 Sizin eviniz çok güzel.
4 Onun çocuğu çok yaramaz.
5 Benim favori takımım Arsenal'dir.
6 Onun evi çok güzel.
7 Onların evi Ankara'da.
8 Bizim okulumuz çok uzak.
9 Onun çantası çok pahalı.
10 Benim biletim nerede?

ÜNİTE-61

1

1 bilgisayarın kablosu
2 Faruk'un ayakkabısı
3 amcamın evi
4 Elif'in babası
5 okulun adı
6 Yaşar'ın kalemi
7 kartın şifresi
8 evin adresi
9 otelin adı
10 Suzan'ın telefonu
11 annemin yemekleri
12 İzmir'in nüfusu
13 Marmaris'in havası
14 Melih'in gitarı
15 otelin adresi
16 Erdem'in kardeşi
17 çayın kokusu
18 Elif'in bisikleti
19 çocukların okulu
20 Kemal'in ceketi

2

1 Türkiye'nin nüfusu
2 İngiltere'nin havası
3 Ayşe'nin arabası
4 Duygu'nun okulu
5 caminin minaresi
6 caddenin adı
7 kapının şifresi
8 arabanın yaşı

9 Ali'nin Türkçesi
10 telefonun markası
11 Londra'nın nüfusu
12 Hatice'nin saati
13 Arda'nın arkadaşı
14 bankanın adı
15 Burcu'nun elbisesi
16 villanın adresi
17 mağazanın adı
18 dünyanın nüfusu
19 Berna'nın amcası
20 dairenin fiyatı

3

1 Ayşe'nin arabası ...
2 Burcu'nun elbisesi ...
3 Marmaris'in havası ...
4 Elif'in bisikleti bozuk.
5 Yaşar'ın kalemi çok güzel.
6 Suzan'ın telefonu nerede?
7 Evin adresi aklımda değil.
8 Ali'nin kardeşi çok çalışkan.
9 O okulun adı ne?
10 Arkadaşının evi nerede?
11 Kerem'in oyuncağı ... .
12 Otelin adresi nedir?

ÜNİTE-62

1

1 Sınav için ders çalışıyoruz.
2 Yarışma için hazır değilim.
3 Ayşe için bir hediye aldım.
4 Bu akşam için ne yapıyorsunuz?
5 Hepimiz takım için çalışıyoruz.
6 Kerem için bir sürprizim var.
7 Benim için bir sinema bileti alır mısın?
8 Burası çocuklar için güvenli değil.
9 Alışveriş için nereye gidiyorsunuz?
10 Mutluluk için para önemli.
11 Okul için yeni bir minibüs aldık.
12 Arkadaşım için bir parti yapıyoruz.
13 Evsizler için yardım topluyorlar.
14 Bu maç Fenerbahçe için çok önemli.
15 Kardeşim için doğum günü partisi
yaptık.
16 Bebek için elbiseler aldım.
17 Tatil için Türkiye'ye gidiyoruz.
18 Kahvaltı için ekmek ve yumurta lazım.
19 Çocuklar için bir aktivite düzenledik.
20 Tarık alışveriş için 400 lira ödedi.

2

1 c
2 e
3 d
4 b
5 a

3

1 c
2 a
3 d
4 e
5 b

4

Baba, bizim için ne aldın?
Sizin için çikolata aldım.

ÜNİTE-63-64

1

1 beğendir-
2 çalıştır-
3 buldur-
4 açtır-
5 inandır-
6 barıştır-
7 kestir-
8 sustur-
9 kapattır-
10 sattır-
11 hissettir-
12 düşündür-
13 söndür-
14 güldür-
15 öptür-

2

1 b
2 d
3 e
4 a
5 c
6 g
7 f

3

1 e
2 f
3 a
4 b
5 d
6 c

4

1 doyur-
2 içir-
3 yatır-
4 duyur-
5 batır-

5

1 Arabayı
2 yangını
3 saçını
4 uçağı
5 bilgisayarı

ANSWER KEY

ÜNİTE-65-66

1
1 koyun ve inek
2 köpek ve kedi
3 deve ve eşek
4 tavşan ve kaplumbağa
5 atkı ve eldiven
6 şemsiye ve çizme

2
Dialogue-1: Sedef'le Kemal
Dialogue-2: Yumurtayla börek
Dialogue-3: Galatasarayla Beşiktaş
Dialogue-4: Berrinle Nazlı

3
1 Süpermarkete gidip süt aldım.
2 Evi süpürüp ütü yapacağım.
3 Biraz dinlenip ders çalışacağım.
4 Restoranı arayıp sipariş verdim.
5 Çay içip tatlı yiyeceğim.
6 Kitap okuyup yatacağım.

4
1 Sinemaya gidiyoruz. Sen de geliyor musun?
2 Yemek de tatlı da çok nefis.
3 Yarın da yağmur yağacak.
4 Atkın da eldivenin de çok şık.
5 Babam da kardeşim de hasta.
6 Elif de Berna da burada.

5
1 Çocuk hem hasta hem de çok yaramaz.
2 Meltem hem kitap okuyor hem de müzik dinliyor.
3 Hem çalışıyorum hem de eğleniyorum.
4 Hem senaryo hem de oyuncular harikaydı.
5 Mithat hem zengin hem de mutlu bir adamdır.
6 Bu araç hem denizde hem de karada gider.

ÜNİTE-67-68

1
1 c
2 f
3 h
4 g
5 a
6 d
7 e
8 b

2
1 Tatile tren veya/ ya da otobüs ile gidecekler.
2 Tatile uçak veya/ya da gemi ile gidecekler.
3 Tatile karavan veya/ya da araba ile gidecekler.

3
1 e
2 h
3 g
4 a
5 c
6 d
7 b
8 f

4
1 Ne yemek yedik ne de çay içtik.
2 Ne güldük ne de ağladık.
3 Ne güldüm ne de ağladım.
4 Tülay ne geldi ne de aradı.

5
1 Hem balık hem de tavuk çok lezzetli.
2 Ne yemekler ne de içecekler hazır.
3 Hem Salih hem de Akif çok iyi İngilizce bilir.
4 Ya balık ya da tavuk ısmarlayacağız.
5 Hem Pınar hem de Nazan vejetaryendir.
6 Alışverişe ya annemle ya da babamla gideceğim.

ÜNİTE-69

1
1 kalemle
2 postayla
3 otobüsle
4 trenle
5 kargoyla
6 bisikletle
7 telefonla
8 minibüsle
9 gemiyle
10 internetle
11 sobayla
12 kömürle
13 benzinle
14 gazla
15 sebzeyle
16 uçakla
17 arabayla
18 kamyonla
19 atla
20 eşekle

2
1 i - otobüsle
2 f - benzinle
3 b - sobayla
4 g - bisikletle
5 e - uçakla
6 d - bardakla
7 a - deterjanla
8 h - kargoyla
9 j - kalemle
10 c - İnternetle

ANSWER KEY

3

Dialogue-1
Alışverişe annemle gidiyorum.

Dialogue-2
Yarın Fırat'la buluşacağım.

Dialogue-3
Kardeşimle oyun oynuyorum.

Dialogue-4
Cengiz Berna'yla evlendi.

Dialogue-5
Ayşe'yle kavga ettim.

Dialogue-6
Telefonda arkadaşımla konuşuyorum.

4

1 by mistake
2 with care, carefully, attentively
3 meticulously, carefully
4 quickly, in haste
5 speedily, rapidly
6 with fear
7 confidently, with confidence
8 in/with surprise
9 with patience, patiently
10 with excitement
11 with love
12 in/with hatred
13 in turn
14 in time

ÜNİTE-70-71

1
1 b
2 d
3 a
4 e
5 c

2
1 d
2 e
3 a
4 b
5 c

3

1 ve
2 ama/fakat
3 ve
4 ama/fakat
5 ama/fakat
6 ama/fakat
7 ve
8 ama/fakat
9 ve
10 ve...ama/fakat

4

1 e
2 d
3 c
4 b
5 a

5

1 yalnız
2 ancak
3 yalnız
4 yalnız

6

1 c
2 a
3 b
4 e
5 d

ÜNİTE-72-73

1
Dialogue-1: Maalesef
Dialogue-2: Halbuki
Dialogue-3: Maalesef
Dialogue-4: Halbuki
Dialogue-5: Maalesef
Dialogue-6: Halbuki

2

1 Güya
2 Güya
3 Ne yazık ki
4 Güya
5 maalesef
6 Güya
7 Maalesef
8 Maalesef
9 Maalesef
10 Güya

3

1 e
2 h
3 g
4 a
5 d
6 b
7 c
8 f

ÜNİTE-74

1
1 c
2 d
3 a
4 g
5 f
6 b
7 e

2
1 c
2 a
3 b
4 d

3
1 c
2 a
3 d
4 b

4

1 Meğer Pelin bir haftadır hastaymış.
2 Meğer Özcan haklıymış.
3 Yoksa adam bizi aldattı mı?
4 Yoksa beni sevmiyor musun?

ÜNİTE-75

1

1 f
2 i
3 g
4 b
5 a
6 c
7 h
8 d
9 e
10 j

2

1 e
2 a
3 f
4 b
5 c
6 d

3

1 d
2 b
3 a
4 g
5 f
6 e
7 c

4

1 Bugün erken yatıyorum çünkü çok yorgunum.
2 Elbiseyi almadım çünkü çok pahalıydı.
3 Düştüm çünkü yerler çok kaygandı.
4 Açım çünkü yemek yemedim.

ÜNİTE-76-77

1

1 c
2 a
3 b
4 d

2

1 c
2 d
3 e
4 a
5 b

3

1 a
2 d
3 b
4 c

4

1 a
2 c
3 d
4 b

ÜNİTE-78

1

1 havuç
2 salatalık
3 sarımsak
4 mısır
5 domates
6 turp

2

1 c
2 a
3 d
4 b

3

1 d
2 c
3 b
4 a

ÜNİTE-79

1

1
olayım diye
olasın diye
olsun diye
olalım diye
olasınız diye
olsunlar diye

2
öğreneyim diye
öğrenesin diye
öğrensin diye
öğrenelim diye
öğrenesiniz diye
öğrensinler diye

3
çalışayım diye
çalışasın diye
çalışsın diye
çalışalım diye
çalışasınız diye
çalışsınlar diye

4
yakalayım diye
yakalayasın diye
yakalasın diye
yakalayalım diye
yakalayasınız diye
yakalasınlar diye

5
alayım diye
alasın diye
alsın diye
alalım diye
alasınız diye
alsınlar diye

6
konuşayım diye
konuşasın diye
konuşsun diye
konuşalım diye
konuşasınız diye
konuşsunlar diye

2

1 d
2 a
3 b
4 e
5 c
6 f

3

1 d
2 a
3 b
4 c

ÜNİTE-80

1

1
geldiğimde
geldiğinde
geldiğinde
geldiğimizde
geldiğinizde
geldiklerinde

2
durduğumda
durduğunda
durduğunda
durduğumuzda
durduğunuzda
durduklarında

3
sattığımda
sattığında
sattığında
sattığımızda
sattığınızda
sattıklarında

4
gittiğimde
gittiğinde
gittiğinde
gittiğimizde
gittiğinizde
gittiklerinde

5
başladığımda
başladığında
başladığında
başladığımızda
başladığınızda
başladıklarında

6
vardığımda
vardığında
vardığında
vardığımızda
vardığınızda
vardıklarında

7
duyduğumda
duyduğunda
duyduğunda
duyduğumuzda
duyduğunuzda
duyduklarında

8
gördüğümde
gördüğünde
gördüğünde
gördüğümüzde
gördüğünüzde
gördüklerinde

9
aradığımda
aradığında
aradığında
aradığımızda
aradığınızda
aradıklarında

10
anlattığımda
anlattığında
anlattığında
anlattığımızda
anlattığınızda
anlattıklarında

11
istediğimde
istediğinde
istediğinde
istediğimizde
istediğinizde
istediklerinde

12
söylediğimde
söylediğinde
söylediğinde
söylediğimizde
söylediğinizde
söylediklerinde

13
bitirdiğimde
bitirdiğinde
bitirdiğinde
bitirdiğimizde
bitirdiğinizde
bitirdiklerinde

14
içtiğimde
içtiğinde
içtiğinde
içtiğimizde
içtiğinizde
içtiklerinde

15
düştüğümde
düştüğünde
düştüğünde
düştüğümüzde
düştüğünüzde
düştüklerinde

2
1 gördüğümde
2 girdiğinde
3 vardığımda
4 aradığında
5 doğduğunda
6 sattığımda
7 çaldığında
8 bitirdiğinde
9 geldiklerinde
10 gittiğinizde

ÜNİTE-81

1
1 gelince
2 alınca
3 dönünce
4 gidince
5 kalkınca
6 söyleyince
7 bitince
8 düşünce
9 arayınca
10 oturunca
11 başlayınca
12 olunca
13 kapatınca
14 açınca
15 inince

2
1 d
2 f
3 b
4 a
5 e
6 h
7 i
8 c
9 g

3
1 Adamı görünce çok korktum.
2 Benzin bitince araba çalışmaz.
3 Uçaktan inince seni arayacağım.
4 Eve gelince oyun oynarız.
5 Fiyatlar düşünce alışveriş yaparım.

ÜNİTE-82

1
1 koşarken
2 dinlerken
3 kullanırken
4 oynarken
5 binerken
6 yerken
7 yaparken
8 yaparken
9 seyrederken
10 uyurken
11 konuşurken
12 toplarken
13 inerken
14 beklerken
15 okurken
16 yaşarken
17 uyurken
18 kaçarken
19 içerken

2
1 okuldayken
2 sıradayken
3 maçtayken
4 konserdeyken
5 sinemadayken
6 tiyatrodayken
7 Marmaris'teyken
8 İstanbul'dayken
9 bankadayken
10 banyodayken
11 camideyken
12 kilisedeyken
13 müzedeyken
14 festivaldeyken
15 arabadayken
16 uçaktayken
17 trendeyken
18 otobüsteyken
19 bahçedeyken
20 kolejdeyken

3
1 Ben banyodayken telefon çaldı.
2 Mehmet koşarken müzik dinler.
3 Ben eve giderken bir köpek gördüm.
4 Tatildeyken çok eğlendik.
5 Londra'dayken ne yaptınız?

ÜNİTE-83

1
1 Sandım ki sadece ben davetliyim.
2 Düşündüm ki bu akşam evde bir film seyredebiliriz.
3 Görüyorum ki hala oyun oynuyorsunuz.
4 Korkarım ki bu ilacı almalısınız.
5 Anladım ki beni hiç sevmiyor.
6 Eminim ki o her şeyi biliyor.
7 Bakıyorum ki hepiniz buradasınız.
8 Biliyorum ki her şey güzel olacak.
9 Duydum ki hala aynı yerde çalışıyorsun.

2
1 Film o kadar güzeldi ki üç kere seyrettim.
2 Döner o kadar nefisti ki 2 porsiyon yedim.
3 O kadar açım ki bütün yemekleri bitirebilirim.
4 Elbiseler o kadar ucuz ki 5 gömlek bir 4 pantolon aldım.
5 Kek o kadar nefisti ki hemen bitti.
6 Yunus o kadar yorgundu ki hemen uyudu.
7 O kadar susamışım ki iki litre su içebilirim.
8 Cem'in o kadar parası var ki bir Ferrari alabilir.
9 Bankada o kadar insan vardı ki iki saat bekledim.
10 Dün o kadar soğuktu ki iki ceket giydim.

ANSWER KEY

ÜNİTE-84

1

1 d
2 c
3 a
4 b

2

1 e
2 f
3 d
4 b
5 a
6 c

3

1 a
2 e
3 d
4 b
5 c

4

1 I wonder if Ahmet has come home?
2 I wonder if Suzan has called the doctor?
3 I wonder if the teacher has come to school?
4 I wonder if my father has woken up?
5 I wonder if the kids have gone to bed?
6 I wonder if the airplane has landed?
7 I wonder if the match has started?
8 I wonder if the food is ready?

ÜNİTE-85

1

1 Seninki
2 Sizinki
3 Benimki
4 Onlarınki
5 Onunki
6 Bizimki
7 Sedat'ınki

2

1 c
2 a
3 b

ÜNİTE-86

1

1 f
2 g
3 a
4 b
5 h
6 e
7 c
8 d

2

1 Madem yorgunsun erken yat.
2 Madem yağmur yağıyor evde film seyredelim.
3 Madem otobüsü kaçırdık eve yürüyelim.
4 Madem Türkçe anlıyorsun ona yardım edebilirsin.
5 Madem hasta eve gitsin.
6 Madem vazoyu kırdınız burayı hemen süpürün.
7 Madem özür diledin seni affedeceğim.
8 Madem burası pahalı başka mağazaya gidelim.
9 Madem yarın sıcak olacak denize gidelim.

3

1 Seeing that you have spilt the water, wipe it out.
2 Seeing that you don't love me, let's split.
3 Seeing that you have apologized, then I forgive you.
4 Seeing that it will be sunny today, we can go for a picnic.
5 Seeing that you have made tea, then get me some as well.
6 Seeing that you have an exam tomorrow, you need to study.
7 Seeing that we are hungry, then let's go to a restaurant.
8 Seeing that they will live in Turkey, then they should learn Turkish.

ÜNİTE-87

1

1 geçen haftadan beri
2 bayramdan beri
3 düğünden beri
4 salıdan beri
5 ağustostan beri
6 maçtan beri
7 2001'den beri
8 kasımdan beri

2

1 Geçen haftadan beri
2 temmuzdan beri
3 Maçtan beri
4 Düğünden beri
5 2013'ten beri
6 Cumartesiden beri
7 Geçen yıldan beri
8 Eylülden beri
9 Sabahtan beri
10 10'dan beri

3

Dialogue-1 B: Beş yıldan beri İstanbul'da yaşıyoruz.
Dialogue-2 B: Sekiz haftadan beri Türkçe kursuna gidiyorum.
Dialogue-3 B: Altı aydan beri bu şirkette çalışıyorum.
Dialogue-4 B: İki günden beri elektrik yok.

4

1 I haven't seen Ali since yesterday.
2 They have been living in Marmaris since last year.
3 I have been ill since Friday.
4 I have been working at this company since September.
5 They have been on holiday since last week.
6 We have been living here for a long time.
7 We have been friends for years.
8 I haven't seen Aynur since then.
9 I haven't visited my grandpa since last month.
10 I have been learning Turkish since July.

ANSWER KEY

ÜNİTE-88

1

1 kuraklıktan dolayı
2 parasızlıktan dolayı
3 gürültüden dolayı
4 yağmurdan dolayı
5 festivalden dolayı
6 problemlerden dolayı
7 yardımlardan dolayı
8 dikkatsizlikten dolayı
9 yoğun destekten dolayı
10 bir hatadan dolayı

11 fırtınadan dolayı
12 yoğun kardan dolayı
13 aşırı ihmalden dolayı
14 hastalıktan dolayı
15 cehaletten dolayı
16 baskıdan dolayı
17 fakirlikten dolayı
18 soğuktan dolayı
19 depremden dolayı
20 selden dolayı

2

1 k   7 j
2 a   8 e
3 i   9 d
4 b   10 h
5 c   11 f
6 g

3

1 kar yüzünden
2 soğuktan dolayı
3 Festivalden dolayı
4 baskı yüzünden
5 Parasızlıktan dolayı
6 problem yüzünden

ÜNİTE-89

1

1
yaptığımdan dolayı
yaptığından dolayı
yaptığından dolayı
yaptığımızdan dolayı
yaptığınızdan dolayı
yaptıklarından dolayı

4
geldiğimden dolayı
geldiğinden dolayı
geldiğinden dolayı
geldiğimizden dolayı
geldiğinizden dolayı
geldiklerinden dolayı

2
durduğumdan dolayı
durduğundan dolayı
durduğundan dolayı
durduğumuzdan dolayı
durduğunuzdan dolayı
durduklarından dolayı

5
bitirdiğimden dolayı
bitirdiğinden dolayı
bitirdiğinden dolayı
bitirdiğimizden dolayı
bitirdiğinizden dolayı
bitirdiklerinden dolayı

3
sattığımdan dolayı
sattığından dolayı
sattığından dolayı
sattığımızdan dolayı
sattığınızdan dolayı
sattıklarından dolayı

6
içtiğimden dolayı
içtiğinden dolayı
içtiğinden dolayı
içtiğimizden dolayı
içtiğinizden dolayı
içtiklerinden dolayı

2

1 bittiğinden dolayı
2 aldığından dolayı
3 geldiğinden dolayı
4 yağdığından dolayı
5 çalıştığından dolayı
6 konuştuğundan dolayı

3

1 kalkmadığından dolayı
2 yapmadığından dolayı
3 içmediğinden dolayı
4 gelmediğinden dolayı
5 etmediğinden dolayı
6 çalışmadığımdan dolayı

4

1 bittiği için
2 aldığı için
3 geldiği için
4 yağdığı için
5 çalıştığı için
6 konuştuğun için

5

1 kalkmadığı için
2 yapmadığı için
3 içmediğin için
4 gelmediği için
5 etmediği için
6 çalışmadığım için

ÜNİTE-90

1

1 arkadaştan yana
2 futboldan yana
3 kaliteden yana
4 aşktan yana
5 işten yana

6 grevden yana
7 sansürden yana
8 idamdan yana
9 suçludan yana
10 eşitlikten yana

2

1 Salih'ten başka
2 Ali'den başka
3 Suzan'dan başka
4 Burak'tan başka
5 annemden başka
6 çaydan başka

7 babamdan başka
8 benden başka
9 senden başka
10 ondan başka
11 kebaptan başka
12 yumurtadan başka

3

1 benden başka
2 televizyondan başka
3 masadan başka

4 Kerem'den başka
5 Birol'dan başka
6 sütten başka

4

1 ... yumurtadan başka bir şey yok.
2 ... mağazadan başka bir şey yok.
3 ... kebaptan başka bir şey yok.
4 ... haberden başka bir şey yok.
5 ... peynir ve zeytinden başka bir şey yok.

5

1 gelecek yıldan itibaren
2 pazartesiden itibaren
3 gelecek haftadan itibaren
4 gelecek aydan itibaren
5 ocaktan itibaren
6 marttan itibaren

ANSWER KEY

ÜNİTE-91

1

1 bankaya doğru	11 mağazaya doğru
2 okula doğru	12 üniversiteye doğru
3 arabaya doğru	13 istasyona doğru
4 topa doğru	14 kaleye doğru
5 kafeye doğru	15 müzeye doğru
6 sinemaya doğru	16 restorana doğru
7 otobüse doğru	17 İzmir'e doğru
8 ofise doğru	18 Marmaris'e doğru
9 bisiklete doğru	19 Ankara'ya doğru
10 hastaneye doğru	20 akşama doğru

2

1 ... Marmaris'e doğru ...
2 ... üniversiteye doğru ...
3 ... otobüse doğru ...
4 ... arabaya doğru ...
5 ... akşama doğru ...
6 ... okula doğru ...
7 Bankaya doğru ...
8 Göle doğru ...
9 ... saat 5'e doğru ...
10 ... Yunus'a doğru ...

3

1 sansüre karşı	6 idama karşı
2 teklife karşı	7 Portekiz'e karşı
3 barışa karşı	8 Fenerbahçe'ye karşı
4 düşmana karşı	9 teröre karşı
5 enfeksiyona karşı	10 saldırıya karşı

4

1 Yeni teklife karşı değilim.
2 Bu adam demokrasiye karşı bir insandır.
3 Saldırıya karşı hazırlık yapıyorlar.
4 Düşmana karşı zafer kazandık.
5 Bizim takım Beşiktaş'a karşı oynuyor.

ÜNİTE-92

1

1 g		5 e	
2 c		6 a	
3 b		7 d	
4 f			

2

1 Sinem is not as hard-working as Aslı.
2 Tevfik is not as clever as Kenan.
3 Basketball is not as popular as football.
4 Paris is as beautiful as London.
5 History is as hard as geography.
6 July is as hot as August.
7 Bülent is as fast as Sedat.
8 Necla is as hard-working as Aslı.

3

1 b
2 a
3 c

ÜNİTE-93

1

1 halının altında / üstünde
2 sehpanın altında / üstünde
3 sandalyenin altında / üstünde
4 örtünün altında / üstünde
5 yatağın altında / üstünde
6 ağacın altında / üstünde
7 evin altında / üstünde
8 kanepenin altında / üstünde
9 çantanın altında / üstünde
10 ayakkabının altında / üstünde
11 defterin altında / üstünde
12 sepetin altında / üstünde
13 laptopun altında / üstünde
14 masanın altında / üstünde

2

1 Çanta masanın üstünde.
2 Çanta masanın altında.
3 Top kanepenin altında.
4 Top kanepenin üstünde.
5 Telefon sehpanın üstünde.
6 Telefon sehpanın altında.

3

1 All the new product are under inspection.
2 The suspects are under detention.
3 All the documents are under inspection.
4 The man is under suspicion.

ÜNİTE-94

1

	2
1 kapının önünde / arkasında	1 b
2 otobüsün önünde / arkasında	2 e
3 adamın önünde / arkasında	3 e
4 kadının önünde / arkasında	4 a
5 yatağın önünde / arkasında	5 d
6 bankanın önünde / arkasında	6 c
7 arabanın önünde / arkasında	
8 duvarın önünde / arkasında	
9 televizyonun önünde / arkasında	
10 koltuğun önünde / arkasında	
11 evin önünde / arkasında	
12 okulun önünde / arkasında	
13 binanın önünde / arkasında	
14 mağazanın önünde / arkasında	

3

1 Çalar saat kutunun arkasında.
2 Çalar saat kutunun önünde.
3 Bisiklet otobüsün önünde.
4 Bisiklet otobüsün arkasında.

ANSWER KEY

ÜNİTE-95

1

1 televizyonun yanında	11 arabanın yanında
2 okulun yanında	12 fırının yanında
3 kadının yanında	13 laptopun yanında
4 evin yanında	14 kutunun yanında
5 restoranın yanında	15 sokağın yanında
6 postanenin yanında	16 istasyonun yanında
7 bankanın yanında	17 kitabevinin yanında
8 dükkanın yanında	18 sınıfın yanında
9 yatağın yanında	19 kanepenin yanında
10 masanın yanında	20 sehpanın yanında

2

1 Okulun yanında süpermarket var.
2 Evin yanında nehir var.
3 Laptopun yanında telefon var.
4 Fırının yanında mağaza var.
5 Koltuğun yanında televizyon var.

3

1 Omletin yanında peynir istiyorum.
2 Çayın yanında biraz bisküvi istiyorum.
3 Lahmacunun yanında ayran istiyorum.
4 Tatlının yanında dondurma istiyorum.
5 İskenderin yanında pilav istiyorum.
6 Kahvenin yanında su istiyorum.

ÜNİTE-96

1

1 televizyonun karşısında	11 barın karşısında
2 stadyumun karşısında	12 kafenin karşısında
3 bankanın karşısında	13 kütüphanenin karşısında
4 caminin karşısında	14 hastanenin karşısında
5 binanın karşısında	15 sinemanın karşısında
6 postanenin karşısında	16 tiyatronun karşısında
7 villanın karşısında	17 kilisenin karşısında
8 istasyonun karşısında	18 havranın karşısında
9 okulun karşısında	19 mağazanın karşısında
10 mutfağın karşısında	20 sarayın karşısında

2

1 Bankanın karşısında ...	8 Okulun karşısında ...
2 Tiyatronun karşısında ...	9 Kilisenin karşısında ...
3 Caminin karşısında ...	10 Mağazanın karşısında ...
4 Kütüphanenin karşısında ...	11 Hastanenin karşısında ...
5 Binanın karşısında ...	12 Sarayın karşısında ...
6 Televizyonun karşısında ...	13 İstasyonun karşısında ...
7 Villanın karşısında ...	

3

1 a	4 b
2 e	5 c
3 c	6 d

ÜNİTE-97

1

1 kutunun içinde / dışında
2 çantanın içinde / dışında
3 binanın içinde / dışında
4 bankanın içinde / dışında
5 evin içinde / dışında
6 odanın içinde / dışında
7 kafenin içinde / dışında
8 arabanın içinde / dışında
9 banyonun içinde / dışında
10 cüzdanın içinde / dışında
11 okulun içinde / dışında
12 caminin içinde / dışında

2

1 Fare kutunun içinde.
2 Fare kutunun dışında.
3 Ekmek sepetin içinde.
4 Ekmek sepetin dışında.
5 Para cüzdanın içinde.
6 Para cüzdanın dışında.

3

1 Baklava dışında ...
2 Ahmet dışında ...
3 Su dışında ...
4 Pilav dışında ...

ÜNİTE-98

1

1 Top oynamak hoşuma gitmiyor.
2 Şarkı söylemek hoşuma gitmiyor.
3 Müzik dinlemek onun hoşuna gitmiyor.
4 Gezmek bizim hoşumuza gitmiyor.
5 Türkçe öğrenmek hoşuma gitmiyor.
6 Yüzmek onların hoşuna gitmiyor.

2

1 Yemek hoşunuza gitti mi?
2 Hediye hoşuna gitti mi?
3 Film hoşuna gitti mi?
4 Kitap hoşuna gitti mi?
5 Festival hoşunuza gitti mi?
6 Program hoşunuza gitti mi?

ÜNİTE-99

1

1
konuşmalıyım
konuşmalısın
konuşmalı
konuşmalıyız
konuşmalısınız
konuşmalılar

5
temizlemeliyim
temizlemelisin
temizlemeli
temizlemeliyiz
temizlemelisiniz
temizlemeliler

2
gitmeliyim
gitmelisin
gitmeli
gitmeliyiz
gitmelisiniz
gitmeliler

6
bitirmeliyim
bitirmelisin
bitirmeli
bitirmeliyiz
bitirmelisiniz
bitirmeliler

3
gelmeliyim
gelmelisin
gelmeli
gelmeliyiz
gelmelisiniz
gelmeliler

7
almalıyım
almalısın
almalı
almalıyız
almalısınız
almalılar

4
yatmalıyım
yatmalısın
yatmalı
yatmalıyız
yatmalısınız
yatmalılar

8
acele etmeliyim
acele etmelisin
acele etmeli
acele etmeliyiz
acele etmelisiniz
acele etmeliler

2

1 c
2 a
3 f
4 e
5 d
6 b

3

1 Ders çalışmalı mıyım?
2 Erken kalkmalı mıyım?
3 Ceket giymeli miyim?
4 Kitap okumalı mıyım?
5 Dışarıda beklemeli miyim?
6 Acele etmeli miyim?

ÜNİTE-100

1

1
söylemeliydim
söylemeliydin
söylemeliydi
söylemeliydik
söylemeliydiniz
söylemeliydiler

2
yapmalıydım
yapmalıydın
yapmalıydı
yapmalıydık
yapmalıydınız
yapmalıydılar

3
yardım etmeliydim
yardım etmeliydin
yardım etmeliydi
yardım etmeliydik
yardım etmeliydiniz
yardım etmeliydiler

4
aramalıydım
aramalıydın
aramalıydı
aramalıydık
aramalıydınız
aramalıydılar

5
almalıydım
almalıydın
almalıydı
almalıydık
almalıydınız
almalıydılar

6
gelmeliydim
gelmeliydin
gelmeliydi
gelmeliydik
gelmeliydiniz
gelmeliydiler

7
kalkmalıydım
kalkmalıydın
kalkmalıydı
kalkmalıydık
kalkmalıydınız
kalkmalıydılar

8
gitmeliydim
gitmeliydin
gitmeliydi
gitmeliydik
gitmeliydiniz
gitmeliydiler

2
1 c   4 f
2 a   5 d
3 e   6 b

3
1 b   3 a
2 d   4 c

ANSWER KEY

ÜNİTE-101

1

1 görülür	13 karıştırılır
2 yazılır	14 kaynatılır
3 kapatılır	15 gösterilir
4 açılır	16 tutulur
5 satılır	17 pişirilir
6 yapılır	18 bırakılır
7 getirilir	19 soğutulur
8 çırpılır	20 durdurulur
9 gönderilir	21 serpilir
10 anlatılır	22 dökülür
11 bitirilir	23 kesilir
12 boşaltılır	24 unutulur

2

1 beklenir	7 alınır
2 okunur	8 başlanır
3 boyanır	9 toplanır
4 taranır	10 hazırlanır
5 eklenir	11 söylenir
6 temizlenir	12 yıkanır

3

1 hazırlanır	6 kesilir
2 soğutulur	7 dökülür
3 çırpılır	8 serpilir
4 eklenir	9 yapılır
5 pişirilir	

ÜNİTE-102

1

1 alınmaz	12 kapatılmaz
2 içilmez	13 okunmaz
3 satılmaz	14 bilinmez
4 atılmaz	15 gidilmez
5 bırakılmaz	16 söylenmez
6 kesilmez	17 tamir edilmez
7 yazılmaz	18 izlenmez
8 yenmez	19 gösterilmez
9 yapılmaz	20 anlatılmaz
10 getirilmez	21 konuşulmaz
11 açılmaz	

2

1 Bu su içilmez.
2 Bu yemek yenmez.
3 Bu araba alınmaz.
4 Bu film izlenmez.
5 Bu sır anlatılmaz.
6 Burada İngilizce konuşulmaz.
7 Burada sigara içilmez.
8 Buraya çöp atılmaz.
9 Burada fal bakılmaz.
10 Buraya yazı yazılmaz.
11 Burada iyi servis yapılmaz.
12 Burada buğday yetiştirilmez.
13 Burada gazete satılmaz.
14 Burada ayakkabı tamir edilmez.
15 Değerli eşyalar burada bırakılmaz.

3

1 Burada yüzülür mü?
2 Burada ayakkabı tamir edilir mi?
3 Burada sigara satılır mı?
4 Burada ananas satılır mı?
5 Burada sigara içilir mi?
6 Burada İngilizce konuşulur mu?
7 Rize'de çay yetiştirilir mi?
8 Buraya çöp atılır mı?

ÜNİTE-103

1

1 öldürülüyor	13 ısıtılıyor
2 pişiriliyor	14 fırlatılıyor
3 kapatılıyor	15 gösteriliyor
4 açılıyor	16 tutuluyor
5 satılıyor	17 yıkılıyor
6 yapılıyor	18 veriliyor
7 getiriliyor	19 atılıyor
8 konuşuluyor	20 savunuluyor
9 gönderiliyor	21 yetiştiriliyor
10 anlatılıyor	22 sayılıyor
11 bitiriliyor	23 kesiliyor
12 durduruluyor	24 dağıtılıyor

2

1 bekleniyor	7 alınıyor
2 okunuyor	8 başlanıyor
3 boyanıyor	9 toplanıyor
4 taranıyor	10 hazırlanıyor
5 ekleniyor	11 söyleniyor
6 temizleniyor	12 yıkanıyor

3

1 d		4 c	
2 e		5 f	
3 a		6 b	

4

1 satılıyor
2 boyanıyor
3 oynanıyor
4 yıkanıyor
5 pişiriliyor
6 gönderiliyor
7 satılıyor
8 bitiriliyor
9 yetiştiriliyor
10 veriliyor

ANSWER KEY

ÜNİTE-104

1

1 aranmıyor	12 pişirilmiyor
2 yapılmıyor	13 boyanmıyor
3 görülmüyor	14 beklenmiyor
4 satılmıyor	15 konuşulmuyor
5 sevilmiyor	16 verilmiyor
6 çalınmıyor	17 yetiştirilmiyor
7 oynanmıyor	18 silinmiyor
8 çizilmiyor	19 hazırlanmıyor
9 izlenmiyor	20 anlatılmıyor
10 alınmıyor	21 kurtarılmıyor
11 temizlenmiyor	

2

1 Burada toplantı yapılmıyor.
2 Mutfakta şimdi yemek pişirilmiyor.
3 Adam hastaneye götürülmüyor.
4 Maç İzmir'de oynanmıyor.
5 Bu villalar satılmıyor.
6 Antalya'da portakal yetiştirilmiyor.
7 Burada sigara içilmiyor.
8 Sipariş verilmiyor.
9 Burada güzel servis yapılmıyor.
10 Yarın kar beklenmiyor.
11 Çocuklara hikaye okunmuyor.
12 Burada buğday yetiştirilmiyor.
13 Yaralılar kurtarılmıyor.
14 Burada güzel müzik çalınmıyor.
15 Bütün odalar temizlenmiyor.

3

Dialogue-1
A: Burada et satılıyor mu?

Dialogue-2
A: Burada İskender Kebap yapılıyor mu?

Dialogue-3
A: Burada ikinci el telefon satılıyor mu?

Dialogue-4
A: Bu akşam maç oynanıyor mu?

Dialogue-5
A: Selda için doğum günü partisi yapılıyor mu?

Dialogue-6
A: Burada güzel müzik çalınıyor mu?

Dialogue-7
A: Bu gece kar bekleniyor mu?

Dialogue-8
A: Buraya yeni bir alışveriş merkezi açılıyor mu?

ÜNİTE-105

1

1 açıldı	9 düşünüldü	17 yıkıldı
2 sunuldu	10 anlatıldı	18 verildi
3 kapatıldı	11 ulaşıldı	19 atıldı
4 sayıldı	12 durduruldu	20 saldırıldı
5 yazıldı	13 ısıtıldı	21 yetiştirildi
6 gönderildi	14 pişirildi	22 dağıtıldı
7 bitirildi	15 gösterildi	23 azaltıldı
8 duyuldu	16 tutuldu	24 arttırıldı

2

1 hazırlandı	5 yıkandı	9 düzenlendi	13 açıklandı
2 yakalandı	6 temizlendi	10 toplandı	14 oynandı
3 boyandı	7 bulundu	11 bilindi	
4 arandı	8 silindi	12 incelendi	

3

1 e	6 c
2 a	7 d
3 b	8 f
4 i	9 j
5 h	10 g

4

1 dağıtıldı	6 yıkandı
2 düşünüldü	7 bulundu
3 gönderildi	8 çalındı
4 duyuldu	9 kurtarıldı
5 verildi	10 götürüldü

ÜNİTE-106

1

1 satılmadı	8 bilinmedi	15 toplanmadı
2 yapılmadı	9 izlenmedi	16 yenmedi
3 oynanmadı	10 açıklanmadı	17 kurtarılmadı
4 alınmadı	11 temizlenmedi	18 yakalanmadı
5 sunulmadı	12 verilmedi	19 hazırlanmadı
6 getirilmedi	13 varılmadı	20 bulunmadı
7 pişirilmedi	14 gönderilmedi	21 ödenmedi

2

1 Katiller bugün yakalanmadı.
2 Dağcılar kurtarılmadı.
3 Sınav sonuçları açıklanmadı.
4 Akşam yemeği yenmedi.
5 Bütün daireler satılmadı.
6 Pizza siparişi verilmedi.
7 Evsizler için para toplanmadı.
8 Kimsesizler için kermes yapılmadı.
9 Fatura ödenmedi.
10 Tavuk fırında pişirilmedi.
11 Tatil programı hazırlanmadı.
12 Sokaklar güzelce temizlenmedi.
13 Dilek hastaneye götürülmedi.
14 Yeni bir mağaza açılmadı.
15 Elbiseler makinede yıkanmadı.

3

Dialogue-1
A: Araba satıldı mı?

Dialogue-2
A: Sipariş verildi mi?

Dialogue-3
A: Fatura ödendi mi?

Dialogue-4
A: Bulaşıklar yıkandı mı?

Dialogue-5
A: Sınav sonuçları açıklandı mı?

Dialogue-6
A: Hırsızlar yakalandı mı?

Dialogue-7
A: Dağcılar kurtarıldı mı?

Dialogue-8
A: Cüzdan bulundu mu?

ÜNİTE-107

1

1
yaparsam
yaparsan
yaparsa
yaparsak
yaparsanız
yaparlarsa

2
gelirsem
gelirsen
gelirse
gelirsek
gelirseniz
gelirlerse

3
olursam
olursan
olursa
olursak
olursanız
olurlarsa

4
başlarsam
başlarsan
başlarsa
başlarsak
başlarsanız
başlarlarsa

5
bitirirsem
bitirirsen
bitirirse
bitirirsek
bitirirseniz
bitirirlerse

6
bulursam
bulursan
bulursa
bulursak
bulursanız
bulurlarsa

7
kalkarsam
kalkarsan
kalkarsa
kalkarsak
kalkarsanız
kalkarlarsa

8
gidersem
gidersen
giderse
gidersek
giderseniz
giderlerse

9
ararsam
ararsan
ararsa
ararsak
ararsanız
ararlarsa

10
ders çalışırsam
ders çalışırsan
ders çalışırsa
ders çalışırsak
ders çalışırsanız
ders çalışırlarsa

2

1 bulursam
2 gelirse
3 yaparsan
4 olursam
5 kalkarsak
6 çalışırsan
7 başlarsak
8 gidersen

3

1
yapmazsam
yapmazsan
yapmazsa
yapmazsak
yapmazsanız
yapmazlarsa

2
gelmezsem
gelmezsen
gelmezse
gelmezsek
gelmezseniz
gelmezlerse

3
bulmazsam
bulmazsan
bulmazsa
bulmazsak
bulmazsanız
bulmazlarsa

4
başlamazsam
başlamazsan
başlamazsa
başlamazsak
başlamazsanız
başlamazlarsa

5
yemezsem
yemezsen
yemezse
yemezsek
yemezseniz
yemezlerse

ÜNİTE-108

1

1
yapsam
yapsan
yapsa
yapsak
yapsanız
yapsalar

2
gelsem
gelsen
gelse
gelsek
gelseniz
gelseler

3
olsam
olsan
olsa
olsak
olsanız
olsalar

4
başlasam
başlasan
başlasa
başlasak
başlasanız
başlasalar

5
alsam
alsan
alsa
alsak
alsanız
alsalar

6
bulsam
bulsan
bulsa
bulsak
bulsanız
bulsalar

7
kalksam
kalksan
kalksa
kalksak
kalksanız
kalksalar

8
gitsem
gitsen
gitse
gitsek
gitseniz
gitseler

9
arasam
arasan
arasa
arasak
arasanız
arasalar

10
istesem
istesen
istese
istesek
isteseniz
isteseler

2

1 gelse
2 olsa
3 kalksan
4 istese
5 olsam
6 arasan
7 yapsan
8 satsa

3

1 I would accept it if I were you.
2 If they wanted, they would finish the project quickly.
3 What would you do if you were rich?
4 Fırat would be successful if he studied/were to study.
5 I would buy a new car if I were to win the lottery.
6 What would you do if you were me?

ANSWER KEY

ÜNİTE-109

1

1
duysaydım
duysaydın
duysaydı
duysaydık
duysaydınız
duysaydılar

2
gelseydim
gelseydin
gelseydi
gelseydik
gelseydiniz
gelseydiler

3
olsaydım
olsaydın
olsaydı
olsaydık
olsaydınız
olsaydılar

4
başlasaydım
başlasaydın
başlasaydı
başlasaydık
başlasaydınız
başlasaydılar

5
alsaydım
alsaydın
alsaydı
alsaydık
alsaydınız
alsaydılar

6
bulsaydım
bulsaydın
bulsaydı
bulsaydık
bulsaydınız
bulsaydılar

7
kalksaydım
kalksaydın
kalksaydı
kalksaydık
kalksaydınız
kalksaydılar

8
gitseydim
gitseydin
gitseydi
gitseydik
gitseydiniz
gitseydiler

9
arasaydım
arasaydın
arasaydı
arasaydık
arasaydınız
arasaydılar

10
isteseydim
isteseydin
isteseydi
isteseydik
isteseydiniz
isteseydiler

2
1 Bilseydim
2 söyleseydi
3 Hatırlasaydım
4 çalışsaydı

3
1 gelmeseydi
2 yağmasaydı
3 kırmasaydım
4 binmeseydi

ÜNİTE-110

1

1
gelebilirim
gelebilirsin
gelebilir
gelebiliriz
gelebilirsiniz
gelebilirler

2
konuşabilirim
konuşabilirsin
konuşabilir
konuşabiliriz
konuşabilirsiniz
konuşabilirler

3
yazabilirim
yazabilirsin
yazabilir
yazabiliriz
yazabilirsiniz
yazabilirler

4
resim çizebilirim
resim çizebilirsin
resim çizebilir
resim çizebiliriz
resim çizebilirsiniz
resim çizebilirler

5
koşabilirim
koşabilirsin
koşabilir
koşabiliriz
koşabilirsiniz
koşabilirler

6
şarkı söyleyebilirim
şarkı söyleyebilirsin
şarkı söyleyebilir
şarkı söyleyebiliriz
şarkı söyleyebilirsiniz
şarkı söyleyebilirler

7
yapabilirim
yapabilirsin
yapabilir
yapabiliriz
yapabilirsiniz
yapabilirler

8
kullanabilirim
kullanabilirsin
kullanabilir
kullanabiliriz
kullanabilirsiniz
kullanabilirler

9
alabilirim
alabilirsin
alabilir
alabiliriz
alabilirsiniz
alabilirler

10
uyanabilirim
uyanabilirsin
uyanabilir
uyanabiliriz
uyanabilirsiniz
uyanabilirler

11
yaşayabilirim
yaşayabilirsin
yaşayabilir
yaşayabiliriz
yaşayabilirsiniz
yaşayabilirler

12
uçabilirim
uçabilirsin
uçabilir
uçabiliriz
uçabilirsiniz
uçabilirler

13
içebilirim
içebilirsin
içebilir
içebiliriz
içebilirsiniz
içebilirler

14
okuyabilirim
okuyabilirsin
okuyabilir
okuyabiliriz
okuyabilirsiniz
okuyabilirler

15
sürebilirim
sürebilirsin
sürebilir
sürebiliriz
sürebilirsiniz
sürebilirler

2
1 kullanabilir
2 koşabilirler
3 çizebilir
4 yapabilirim
5 konuşabilir
6 alabilirler
7 çalabilir
8 kullanabilirim
9 uyanabilir
10 yaşayabiliriz
11 uçabilirler
12 söyleyebilir
13 kullanabilir
14 İçebilirsin
15 Islanabilirsin
16 okuyabilir

3
1 uçamaz
2 yüzemez
3 gelemez
4 konuşamaz
5 süremez
6 yazamaz
7 söyleyemez
8 çalamaz
9 oynayamaz
10 yapamaz
11 okuyamaz
12 yaşayamayız

ÜNİTE-111

1

1
koşabilir miyim?
koşabilir misin?
koşabilir mi?
koşabilir miyiz?
koşabilir misiniz?
koşabilirler mi?

2
gelebilir miyim?
gelebilir misin?
gelebilir mi?
gelebilir miyiz?
gelebilir misiniz?
gelebilirler mi?

3
konuşabilir miyim?
konuşabilir misin?
konuşabilir mi?
konuşabilir miyiz?
konuşabilir misiniz?
konuşabilirler mi?

ANSWER KEY

2
1. Yürüyebilir misin?
2. Türkçe konuşabilir misin?
3. Bisiklet sürebilir misin?
4. Süpermarkete gidebilir misin?
5. Gözlüksüz okuyabilir misin?
6. Satranç oynayabilir misin?
7. Annen bilgisayar kullanabilir mi?
8. Moskova'da yaşayabilir misiniz?
9. Selda yarın başlayabilir mi?
10. Beni okula götürebilir misin?
11. Bana yardım edebilir misin?
12. Berkan keman çalabilir mi?
13. Yemek yapabilir misin?
14. Tenis oynayabilir misiniz?

ÜNİTE-112

1
1. c
2. a
3. b

2
1. Telefonu kullanabilir miyim?
2. Burada sigara içebilir miyim?
   Burada sigara içebilir miyiz?
3. Dışarı çıkabilir miyim?
4. Burada bekleyebilir miyim?
5. Çocuklar burada oynayabilirler mi?
6. Eve erken gidebilir miyim?
7. Burada oturabilir miyim?
   Burada oturabilir miyiz?
8. Onunla konuşabilir miyim?
9. Partiye ben de gelebilir miyim?
10. Kalemini kullanabilir miyim?
11. Künefe alabilir miyim?

ÜNİTE-113

1

1	2
gelmişim	bitirmişim
gelmişsin	bitirmişsin
gelmiş	bitirmiş
gelmişiz	bitirmişiz
gelmişsiniz	bitirmişsiniz
gelmişler	bitirmişler

3	4
kaçırmışım	kazanmışım
kaçırmışsın	kazanmışsın
kaçırmış	kazanmış
kaçırmışız	kazanmışız
kaçırmışsınız	kazanmışsınız
kaçırmışlar	kazanmışlar

5	6
kaybetmişim	gitmişim
kaybetmişsin	gitmişsin
kaybetmiş	gitmiş
kaybetmişiz	gitmişiz
kaybetmişsiniz	gitmişsiniz
kaybetmişler	gitmişler

7	8
yapmışım	başlamışım
yapmışsın	başlamışsın
yapmış	başlamış
yapmışız	başlamışız
yapmışsınız	başlamışsınız
yapmışlar	başlamışlar

9	10
almışım	bulmuşum
almışsın	bulmuşsun
almış	bulmuş
almışız	bulmuşuz
almışsınız	bulmuşsunuz
almışlar	bulmuşlar

11	12
beklemişim	oynamışım
beklemişsin	oynamışsın
beklemiş	oynamış
beklemişiz	oynamışız
beklemişsiniz	oynamışsınız
beklemişler	oynamışlar

13	14
yardım etmişim	söylemişim
yardım etmişsin	söylemişsin
yardım etmiş	söylemiş
yardım etmişiz	söylemişiz
yardım etmişsiniz	söylemişsiniz
yardım etmişler	söylemişler

15
düşmüşüm
düşmüşsün
düşmüş
düşmüşüz
düşmüşsünüz
düşmüşler

2
1. Maç başlamış.
2. Bütün kek bitmiş.
3. Ali yemek yapmış.
4. Çok para kazanmışlar.
5. Yeni bir ev almışsınız.
6. Kuyrukta iki saat beklemişler.
7. Ona her şeyi söylemiş.
8. Bu sabah bir uçak düşmüş.
9. Mert bir cüzdan bulmuş.
10. Komşular tatile gitmişler.

ÜNİTE-114

1

1	8
kazanmış mıyım?	almış mıyım?
kazanmış mısın?	almış mısın?
kazanmış mı?	almış mı?
kazanmış mıyız?	almış mıyız?
kazanmış mısınız?	almış mısınız?
kazanmışlar mı?	almışlar mı?

2

bitirmiş miyim?
bitirmiş misin?
bitirmiş mi?
bitirmiş miyiz?
bitirmiş misiniz?
bitirmişler mi?

3

kaçırmış mıyım?
kaçırmış mısın?
kaçırmış mı?
kaçırmış mıyız?
kaçırmış mısınız?
kaçırmışlar mı?

4

başlamış mıyım?
başlamış mısın?
başlamış mı?
başlamış mıyız?
başlamış mısınız?
başlamışlar mı?

5

kaybetmiş miyim?
kaybetmiş misin?
kaybetmiş mi?
kaybetmiş miyiz?
kaybetmiş misiniz?
kaybetmişler mi?

6

hazırlamış mıyım?
hazırlamış mısın?
hazırlamış mı?
hazırlamış mıyız?
hazırlamış mısınız?
hazırlamışlar mı?

7

vermiş miyim?
vermiş misin?
vermiş mi?
vermiş miyiz?
vermiş misiniz?
vermişler mi?

2
1. ... bitmiş mi?
2. ... uyumuşlar mı?
3. ... vermiş misiniz?
4. ... kaybetmişler mi?
5. ... kazanmış mı?
6. ... başlamış mı?
7. ... gitmiş mi?
8. ... kaçırmış mı?
9. ... yapmış mı?
10. ... yağmış mı?
11. ... yemişler mi?
12. ... almış mı?

3

Dialogue-1:
... yememişler

Dialogue-2:
... başlamış.

Dialogue-3
Leyla cüzdanını bulmuş mu?

Dialogue-4
O kitabı okumuşlar mı?

Dialogue-5
... gitmişler.

Dialogue-6
Adam evi temizlemiş mi?

Index

*You will also find these and other suffixes under their relevant grammar topics listed in the index.

*Aimed at beginner level learners of Turkish, this book is a perfect accompaniment to the grammar units covered in the **Turkish Grammar in Practice** book.*

Main features:

- suitable for A1 (beginner) learners of Turkish
- carefully graded, fun and engaging stories based on real-life situations
- comprehensive grammar and vocabulary framework
- full-colour illustrations
- comprehension, grammar and vocabulary quizzes following each story
- full key to quizzes
- Turkish-English dictionary
- free and instant access to online audio recordings of the stories

To find out more, please visit **foxtonbooks.co.uk/turkish-graded-readers**